Wilhelm Körner

Die Familie in der Familientherapie

Beiträge zur psychologischen Forschung

Band 22

Wilhelm Körner

Die Familie in der Familientherapie

Eine Kritik der systemischen Therapiekonzepte

Westdeutscher Verlag

Die Deutsche Bibliothek - CIP-Einheitsaufnahme

Körner, Wilhelm:
Die Familie in der Familientherapie: eine Kritik der systemischen Theraphiekonzepte / Wilhelm Körner. - Opladen: Westdt. Verl., 1992
(Beiträge zur psychologischen Forschung; Bd. 22)
ISBN 978-3-531-12224-3 ISBN 978-3-322-94147-3 (eBook)
DOI 10.1007/978-3-322-94147-3
NE: GT

Der Westdeutsche Verlag ist ein Unternehmen der Verlagsgruppe Bertelsmann International.

Umschlaggestaltung: Christine Nüsser, Wiesbaden

Gedruckt auf säurefreiem Papier

ISSN 0932-5263
ISBN 978-3-531-12224-3

Für Barbara und Inessa

Inhalt

1. EINLEITUNG

Die 80er Jahre werden von interessierter Seite als das "'Jahrzehnt der Familientherapie'" (Heekerens 1989, 11) in der westdeutschen Psychotherapiegeschichte apostrophiert. Diese Proklamation erinnert an das Ende der 70er Jahre, als in den Systemtherapien die "kopernikanische Revolution" (Guntern 1980) für den deutschsprachigen Psychotherapiesektor ausgerufen wurde.

Kritische Familientherapeutinnen und Familientherapeuten verstanden seinerzeit Familientherapie als fortschrittliche Alternative zur Einzeltherapie. Der vermeintliche Fortschritt gründete sich auf die Einbeziehung einer größeren Anzahl von Personen in die Therapie. Dabei wurde angenommen, daß es gelänge, mit der Masse der Klienten den gesellschaftlichen Bedingungen besser gerecht zu werden. In der damaligen Zeit war die Einstellung zu den gesellschaftlichen Verhältnissen selbst in der Familientherapieszene wichtig (s. Kapitel 2). Auf die Naivität jenes Quantitätsdenkens wies bereits Jacoby (1978, 157) hin. Moderne Systemtherapie hat solche gesellschaftspolitischen Ambitionen nicht mehr nötig.

Veränderungen in der Forschungslandschaft, die hier nicht untersucht werden können, haben dazu geführt, daß in den 80er Jahren keine größeren kritischen Arbeiten zu den Familientherapien verfaßt wurden, wie etwa noch in den siebziger Jahren (z. B. zur Lippe 1975; Schülein 1976; Ziegler 1977 a). Der einzige Versuch stammt von Meister (1987) und zeigt sich stark beeinflußt von einigen der genannten Studien, so daß der Kritik (Ramsenthaler 1988) in dem Punkt kaum zu widersprechen ist. Der von dem Rezensenten eingeschlagene scharfe Ton scheint dagegen in der jüngsten Zeit symptomatisch zu sein für familientherapeutische Reaktionen auf zutreffende Kritik.

Kritik begleitete systemtherapeutisches Denken und Handeln in der BRD seit seinen Anfängen, die in den 60er Jahren zu verorten sind. So wurde der Klassiker der familien- oder systemtherapeutischen Schizophrenieforschung "Schizophrenie und Familie" (Bateson u. a.) 1969 erstmals in deutscher Sprache veröffentlicht. Im gleichen Jahr erschien auch "Menschliche Kommunikation" von Watzlawick, Beavin und Jackson. Insbesondere die Bände von Watzlawick u.a. (1969; 1974) entwickelten sich zu regelrechten Bestsellern.

Aber bereits 1970 nannte Wulff einige Kardinalfehler (s. 2.), die von den meisten Autoren und Autorinnen des Sammelbandes Bateson u. a. (1969) begangen worden waren und auch heute noch in Familientherapien wiederholt werden. Gerade die beiden genannten Bände der Palo-Alto-Gruppe wurden ausführlichen kritischen Analysen unterzogen (z. B. Ziegler 1977 a; Schülein 1976).

Die Literatur, auch die familientherapeutische, gerierte sich in den 70er Jahren insgesamt gesellschaftskritischer als etwa am Ende der 80er Jahre. Würde sich die Familientherapiekritik darin versuchen, die Dekaden der westdeutschen Familientherapie oder Systemtherapie mit Etiketten zu versehen, dann hätten die 70er Jahre als Dekade der (gesellschafts-) politischen Reflexion und die 80er Jahre als Jahrzehnt der systemischen Problematisierungen zu gelten. Meine Untersuchung muß nach obiger Einteilung obsolet erscheinen; auch wenn sie nicht an den gesellschaftspolitischen Diskurs anzuknüpfen gedenkt, steht sie ihm näher als den modern gewordenen systemischen Problematisierungen. Sie setzt einen anderen Akzent als die bisherigen kritischen Studien, indem sie Familie als Einrichtung bestimmt, die staatliche Familienzwecke (s. 3) zu erfüllen hat. Eine solche Erklärung von Familie verhindert eine falsche Parteinahme für die Familie und läßt Familientherapien nicht als üble Manipulationstechniken erscheinen, vor denen die Familie zu schützen wäre. Sie weist dagegen nach, daß Systemtherapeutinnen und -therapeuten mit ihren Kritikern und Kritikerinnen ein gemeinsames Konzept von Familie haben, das deren staatliche Determiniertheit ignoriert und statt dessen, mit diversen Nuancen, Familie als natürliches Gebilde auffaßt.

Kritische Analysen ohne kritische Einbeziehung des Objektes der Familientherapien, der Familie, mußten oft zu verkürzten Vorwürfen gelangen, die Familientherapeuten etwa völlig grundlos Familienfeindlichkeit vorhielten. So ist die vorliegende Untersuchung auch als ein Beitrag zur Versachlichung der Diskussion um Familientherapie zu verstehen.

Eine den Familientherapien angemessene Untersuchung hat deren Gegenstand, die Familie, zu erklären. Familie ist integraler Bestandteil der bürgerlichen Gesellschaft. Daher erfordert die Erklärung der Familie die Analyse des spezifischen Kontextes zwischen Familie und bürgerlicher Gesellschaft, was auf den bürgerlichen Staat als Vermittler hinweist. Bisherige Familientherapiekritik versuchte dagegen manchmal recht unvermittelt die bürgerliche Familie direkt aus dem Kapitalverhältnis abzuleiten.

Das zweite Kapitel gibt eine Übersicht über die vorliegenden kritischen Studien zu den hier zu untersuchenden Familientherapierichtungen und über die Diskussion des Systemdenkens und seiner Charakteristika. Beide Themen konnten im Rahmen der vorliegenden Arbeit nur knapp abgehandelt werden. Es entstand eine Skizze, welche die Interessenlage der bisherigen Kritik transparent macht, so daß deren Stellenwert neu geortet werden muß. Diese Studien sind von den Autorinnen und Autoren, die an einer Klärung familientherapeutischer Mängel interessiert waren, durchweg zu positiv eingeschätzt worden, da sie mit den Familientherapien das positive Familienbild teilen und daher nur versuchen, die Familie vor den Methoden der Therapieschulen zu schützen.

Da die Basis dieser Analyse von Familientherapien eine kritische Erklärung der staatlichen Institution Familie ist, wird im dritten Kapitel eine zusammenfassende Darstellung des "vergessenen" Gegenstandes von Familientherapie und Familientherapiekritik, nämlich der Institution Familie gegeben, die sowohl die staatlichen Familienzwecke als auch die mit der Erfüllung staatlicher Familienpflichten verbundene Funktionalisierung der Individualität der Familienmenschen mit den Schäden für letztere erklärt, die Gegenstand der Familientherapien sind.

Das vierte Kapitel zeigt konkret Mängel bei der systemischen Modellierung der Familie auf und geht damit über die bisherige Kritik systemischer Theoriebildung und Praxisgestaltung hinaus. Diese Analyse weist auf den weltanschaulichen Charakter der Systemtherapien hin, die glauben, in Gestalt des vermeintlich universal einsetzbaren Systemdenkens über einen A-priori-Garanten für korrektes Forschen und Therapieren zu verfügen. Daß bei einem derartigen Verfahren nur eine Affirmation der bestehenden Familienform mit ihren staatlich vorgegebenen Eigenschaften entstehen kann, wird dargestellt.

Im fünften Kapitel wird exemplarisch für die vier wesentlichen Strömungen der systemischen Familientherapien je eine prominente Schule auf ihre Familienkonzeptionen und den daraus resultierenden Behandlungen der Familienmenschen untersucht. Ausgehend von der in Kapitel 3 erfolgten Erklärung der bürgerlichen Familie wird eine eigenständige Kritik familientherapeutischer Schulen entwickelt, die den einzelnen Schulen nachweist, wie sie, in den Methoden durchaus unterschiedlich, zu dem gleichen Resultat gelangen, der staatlicherseits geforderten Brauchbarmachung des Familienmenschen für die Erfüllung seiner Familienpflichten.

Im sechsten Kapitel wird, als Zugeständnis an die rasante Entwicklung in den Familientherapien, die jüngste Entwicklung, die sogenannte Familientherapie zweiter Ordnung, untersucht, nach deren Prinzipien zwar bisher noch kaum Familientherapeutinnen und Familientherapeuten ausgebildet werden, der aber Familientherapiekenner eine große Zukunft voraussagen. So wird zunächst ein kritischer Überblick über diese neue Variante der Familientherapie gegeben, während im folgenden anhand der Darstellung einer Therapie mit einer Familie, in der es zum Stiefvater-Tochter-Inzest gekommen war, die angekündigten Verbesserungen überprüft werden. Mit der Analyse dieses neuen Trends in den Familientherapien schließt die Studie.

Abschließend möchte ich mich für Rat und Kritik sowie praktisch-technische Unterstützung bedanken bei Universitätsprofessor Dr. Johannes Gröll, Universitätsprofessor Dr. Dr. Georg Hörmann, Dr. Hans Zygowski und Rechtsanwalt Christian Hauß, für die Erstellung des endgültigen Manuskriptes bei Frau Heike Pingel.

2. Die Forschungslage: Kritische Studien zu Familientherapien und Systemdenken

In einem Überblick über die Situation der Forschung zu den Familientherapien sollen die wesentlichen Erklärungen familien- oder systemtherapeutischer Schwächen vorgestellt und beurteilt werden. Da die Auseinandersetzung mit Familientherapien weitgehend von Familientherapeutinnen und Familientherapeuten selbst organisiert wird, sind viele affirmative Veröffentlichungen erschienen, die lediglich das Interesse dokumentieren, die familientherapieinterne Diskussion um einige kritische Aperçus zu bereichern, welche oft nur der Selbstprofilierung dienen (vgl. etwa die Diskussionen in den einschlägigen familientherapeutischen Zeitschriften; s. 4). Soweit in ihnen dennoch zutreffende Kritik zu finden ist, wird sie berücksichtigt. Zusätzlich wurden Arbeiten herangezogen, die sich mit den vermeintlichen oder realen systemtheoretischen Grundlagen von Familientherapie auseinandersetzen, auch wenn sie nicht direkt dem kritischen Diskurs zur Systemtherapie entstammen. Die wenigen grundsätzlichen Kritikerinnen und Kritiker von Familientherapien kommen ebenfalls zu Wort.

Therapeuten und Therapeutinnen anderer Schulen, vor allem der Psychoanalyse, bemühen sich, ähnlich einigen Familiensoziologen (s.u.), von dem Boom des Systemdenkens und -therapierens zu profitieren, indem sie sich mit einzelnen, aus ihren Disziplinen entlehnten Bedenken in den systemischen Diskurs einbringen, grundsätzlich aber die Überlegenheit des sog. systemischen Paradigmas gegenüber ihrer bisherigen Plattform anerkennen, bzw. zumindest für einen Pluralismus eintreten, der beide Paradigmen gelten läßt. Letzteres ist der Preis für das Eintrittsbillett in die systemische Diskussion.

Autoren psychoanalytischer Provenienz, wie etwa Buchholz (1981 b), versuchten durch den Hinweis auf einzelne Mängel systemischer Methodologie einen Paradigmenpluralismus einzufordern, der auch das Existenzrecht der Psychoanalyse anerkannte.

Mit der Berufung auf eine erneute Wende in den Familientherapien, die unter Etiketten wie "Familientherapie zweiter Ordnung" oder "(Radikaler) Konstruktivismus" (s. Kap. 6) firmiert, revidieren auch ausgesprochene Systemtherapeuten ihre Position zum Paradigmawechsel in den Familientherapien und plädieren für "einen konzeptuellen *Pluralismus*" (v.Schlippe 1986, 63).

Insgesamt scheint mir in der familientherapeutischen Diskussion eine gewisse verbale Zurückhaltung eingetreten zu sein.[1] Die offensiv vertretene Forderung nach Vollzug und Verteidigung des sogenannten Paradigmawechsels (z.B. Guntern 1980; 1983) ist als Versuch zu werten, sich in den Sozialwissenschaften und vor allem im Psychotherapiesektor zu etablieren. Zumindest letzteres scheint gelungen zu sein (vgl. Körner/Zygowski 1988 a; Heekerens 1989).

Auf den Zusammenhang zwischen dem Anspruch, ein neues Paradigma entdeckt zu haben und der systemischen Expansion weisen Pohlen und Plänkers (1982) hin.

Kritisiert wurde der Transfer familientherapeutischen und systemischen Denkens auf alle möglichen Phänomene, insbesondere auch auf Politik, von Jacoby: "Der Familientherapie angemessene Wahrheiten sinken auf naive politische Äußerungen zu den 'Ost- West- Beziehungen' herab, die als Familienzwist beschrieben werden" (Jacoby 1978, 157). Diese Kritik gilt mit Laing und Cooper, im Spektrum der Familientherapie, noch den politisch progressivsten Familientherapeuten.

Familientherapeuten darf im allgemeinen keine Naivität in politischen Dingen unterstellt werden: ihre Parteinahme für den Status quo ist dafür zu eklatant (z.B. Wazlawick u.a. 1969; Watzlawick 1981; Skynner 1978; Stierlin 1978; 1982 a).

Während in den 80er Jahren in der im weitesten Sinne kritischen Literatur zur Familientherapie die Kritik an den methodischen Mängeln dominierte, gab es in der Dekade davor durchaus eine sich politisch verstehende Kritik, die auch das familientherapeutische Establishment zu der einen oder anderen politischen Positionsbestimmung veranlaßte.

So hielt etwa Wulff (1970) Autoren des Klassikers "Schizophrenie und Familie" (Bateson u.a. 1969) vor, daß sie das Umfeld der Familie nur unzureichend bestimmten, wobei er vor allem den Zusammenhang zu "den Arbeits- und Besitzverhältnissen" (ebd., 264) beachtet wissen wollte. Der Kritiker veranschaulicht das Bemühen, die Familie mehr oder weniger unvermittelt aus dem Kapitalverhältnis (Marx 1972; 1975; 1977) bzw. in der Diktion abgeschwächt, aus den Eigentumsverhältnissen der bürgerlichen Gesellschaft abzuleiten und Familientherapien vorzuwerfen, daß sie vom Kapitalismus nichts wissen wollten. Diese Position halte ich für charakteristisch in der Diskussion um Familie und

Familientherapie, die in der BRD in der Folge der Studentenbewegung einsetzte.

Das Verhältnis von Kapital, Staat, Familie und psychischen Schwierigkeiten (Kaplonek/Schroeter 1979) der Individuen blieb recht nebulös. Stellvertretend für diese Position sei auf Klemann und Massing (1976) hingewiesen, die glaubten, ihre Familientherapie materialistisch orientieren zu müssen, wobei sie abstrakt im "Widerspruch zwischen Lohnarbeit und Kapital" (ebd., 59) den Hauptgrund psychischer Probleme sahen. Selbst Familientherapeuten, deren "Familienpositivismus" Wolff (1978, 13) kritisiert wurde, schienen sich genötigt zu fühlen, ihre Therapieform mit gesellschaftspolitischen Attributen aufzubessern.[2] So wird etwa gefragt: "*Ist die gesellschaftliche Relevanz der Therapie auch bewußt und ins therapeutische Konzept integriert*?" (Duss-von Werdt 1976, 40), um letztlich einzugestehen, daß Familientherapeuten trotz des Elends in Familien keineswegs bereit seien, ihre gute Meinung über diese staatliche Institution aufzugeben.

Häufig wurde die Entwicklung von Familientherapie mit einer nicht näher bestimmten Familienkrise in Zusammenhang gebracht. Etwa Wolff (1978), der offenbar annahm, der Staat würde die versagende Familie entlasten, wenn er behauptete: "Was privat mißlingt, wird staatlich organisiert" (ebd., 11). Dagegen ist eigentlich nichts einzuwenden. Beabsichtigt aber war nur die positive Bewertung bzw. die Aufwertung der Familientherapie, die der Autor als ein Element dieses Organisationsprozesses begriff.[3]

Wie bei einigen der bereits genannten und noch zu erwähnenden Autoren wohnten auch in Wolffs Brust zwei Seelen, die irgendwie kapitalismuskritische und die ganz konkret familientherapiefreundliche. So wird die Familientherapie gerade von solchen kritischen Autoren mit Forderungen behelligt, die *keine* Therapieform erfüllen kann, von der Überwindung der Ehe bis zur Befreiung der Kinder (z. B. Wolff 1978, 12). Ähnliche Schwierigkeiten mit seiner Familientherapie hatte damals auch der international bekannte Familientherapeut Elkaim, der glaubte, Familientherapie mit gesellschaftspolitischen Ideen anreichern zu müssen und annahm, sich als Familientherapeut weigern zu können, "ein Agent der Verhältnisse, des Establishments zu sein" (Elkaim 1979, 90), eine Fehleinschätzung, die auf unzureichende Familienkenntnis und auf eine interessierte Beurteilung von Familientherapien zurückzuführen ist.[4] Ein anderer gesellschaftskritischer Familientherapeut rügt die Befangenheit vieler Familientherapeuten "in einer kleinbürgerlichen und engstirnigen Familienideologie" (Buchholz 1981 a, 337). Letztlich plädiert auch dieser Autor nur für eine Überschreitung der familiären Umwelt, d. h. für eine Expansion von Familientherapien.

Eine weniger von eigenen familientherapeutischen Ambitionen geprägte Kritik trägt Dreier (1980) vor, wenn er moniert, daß den Familienmitgliedern Schuldgefühle in der Familientherapie vermittelt würden und die Familie als Ort und Quelle psychischer Probleme deklariert würde. Seine Kritik an der Entstehung dieser Theorien bleibt meines Erachtens unzureichend, da er keine Erklärung von Familie leistet.

Stehls (1982) Kritik richtet sich stärker gegen die historische, Buchholz' und Huths (1983) Kritik mehr gegen eine vermeintliche gesellschaftliche Blindheit familientherapeutischer Reflexion. Gleichermaßen abstrakt fällt die Kritik von James und McIntyre (1983) aus. Schütze (1984) beanstandet die Ausblendung von sozial-kulturellen und historisch veränderbaren Konstellationen und die Verabsolutierung vorherrschender Werte.

Von großem gesellschaftskritischen Bemühen zeugen die Ausführungen des Familientherapeuten Rexilius (1984), der immerhin einen Zusammenhang von Staat und Familie erahnt, ohne ihn zu erklären. So kommt auch dieser kritische Familientherapeut zu dem selbstkritischen, aber unzutreffenden Vorwurf, Familientherapien fehle der gesellschaftliche Bezug.

Als kritischer Familientherapeut übt Rexilius Kritik an einer "unkritischen Familientherapie". Ähnlich, wenn auch nicht so radikal, äußert sich Goldner (1985) über den historischen Kontext bei der Entwicklung von Familientherapie in den USA.

Taggart (1985) versucht den Zusammenhang zwischen der Dominanz von Privatpraxen und familientherapeutischer Theorienbildung zu thematisieren, ohne allerdings diesen Kontext schlüssig zu begründen.

Kaum überzeugen kann der Versuch Jaeggis (1986), die Entstehung von Familientherapien als Reaktion auf eine vermeintliche Familienkrise nach dem letzten Weltkrieg zu deuten, während Goldner (1985) zumindest für die USA eine "'familistic' era" (ebd., 35) ausmacht.

Die relevantere Kritik leisten die Kritiker und Kritikerinnen, welche die Eigenarten systemischen Denkens, seiner Theoriebildung und seiner Anwendung im Blick hatten (z. B. Lilienfeld 1978).[5]

Auf die Probleme bei der Anwendung des Systembegriffs hat etwa Laitko (1968) grundsätzlich hingewiesen, der die damit verbundene hypothetische

Festsetzung betonte, die Eigenschaften und Qualität des Kontextes ausmachen sollten.

Die Leistung des Erkenntnissubjektes hob Greven (1974) hervor, mit dem Nachweis, daß das System seine Existenz nur der Zuschreibung von Eigenschaften verdanke.

Die internen Bemühungen kritischer Familientherapieanhänger bei der Verbesserung des Systembegriffs werden z. B. von Kriz (1985) und Brunner (1986) repräsentiert (s. 4).

Neben eher globalen Kritiken des systemischen Procedere, fand auch eine Auseinandersetzung mit den Kardinalfehlern systemischer Modellierung statt.

So werden traditionelle Mängel des Systemdenkens wie die Ontologisierung und die tautologische Definitionspraxis bereits von Narr (1967, 404) kritisiert: "Vielmehr werden das System und seine unterstellten Funktionen in Tautologien definiert und aus den Definitionen das zu Erklärende schon abgeleitet oder aber definitorisch schon unterschlagen. Man definiert etwa das System als selbsterhaltendes und in der Anpassung an die jeweiligen Verhältnisse Stabilität bewahrendes und folgert dann für jedes Gesellschaftssystem, daß Selbsterhaltung und Integration die nötigsten und obersten Ziele und Eigenschaften seien, eben die Ziele und Eigenschaften, die man zuvor zur Definition des zuerst zu untersuchenden Gesellschaftssystems benutzt hat."

Das bekannte Homöostase-Konzept ist keine Erfindung von Familientherapeuten, es wurde vielmehr von Cannon bereits 1932 zur Analogisierung verwendet. Er hat versucht, in Analogie zu homöostatischen Körperprozessen soziale Prozesse zu modellieren. Plänkers (1986) weist auf Cannons Interesse an der "Entwicklung sozialer Stabilität" (ebd., 700) hin. Das Homöostase-Modell wurde von Jackson 1957 für die Familientherapie übernommen und hat sich lange als Instrument zur Propagierung der Familienstabilität bewährt, obwohl selbst familientherapieintern nachgewiesen wurde, daß es theoretisch dem ebenfalls auf die Familie angewandten Modell des "offenen Systems" widerspricht (vgl. Elkaim 1980). Größere Beachtung fand in Fachkreisen Dells (1982) Problematisierung des Homöstase-Konzeptes.

Die systemische Eigenheit, das ganze Universum zu hierarchisieren (z. B. Miller 1978; Napier/Whitaker 1978, 61) wurde ebenfalls intern kritisiert. So warnt beispielsweise Kriz vor der Gefahr von "ontologischen Mißverständnissen, wobei praktisch so getan wird, als 'gäbe' es die Systeme und deren Hierarchien so, wie man Stockwerke in einem Hochhaus betrachten kann"

(Kriz 1985, 232). Um Differenzierung bemüht sich auch Brunner (1986). Die Konsequenzen systemischer Hierarchisierung im politischen Sektor kritisierte Damus (1975) in ihrer Analyse der kybernetischen Systemtheorie von Klaus'.

Narr monierte, die "demiurgische Definition" von System verleihe ihm eine Position, die "es der Instrumentalität entkleidet und zu einem Organismus höherer Lebendigkeit und unausgesprochen auch höherer Moral werden läßt. Denn Funktion und Dysfunktion sind ja vom Systemganzen her definiert" (Narr 1967, 404).

Die lange Zeit als großer Fortschritt gefeierte Weiterentwicklung der Systemtherapien vom dyadischen zum triadischen Denken (z. B. Hoffman 1982) wurde von Beyer frühzeitig als Rückfall in das bei echten Systemdenkern verpönte westliche Denken (z. B. Bateson 1978; Dell 1986) erkannt: "Fast routinemäßig agiert bei einem Ordnungsdenken die Dreizahl, auch Trinität genannt" (Beyer 1976, 8).

Inzwischen wird auch bei Familientherapeutinnen und Familientherapeuten Kritik am bisherigen Triadenkonzept laut (Welter-Enderlin 1987) bzw. eine Rückbesinnung auf die Dyade (Layton 1988) gefordert. Die plausibelste Erklärung für die inhaltlich unzulänglich begründete Triadenkonzeption (z. B. Hoffman 1982, 112 ff.) leistet Beyer: "Die Überwindung eines Dualismus durch Zeichnung eines Dritten gilt vielen als meisterhaft, obwohl sie denkmäßig (mindestens als Schema!) die billigste Lösungsart bleibt" (ebd., 2).

Das Konzept der Zirkularität gilt den Systemikern Simon und Schmidt nur dort anwendbar, "wo man davon ausgeht, daß sich die Identität eines Menschen (oder sonst irgendeines Objekts der Erkenntnis) zwischen gestern und heute nicht ändert. Nur dann ist Rückkoppelung ein sinnvolles Konzept" (Simon/Schmidt 1984, 177). Therapie scheint ihnen nur in einem linealen Modell möglich zu sein, in dem ein Kausalzusammenhang zwischen Intervention und Modifikation angenommen werde.[6] Auf die konkreten Schwierigkeiten, ein nichtlineares Konzept in der Therapie umzusetzen, weist Schrödter (1985) hin. Fischer und Wurth (1989) belegen, daß therapeutische Maßnahmen ohne linear-kausale Planung nicht gut möglich seien. Demgemäß könnten die Familientherapien (erster Ordnung) nicht ohne Kausalität und Intention auskommen, allen theoretischen Beteuerungen zum Trotz. Lediglich ihr Therapiesubjekt habe sich vom Individuum auf das Familiensystem verschoben. Die linearkausale Therapiekonzeption feiere "in den handgreiflichen Vorstellungen von Homöostase und Neukalibrierung sowie den entsprechenden manipulativen

Techniken" (ebd., 353) wahre Triumphe (vgl. dazu Zygowski 1988). Die Einsicht in diesen Sachverhalt sehen die Kritiker als entscheidend für die Weiterentwicklung zur Familientherapie zweiter Ordnung (s. 6) an, in welcher "der Gegenstand gänzlich zu verdunsten" (ebd., 354) scheine.

Aus feministischer Sicht erscheine Zirkularität "suspiciously like a hypersophisticated version of blaming the victim and rationalizing the status quo" (Goldner 1985, 33).

Eng verbunden mit der "Zirkularität" ist die systemische Leugnung von Macht. So weisen Simon und Schmidt (1984) auf die prinzipielle Begrenztheit des zirkulären Modells hin und illustrieren ihre Kritik an einem plastischen Beispiel: "Wer in die Mündung einer Pistole schaut, hat nur begrenzte Entscheidungsmöglichkeiten. Und ist er erst erschossen, so bleibt ihm um der Zirkularität willen nur die Möglichkeit, als Geist seinem Mörder die Nachtruhe zu rauben." (ebd., 178). Die Etablierung traditioneller familialer Machtunterschiede und der fragwürdige therapeutische Umgang mit familialer Gewalt gegen Frauen entstehen als Konsequenzen der Machtnegierung (Taggart 1985).

Daß selbst humanistische Familientherapeuten (s. 5.2.) mitunter gegen Gewaltanwendung wenig einzuwenden haben, belegt Stehl (1982). An berühmten Therapeuten wie Whitaker, Haley und Watzlawick, die in ihren Therapien explizit die Anwendung von körperlicher Gewalt planen und ausführen ließen, üben Körner/Zygowski (1988 a) und Zygowski (1988) Kritik. Weniger deutlich, aber in der Tendenz durchaus ähnlich, beurteilt Jaeggi (1986) bestimmte familientherapeutische Methoden.

Den Zusammenhang zwischen der pragmatischen Orientierung der Familientherapien und ihrer Präferenz für Gewaltmaßnahmen erklärt Körner (1988). Insbesondere Zygowski (1988) bietet einen kritischen Überblick über die Machtstrategien familientherapeutischer Schulen, von denen körperliche Gewaltmethoden nur die abstoßendsten sind. Auch psychische Manipulationen werden dort sorgfältig untersucht. Hauptanliegen des Autoren war es, die Bedeutung der inzwischen vielfach negierten (s. 6) Existenz von Macht in den Familientherapien nachzuweisen.

Eine weitere Konsequenz der Ignoranz in der Machtfrage dürfte die Familientherapien inhärente Frauenfeindlichkeit sein, die Hare-Mustin bereits 1979 nachwies. In letzter Zeit wird das Thema häufiger aufgegriffen (Goldner 1985; Ault-Riché 1986 a; Welter-Enderlin 1987). Es darf nicht übersehen werden, daß alle Autorinnen, die sich dem systemischen Paradigma verpflichtet fühlen, primär die Interessen der Systemtherapien vertreten[7] und erst in zweiter Linie an der Aufdeckung von geschlechtsspezifischen Benachteiligungen interessiert sind.[8]

Der Jargon der Systemtherapien, den Simon und Stierlin (1984) in vornehmer Zurückhaltung "Die Sprache der Familientherapie" nennen, wird deutlich kritisiert. Die Familientherapeutin Anderson (1986, 352) spricht von "overblown rhetoric", Lask (1987, 207) von "cybernetico-epistobabble" und bezweifelt überdies, daβ praktizierende Familientherapeuten bestimmte Begriffe überhaupt verstehen (vgl. Körner und Zygowski 1988 a). Ein Beispiel, das Stehl erwähnt, veranschaulicht die Misere der Familientherapie. Die Autorin erfuhr als Ausbildungskanditatin in einem bekannten westdeutschen Familientherapieinstitut, "daβ die Lehren, die hier mit einem Brustton, als handle es sich um Entdeckungen vergleichbar mit der des Kopernikus, verkündet wurden, nicht über solche banalen Aussagen hinausgingen wie z. B. 'jeder Mensch kann wachsen und reifen'" (Stehl 1982, 111). Zur Trivialität familientherapeutischer Positionen äuβerte sich Jacoby (1978) ähnlich.

Die skizzierten grundlegenden Mängel systemischer Konzipierung bleiben, wie die Kritik bemerkt, auch nicht ohne Einfluβ auf die systemischen Therapieschulen (s. 5), die sich mehr oder weniger stringent (vgl. Guntern 1983) aus dem Systemdenken herleiten.

Die Familiensoziologin Pieper (1986) stellt nach der Auswertung der familientherapeutischen Literatur von sechsundzwanzig Schulen, unter anderen den vier in dieser Arbeit untersuchten, fest, daβ es kaum Hinweise auf den Transfer extrafamilialer Probleme in die Familien hinein gebe.

Die kritikwürdigen Charakteristika systemischer Therapien werden wohl am deutlichsten an der systemischen Therapie der Mailänder Schule aufgezeigt, die von vielen Autoren (z. B. Hoffman 1982; Esser 1987) für die "systemischste" Therapierichtung gehalten wird. Guntern (1983) hält die strukturelle Familientherapie für vergleichbar systemisch (s. auch 5.5).

Die kritischen Arbeiten zu den hier zu untersuchenden Therapieschulen konzentrieren sich fast ausschlieβlich auf die Mailänder Familientherapie.[9] Das ist als Indiz dafür zu werten, daβ die Familientherapien des Mailänder Teams gegen die durchweg positive Einschätzung der Institution Familie auch durch Kritiker der Familientherapie verstoβen haben. So wird gern die Kritik Minuchins (vgl. Minuchin/Fishman 1983, 53) an der vermeintlichen Familiengegnerschaft der strategischen Therapie Mailänder Provenienz kolportiert (z.

B. Schrödter 1985, 460), ohne seine positive Einschätzung der paradoxen Interventionen zu erwähnen (Minuchin/Fishman 1983, 342).

Viele Kritikerinnen und Kritiker sehen sich genötigt, die Familie vor den Methoden des Mailänder Teams in Schutz zu nehmen.[10] Diese Tendenz ergibt sich meiner Einschätzung nach aus einer unzureichenden Kenntnis von Familie. Nach meiner Analyse der systemischen Familientherapie (s. 5.4) ist der Vorwurf der Familienfeindlichkeit nicht zutreffend.

Berechtigt ist dagegen sicher eine Kritik, die die problematische Behandlung der Klienten untersucht, etwa eine Kritik der Mailänder These, alle Aktivitäten der Familienmenschen als Schachzüge zu bezeichnen, die nicht ihren Zwekken, sondern denen des Systems dienten (Esser 1987). Diese Haltung gegenüber den zu Klienten avancierten Familienmenschen führt dazu, daβ alle Äuβerungen inhaltlich nicht ernst genommen werden müssen, mit fatalen Konsequenzen, wie etwa Clemenz (1986) und Esser (1987) an dem viel diskutierten Beispiel des Vaters, der ein "verhülltes erotisches Interesse" (Selvini Palazzoli u. a. 1977, 34) an seiner Tochter zeigte, kritisieren: die Therapeutengruppe müsse sich bei ihrem theoretischen Hintergrund keine Sorgen über einen eventuellen Vater-Tochter-Inzest machen. Diese Kritik muβ noch als sehr vorsichtig gelten.

Nach allen Erkenntnissen, die bisher über sexuelle Übergriffe vorliegen, ist vermutlich davon auszugehen, daβ während einer Familientherapie (nicht nur der systemischen Therapie) der Inzest weitergeht (vgl. Enders 1989; Steinhage 1989).[11] Mailänder Therapeuten betrachten diese Handlungen nicht als Gefährdung von Menschen, sondern als Anlaβ, ihren Umgang mit Geheimnissen zu demonstrieren (s. 6.3). Daβ Ignoranz gegenüber sexuellem Miβbrauch in Familien schon in der Psychoanalyse Tradition hatte (vgl. Hirsch 1987, 24-38; Rijnaarts 1988, 81-142; Steinhage 1989, 36), kann für Systemtherapeuten keine Entschuldigung sein, sind sie doch angetreten, die Welt der Psychotherapie zu revolutionieren.

Die Methode der positiven Symptombewertung stellt die Realität auf den Kopf, wie Esser (1987) kritisiert. Statt Symptome als "Ausdruck der Hilflosigkeit und Ausgeliefertheit angesichts der (scheinbaren) Unmöglichkeit, das grundlegende Problem zu lösen" (ebd., 129) aufzufassen, werde z. B. eine Anorexia nervosa nur als besonderer Beitrag der Tochter zur Familienstabilität bewertet.

Treacher (1987) wendet gegen die positive Konnotation ein, daß sie keine "genuine Rogers-ähnliche Haltung ist, die der Therapeut aus humanistischen Gründen einnimmt" (ebd., 173), sondern nur eine Taktik. Es bleibt zweifelhaft, ob die Berücksichtigung dieses Einwandes den Klienten zuträglicher wäre.

Auch Clemenz (1986) hält für charakteristisch, daß diese Therapie "a) *taktisch* orientiert ist (ihre Interventionen sind 'Täuschungen' der Familie, um diese zu einem bestimmten Verhalten zu bewegen), b) *oberflächen-* bzw. *symptomorientiert* ist und c) *instrumentell* orientiert ist, d. h. Veränderungen werden nicht im Rahmen gemeinsamer kommunikativer Praxis erzielt, sondern im Rahmen eines autoritären Arzt-Patienten-Verhältnisses, bei dem der Patient ausschließlich als Objekt der Informationsvermittlung und des therapeutischen Eingriffs fungiert." (ebd., 199)

Mag sein, daß eine gewisse Affinität zwischen dem systemischen und dem ärztlichen Umgang mit Menschen besteht, wie auch Treacher (1987) betont. Dieser Vorwurf allein ist keine hinreichende Kritik an dem Mailänder Vorgehen. Vielleicht haben diese Therapeuten wirklich soviel Angst vor ihren Klienten, wie ihnen unterstellt wird (z.B. Bauriedl 1984; Meister 1987); würde ihre Therapie zu einer Entlastung jedes einzelnen Familienmenschen beitragen, könnte das als Problem hingenommen werden, über dessen Behandlungsbedürftigkeit sie selbst entscheiden könnten.

Die paradoxe Intervention, die angeblich den Therapeuten Angstfreiheit sichert (Bauriedl 1984), soll nach Miller (1981) vor allem deshalb funktionieren, weil die "Patienten erzogene Kinder sind" (ebd., 49), von denen daher viele strikte Therapeutenbefehle begeistert ausführten. Diese Einschätzung greift zu kurz: es sind Familienmenschen der bürgerlichen Gesellschaft, die alles versuchen, um *ohne* Symptome *in* Familie leben zu können. Dabei scheint ihnen jedes Mittel recht zu sein, das Heilung verspricht.[12] Gerade der Mailänder Schule ist es ja gelungen, ihre systemischen Techniken als Universalheilmittel zu verkaufen, so daß selbst die Familientherapiekritik, von den vermeintlichen Erfolgen eingeschüchtert, nicht bestreitet, daß diese Methode, wie beschrieben, (z.B. Selvini Palazzoli u.a. 1977) funktioniert (z.B. Clemenz 1986; Meister 1987). Mitunter wird höchstens der Geltungsbereich der Therapie eingeschränkt, wenn etwa darauf hingewiesen wird, daß bei familialer Gewalt und sexuellem Mißbrauch die Mailänder Methoden kontraindiziert seien (Esser 1987; Treacher 1987).

Daß den Mailänder Systemtherapeuten wohl zu Recht verschiedentlich vorgeworfen wurde, sie ontologisierten Analogien (z.B. Duss-von Werdt 1976), hielten menschliche Kommunikation fälschlicherweise für digital (Clemenz 1983), hätten ein falsches Beobachtungskonzept (Schrödter 1985; Buchholz/Huth 1983; Clemenz 1983) oder hielten ihr Konzept der "Neutralität" (Selvini Palazzoli u.a. 1981) nicht durch (Esser 1987; MacKinnon/Miller 1987), sei abschließend erwähnt.

Die strukturelle Familientherapie zog sehr viel weniger Kritik auf sich (s.o.). Feministische Analysen dieser Schule spiegeln aber durchaus wider, daß Leben in Familie für Frauen und Kinder schädlich sein kann.

So warnt etwa Osborne (1983) vor der in der strukturellen Perspektive für die Funktionsfähigkeit der Familie erforderlichen Grenzziehung zwischen den Eheleuten und den Kindern (s. 5.3): Da Frauen ihre emotionalen Bedürfnisse mit ihren Kindern befriedigen (müßten), würde der Aufbau einer Grenze zwischen den Subsystemen eine Frau stärker isolieren und verletzlich machen und damit ihre psychologische Instabilität erhöhen. Hier wird aus feministischer Parteilichkeit einer Fuktionalisierung der Kinder das Wort geredet, statt die Kritik konsequenterweise auf die Institution Familie und den sie garantierenden Staat auszudehnen, dem solche Zustände zu verdanken sind (s. 3).

Zutreffender scheint mir eine andere Kritik zu sein, die sich dagegen wendet, daß Familientherapeuten von Familienmenschen, die sich erfolgreich von der "verstrickten" Familie abgenabelt haben (s. 5.3), verlangen, sich wieder in die Familie einbinden zu lassen. Das sei nicht "in their best interests" (Hare-Mustin 1980, 935).

Mit der gesellschaftspolitischen Perspektive der strukturellen Therapie setzten sich auch einige Kritiker auseinander. Clemenz skizziert Minuchins therapeutischen Ansatz "als tendenziell soziologische Reflexion kybernetischer Theorie und Praxis" (Clemenz 1986, 201), wobei diese, nach meiner Kenntnis, zutreffende Einschätzung Rückschlüsse auf die Familienerklärungen der Soziologie zuläßt.

Der Familientherapeut Elkaim (s.o.), der seinerzeit gewisse politische Ansprüche an seine familientherapeutische Praxis stellte, kritisierte von dieser Position aus das seiner Auffassung nach verkürzte Politikverständnis traditioneller Familientherapie, der er vorhielt, daß "sie zwar gelegentlich noch die kulturellen Aspekte ihrer Arbeit zu integrieren vermag, aber alle anderen politischen und sozialen Aspekte draußen läßt. Als wäre das keine politische

Entscheidung." (Elkaim 1979, 90). Zu den namentlich kritisierten Autoren gehörte auch Minuchin.

Wenn Clemenz (1986) glaubt, sich dieser Kritik vorsichtig anschließen zu können, obwohl er meint, Elkaim als einen "von den radikalen Vertretern einer soziologischen Perspektive innerhalb der systemorientierten Familientherapie" (ebd., 213) kennzeichnen zu müssen, so muß Minuchin dennoch vor dem Vorwurf der politischen Kurzsichtigkeit in Schutz genommen werden. Nach meiner Untersuchung reflektiert das strukturelle Konzept der Familientherapie die staatlichen Familienzwecke und -pflichten sowie die damit verbundene notwendige Funktionalisierung der familialen Liebe angemessen und erweist sich damit politisch eher als weitsichtig. Die Einschätzung Kupfers, strukturelle Therapie erhöhe "die Funktionsfähigkeit der Familie hinsichtlich der von der Außenwelt an sie herangetragenen Anforderungen" (Kupfer 1985, 80), könnte tendenziell zutreffen, bedarf allerdings der Konkretisierung.[13] Die vorgetragene Kritik an vermeintlichen Defiziten bei der Bestimmung von Therapiezielen, die etwa in der fehlenden Hinterfragung der von der nebulösen Außenwelt herangetragenen Anforderungen, also letztlich der staatlichen Familienzwecke, bestehen sollen, was aber zumindest der Kritiker offenbar nicht weiß, deutet auf die Qualität der politischen Kenntnisse dieses wie auch der anderen *politischen* Kritiker, nicht nur der strukturellen Familientherapie, hin. Eine solche Kritik verwandelt die Stärken der Familientherapien in vermeintliche Defizite: Familientherapien haben den Zweck, geschädigte Familienmenschen dazu zu befähigen, Familienleben möglichst symptomfrei zu bewältigen, d.h. Familienmenschen sollen die ihnen abverlangten Pflichten erfüllen, *ohne* den Zusammenhalt der Familie zu gefährden.[14] Daß dazu einige Kunstgriffe nötig sind, ist unbestritten.

Familientherapeutische Klienten müssen Familienfanatiker sein, sonst würden sie sich z.B. einzelne Methoden Minuchins und die gesamte Mailänder Therapie gar nicht gefallen lassen. Erforderlich ist die Stärkung der Familienmoral. "Das 'geht', *weil* die objektiven Ursachen und Zwecke der Familie nicht berücksichtigt werden, nicht trotzdem" (Gröll 1988 a, 46). Diesen Umstand wollen Kritiker der Familientherapie nicht wahrhaben, weil sie selbst eine sehr hohe Meinung von der Institution der Familie haben und damit Familientherapie meist mit einem positiven Vorurteil begegnen. Daß sie nebenbei auch noch andere Interessen, etwa als politisch Engagierte oder Soziologen, verfolgen, läßt sie immer wieder in den Fehler verfallen, den Familientherapien ihre politischen Anliegen anzudienen, die sie doch - weil sie als Kritiker sonst keine Einwände haben - gnädig berücksichtigen sollen, damit sie guten Gewissens sich weiterhin so positiv mit Familientherapien theoretisch und praktisch beschäftigen können. Diese kritischen Geister müssen sich aus berufenem Munde belehren lassen: Familientherapie "ist kein Instrument für eine humanistische Revolution. Zumeist ist sogar das Gegenteil der Fall: eine der Aufgaben der Familie besteht darin, die Kontinuität der Gesellschaft zu wahren, welche ein Familientherapeut vielleicht ablehnt. Das Feld für gesellschaftliche Veränderungen ist nicht die Familientherapie. Aber die Politik, in der vielleicht die Gesellschaft der Familientherapeuten in Kooperation mit ihren Kollegen handeln" (Minuchin 1974, 25 f.)[15]. Alternativ wird die politische Belästigung mit dem Hinweis auf eine generelle Eigenschaft von Therapeuten überhaupt gekontert: "Ganz allgemein haben Therapeuten in der Regel nicht das Zeug zum Politiker, schon gar nicht zum Revolutionär" (Duss-von Werdt 1976, 39).

Auf der oben kritisierten Linie liegt auch die Kritik von Rupp (1981), der etwa glaubt, an der fünften Perspektive (Status der Gegenseitigkeit) der Heidelberger Schule (s. 5.1) bemängeln zu müssen, daß diese Familientherapeuten und -therapeutinnen eben nicht die Entstehungsbedingungen von familiärer Gewalt und Machtkämpfen klären. Daß eine systemische Sichtweise solche Erklärungen verhindert, ist evident. Ein Fehler des Kritikers ist es, den Heidelbergern dieses Vorgehen als "systemisches Selbstmißverständnis" anzukreiden, als wüßten sie nicht, was sie tun.

Mitunter reflektiert auch die Familientherapiekritik, daß Familientherapeuten nicht nur als Familientherapeuten nützliche Mitglieder der bürgerlichen Gesellschaft sein wollen (vgl. Duss-von Werdt 1976), sondern sich darüber hinaus engagieren, indem sie Familientherapie ihrem Staat zur Bekämpfung seiner Feinde zur Verfügung stellen und damit sicher auch zum Zwecke der Professionalisierung (Hörmann/Nestmann 1985) Nützlichkeit und Leistungsfähigkeit ihres Paradigmas präsentieren können.

Diese Aufgabe hat sich insbesondere der Mentor der Heidelberger Schule, Helm Stierlin, gestellt, der die Hauptaspekte der Dynamischen Familientherapie (Stierlin 1982 b) in den Dienst der staatlichen Terrorismusbekämpfung stellte, indem er mit ihrer Anwendung den individuellen Terrorismus als Familienproblem erklärte (Stierlin 1978, 1982 a) und simultan aufmüpfige Kinder als "Familienterroristen" therapieren konnte (Stierlin 1982 a, 210-214).

Die Kritik: " So stellt der Gebrauch des Begriffes 'Familienterrorismus' zwar beim Leser einen indirekten Bezug zu gesellschaftlichen Vorgängen her, aber STIERLIN verzichtet auf eine Definition eines derartig besetzten Begriffes" (Kupfer 1985, 73), geht einmal mehr haarscharf an der Realität der Familientherapie vorbei (s.o.): eine schärfere Warnung vor Unbotmäßigkeit in der Familie gibt es doch wohl kaum, als einen aufsässigen und störrischen elfjährigen Jungen, der noch dazu von einem erfolgreichen Ärzteehepaar abstammt, als Familienterroristen therapeutisch zu stigmatisieren. Ein derartiger Fall muß doch alle gutwilligen Menschen mobilisieren, damit Eltern und Staat weitere Terroristen erspart bleiben. So ist die Anwendung von Familientherapie auf den nichstaatlichen Terrorismus auch keineswegs entpolitisierend (Kupfer 1985, 75), sondern *eine* Methode der Auseinandersetzung mit Staatsfeinden. Daß "derartige Betrachtungen nicht einmal der Familienbiographie einzelner RAF-Mitglieder gerecht werden" (ebd.), spielt dabei überhaupt keine Rolle. Selbstverständlich interessiert auch hier, frei nach Selvini Palazzoli (1983), nicht die Wahrheit, sondern nur der Effekt.

Auch Pohlen und Plänkers (1982) mißverstehen die eminent politischen Interventionen der Familientherapie Stierlins als "Entpolitisierung von Widerstand" (ebd., 444), obwohl ihnen vorher das systemische Paradigma als modernster "Versuch, die gesellschaftlichen Widersprüche durch eine psychosoziale Strategie zu neutralisieren" (ebd., 439) galt, als wäre das keine politische Befriedungsleistung des Systemansatzes (vgl. Warnke 1977, 27). Die beiden Kritiker geben selbst Beispiele, die zeigen, wie sich die Stierlinsche Familientherapie in die politische Bekämpfung eines vermeintlich vorhandenen Widerstandspotentials einfügt, wenn sie an dem Heidelberger Beitrag erkennen, daß Stierlin "die Kinder von Familien psychopathologisiert, in denen offensichtlich Widerstandspotential sozialisiert wurde" (ebd., 450). In diesem Streit unter Psychoanalytikern (vgl. Stierlin 1983; Lüders 1983) schätzen die Kritiker Stierlins wissenschaftliches Vorgehen richtig ein: "Mit einem vorformulierten Interpretationsraster ('das Heidelberger Konzept'...) geht man an den Terrorismus heran, relativiert dies nicht mehr und erhält im Resultat die eigene Voraussetzung." (Pohlen/Plänkers 1982, 445)

Von Kritik weitgehend verschont blieb dagegen bisher die Wachstumstherapie. Satirs humanistische Familientherapie (s. 5.2) scheint allen kritischen

Autorinnen und Autoren die Sprache verschlagen zu haben. Die Wärme und Emotionalität (Hoffman 1982) der Mutter dieser Therapie muß so angerührt, ihr Familienbild so fasziniert haben, daß mir nur wenige Einwände bekannt sind. Es wird z.B. für problematisch befunden, die von Satir geschätzte kongruente Kommunikation (Satir 1975, 95) etwa im Berufsleben in jedem Fall anzuwenden (Pieper 1986). Eine weitere kritische Marginalie kommt zu folgendem Resultat: Satirs "Forderung nach einer kongruenten Kommunikation zwischen Familie und Gesellschaft beinhaltet zwar die Veränderung von inhumanen sozialen Institutionen der Gesellschaft, doch SATIRs Weg dahin ist rein familialistisch, sie geht davon aus, daß gesellschaftliche Veränderungen nur über die Veränderung der Familiensysteme bzw. der Kommunikationsweisen erzielt werden können, weil die Gesellschaft bzw. ihre Institutionen (Betrieb, Schule etc.) nur die Erweiterung der Familienformen in nicht familiäre Formen darstellen." (Kupfer 1985, 77)

Für die handfeste politische Agitation Satirs ist "rein familialistisch" allerdings eine eher harmlose Bewertung. So ist es auch kein Wunder, daß der Autor meint: "SATIR sieht ebenso wie MINUCHIN eine Verbindung zwischen Familie und Gesellschaft, doch bleibt sie nicht beim Konstatieren dieser Zusammenhänge stehen, sondern bemüht sich, zumindest ansatzweise einige wesentliche gesellschaftliche Bestimmungsmerkmale der Familie herauszuarbeiten." (ebd., 76) Wie Satirs Bemühen aussieht und zu welchem Ergebnis es führt, wird unten (s. 5.2.) untersucht.

Meine Übersicht dient vorwiegend zur Information über die bisherige Kritik an Familientherapien (s. auch Körner/Zygowski 1988 c). Sicher kommt auch die vorliegende Untersuchung nicht ganz ohne die referierten Forschungsergebnisse aus (s. 4.), doch der Schwerpunkt liegt auf Analyse und Kritik des Familienverständnisses der untersuchten Therapien. Die Ergebnisse dieser Untersuchung hatten wiederum Auswirkungen auf die Beurteilung der bisherigen Kritik, die mitunter zu positiv rezipiert wurde, während andererseits Familientherapien eine unzutreffende Familienfeindlichkeit und eine nicht immer zutreffende Menschenfeindlichkeit vorgeworfen wurde.

Die skizzierte Kritik an Familientherapien hat zumindest einen zentralen Mangel: sie berücksichtigt nicht ausreichend, daß Familie eine staatliche Einrichtung ist, mit welcher der Staat bestimmte Zwecke verfolgt (s. Kap. 3). Eine Folge der Ignorierung staatlicher Familienzwecke ist die unzureichende Berücksichtigung der Schäden, die Familienmitglieder bei der ihnen abverlangten

Pflichterfüllung erleiden. So teilen fast alle Kritiker und Kritikerinnen von Familientherapien mit den kritisierten Familientherapeutinnen und Familientherapeuten eine recht positive Einschätzung der staatlichen Institution Familie. Ohne diesen Umstand zu realisieren, wird dagegen zu Unrecht Familientherapie eine offene oder zumindest latente Gegnerschaft zur Familie unterstellt. Eine solche Kritik übersieht, daß gerade Familientherapeutinnen und -therapeuten sehr treue Anhänger der bürgerlichen Familie sind. Von dieser familienfreundlichen Position aus wird in Familientherapien alles therapeutisch Erdenkliche unternommen, um die Familie gesund oder funktional zu erhalten. Daher fühlen sich Vertreter der Familientherapie oft zu Unrecht angegriffen, teilen sie doch mit ihren Kritikerinnen und Kritikern das Anliegen, Familien möglichst ohne Symptomträger zu erhalten. Um diese Mißverständnisse zwischen Systemtherapie und Kritik auszuräumen, ist "eine Analyse von bürgerlicher Familie und bürgerlicher Gesellschaft erforderlich, die Zumutungen und Leistungen der Familienmenschen für den die Familie garantierenden Staat erklärt. Auf dieser Grundlage können Theorie und Praxis von Familientherapien angemessen gewürdigt werden." (Körner 1989, 51 f.) Das ist das Anliegen dieser Studie.

3. Die Erklärung der bürgerlichen Familie: Familie und Staat

In der interessierten Sicht familientherapeutischer Schulen erscheint Familie als außerstaatliche Enklave in der sogenannten modernen Industriegesellschaft, Zivilisation etc. Eine Hauptleistung aller hier analysierten Familientherapierichtungen besteht darin, familialem Leben den Anschein eines biologisch-natürlichen Verhältnisses zu geben.

Ignoriert wird ein banales Wissen: Die Gründung einer bürgerlichen Familie, und keine andere Form der Familie ist jedenfalls in der BRD staatlich zulässig, beginnt mit der Eheschließung vor einem Staatsbeamten, dem Standesbeamten. Selbstverständlich ist jedes neugeborene Kind staatlich registrieren zu lassen, die Steuerklassen werden je nach Familienstand geändert etc. Die Auflistung der simplen Tatsachen soll damit beendet sein, aber es sind leider Fakten, die in allen Familientherapien sicher nicht grundlos übersehen werden (s. 5.5). Dagegen wird unter Juristen das staatliche Interesse an der Familie durchaus kritisch reflektiert (z. B. Huhn 1977; Troje 1988). Die Erklärung des Verhältnisses Familie und Staat leisten zwei Arbeiten von Gröll (1983; 1988 a), deren für das Verständnis meiner Familientherapieanalyse wesentliche Resultate im folgenden vorgestellt werden sollen.

3.1 Staatlicher Schutz der Privatsphäre

Gröll (1988 a) erörtert den staatlichen Schutz der sog. Privatsphäre. Dabei weist er die Fehlerhaftigkeit einer naturrechtlichen Argumentation[1] nach, wie sie etwa auch unter Familientherapeuten zu finden ist (s. 5.), die den spezifisch bürgerlichen Charakter der Privatheit verschleiert. Damit werde nicht nur die bürgerliche Familie jeder Kritik entzogen, sondern auch der sie schützende Staat, der dieses Naturereignis nur noch in seine Rechtsform einfüge. Staatlichem Handeln werde zugute gehalten, daß es sich am Wohle des Familienmenschen ausrichte und nicht etwa andere Zwecke verfolge (s. 3.2.). Privatheit sei nicht so etwas wie ein rechtsfreier, der individuellen Willkür überlassener Raum. "Bürgerliche private Freiheit wahrzunehmen, bedeutet immer Freiheit 'zu', nicht 'von' etwas". (ebd., 16)

Grundsätzlich ist die individuelle Reproduktion Privatangelegenheit. Jedes bürgerlich selbständige erwachsene Individuum hat demnach sein Leben aufgrund eigenen Erwerbs zu führen. Dieser Grundsatz werde durch die bürgerliche Ehe- und Familienform bzw. die entsprechende Gesetzgebung abgeändert.

Im Unterschied zum sonst herrschenden Prinzip des Äquivalententausches, zum bürgerlichen Nützlichkeitsprinzip, das darin besteht, daß im gegenseitigen Verhältnis der Wareneigentümer jeder sein eigenes Interesse verfolge, existiere in der Familie die gegenseitige Verpflichtung zur Erbringung umfassender Versorgungsleistungen. Damit hätten alle dazu nötigen Aktivitäten den Charakter "persönlicher Dienste", die uneigennützig im Dienst der Familie zu leisten seien. Als Folge davon müssen Familienmenschen "ihre Besonderheit, d. h. ihr Geschlecht, ihre Neigungen, Bedürfnisse, Beziehungsgefühle - insgesamt gängig als 'Liebe' bezeichnet - wechselseitig für die Erfüllung der Familienpflichten" (ebd., 17) einsetzen.

Reines wechselseitiges Sich-Mögen, Sich-gern-haben kann als wichtige Grundlage für die familiäre Stabilität angesehen werden (Homöostase; s. 4.). Aber es bleibt auch immer das Unsichere, Nichteinforderbare. Nur die in Rechtsform eingebundene Zuneigung macht die eheliche Liebe zur allseits geschätzten Quelle der Familienstabilität, jedenfalls solange beide Seiten an ihrer Ehe festhalten. In der Ehe wird ein eventuell anfängliches Liebesverhältnis in ein sittliches Verhältnis umgewandelt.

Die Basis der Familie ist "der rechtliche, in den eigenen Willen aufgenommene Zwang[2] zur Ausübung von Nächstenliebe in Gestalt ehelicher, mütterlicher, väterlicher, kindlicher Tugend, wofür die Individuen ihre Besonderheit funktionalisieren müssen". (ebd., 17)

Die Familienmenschen müssen ihr Ehe- und Familienleben zwar selbst führen, aber sie sind darin nicht unabhängig von staatlichem Recht; denn der Staat habe Ehe und Familie die Monopolstellung unter den sozialen Formen der individuellen Reproduktion verliehen. An ihr haben sich andere, nicht staatlich lizensierte Lebensgemeinschaften zu orientieren, jedenfalls dann, wenn ein Kind vorhanden ist. So seien die privatrechtlichen Beziehungen bei Eheschließung oder Trennung, im Güterrecht, bei Elternschaft und Kindschaft meistens noch zusätzlich öffentlich-rechtlich abgesichert (z. B. staatlich sanktionierte Zivilehe, strafrechtlich abgesicherte Unterhaltspflicht, vormundschafts- und fürsorgerechtliche Implikationen des elterlichen Sorgerechts und des Kindschaftsrechts). "Die Einhaltung dieser Rechtsverhältnisse und die Transformationen der hieraus resultierenden Rechtspflichten in familienadäquates, von Moral geleitetes Verhalten ist dann allein Sache der Familienmenschen - *ihre Privatsache*. So, und nur so, ist Familie als 'Sphäre privater Lebensgestaltung' zu verstehen". (ebd., 18)

Der Schutz der privaten Lebensgestaltung im Rahmen der staatlichen Institution Familie ist ein vom Staat gewährtes Recht. Charakteristisch für jedes Recht sei die darin enthaltene Erlaubnis, d. h. der Staat bestimmt den Gegenstand des Wollens, hier etwa erlaubte bürgerliche Monogamie, verbotene Polygamie.

"Eine Berechtigung zu 'haben', bedeutet also nie Willkür, freie Verfügung, sondern im Gegenteil die *Verpflichtung*, seinen Willen gemäß der Erlaubnis einzurichten, nur zu wollen, was Gegenstand eines rechtmäßigen Handelns überhaupt sein kann" (ebd.).

Das Recht zur Eheschließung und Familiengründung ist demgemäß die staatliche Erlaubnis und Pflicht, die Ehefrau/den Ehemann, die Kinder und die eigene Person nach eigenem Willen und eigener Kraft zu reproduzieren. Diese Ableitung trifft den Kern staatlichen Handelns in puncto Ehe- und Familiengesetzgebung, wie die einschlägige juristische Literatur belegt. Dort werde deutlich gesagt, "daß die Ehegatten über ihre Ehe nicht frei verfügen können" (Hamann/Lenz 1970, 205).[3] Das Bundesverfassungsgericht hat eindeutig erklärt, daß der Hauptinhalt des privaten Freiraums Ehe/Familie die lebenslange Verpflichtung sei, einander Beistand zu leisten. Das betreffe die Beziehung zwischen den Eheleuten und zwischen Eltern und Kindern. So läßt sich Leben in den staatlichen Institutionen Ehe und Familie ohne Einschränkung als Form eines "Öffentlichen Dienstes" (Gröll) verstehen.

3.2. Der Staat und sein Interesse an Familie: die staatlichen Familienzwecke

Die Unterstellung, daß Einzel- und Gesamtinteresse in der Familie zusammenfielen, beruht auf der (realisierten) Ideologie[4], daß das Wirken des Staates die gegensätzlichen Privatinteressen durch Integration als Gemeinwohl transformieren könnte. Dabei ist die Existenz des Staates den (unaufhebbaren) Gegensätzen geschuldet, und seine Weiterexistenz ein Beweis für den Fortbestand der Gegensätze.

Vom Individuum wird verlangt, seinen Willen dem allgemeinen Willen unterzuordnen, wodurch es die staatsbürgerliche Freiheit gewinnt. Das individuelle

Bedürfnis hat sich formell (Legitimität seines Interesses) und inhaltlich (Gemeinwohl, Staatszwecke) dem Allgemeininteresse zu unterwerfen.

Auf die Ehe konkretisiert heißt das, daß der Staat die Zwecke der beiden zusammenleben wollenden Individuen in allgemeine, öffentlich-rechtliche umformuliert hat. Aus dem Interesse, mit jemanden zu leben, weil man ihn liebt und geliebt wird, und nur solange die Liebe auf beiden Seiten existiert, macht der Staat eine Pflicht zum Lieben: Die Liebenden *sollen* zusammenleben, da sie es aus ihrem Liebesinteresse heraus wollen. Diese geschickte Transformation der individuellen Zuneigung zu einer Pflicht in der bürgerlichen Ehe, zieht eine Reihe weiterer Pflichten nach sich (s. 3.5.). Der Staat kann dann seiner Ehe und Familie bescheinigen, es gebe "keine andere Form des Zusammenlebens, die in gleicher Weise den Grundbedürfnissen der Menschen Rechnung trägt und gleichzeitig die Grundlagen für eine humane Gesellschaft und deren Zukunft legt" (4. Fam. Bericht, IIf.)[5]. Das Staatsinteresse an Familie und die damit u. a. verbundene ideologische Überhöhung dieser Form menschlichen Zusammenlebens muß aus den *staatlichen Familienzwecken* abgeleitet werden.

Der *erste* und höchste *Staatszweck* dient, ideologisch überhöht, dem vermeintlichen Überleben, der Stabilität und Zukunft seiner Gesellschaft. Daher verlangt der Staat von seinen Bürgern, daß sie sich vermehren, damit immer ein für seine Zwecke und die der Gesellschaft genügend umfangreiches Staatsvolk existiert. Auch wenn es im Gegensatz zur Weimarer Verfassung nicht mehr erwähnt wird, ist davon auszugehen, daß nach wie vor die *nationale* Menschenproduktion Vorrang hat (vgl. Gröll 1988 a, 55).

Individueller und staatlicher Kinderwunsch kommen dank naturrechtlicher Argumentation umstandslos zur Deckung: Kinder zu haben, gelte in Staatssicht a priori als menschliches Grundbedürfnis, die menschliche Natur in beiden Geschlechtern verlange geradezu nach dem Kind als "Dritten" im Bunde, und wie zufällig stimmen angebliche Natur und realer Staat überein. Die freiwillig produzierten Nachkommen sollen eine bestimmte körperliche und sittliche Qualität haben (*zweiter staatlicher Familienzweck*), damit der Staat an ihnen sein öffentlich-rechtliches Erziehungswerk (vgl. GG Art. 7; Schulwesen) vollbringen kann[6]. Juristisch berücksichtigt wird dieses staatliche Interesse in Art. 6 Abs. 2 GG (Pflege und Erziehung) und in den §§ 1626 ff BGB (Recht der elterlichen Sorge). Das menschliche "Grundbedürfnis" nach Pflege von seiten des Kindes und das möglicherweise damit korrespondierende Interesse

Erwachsener an der Pflege und Förderung des Kindes, wird zum Recht des Kindes auf Versorgung und Erziehung und zur Verpflichtung der Eltern zu den entsprechenden Leistungen erhoben. Der Staat verläßt sich hier nicht auf die Moral der Eltern allein, sondern unterstützt sie, etwa bei grober Vernachlässigung, mit Strafandrohung.

Der *dritte Familienzweck* gilt der materiellen Versorgung. Dazu gehören Gesundheitsvorsorge und Krankenpflege für die Familienmitglieder, Dauerpflege von Behinderten und Alten sowie die Versorgung von durch das sog. soziale Netz hindurchgefallenen Erwerbslosen. Die Familie hat für sich selbst zu sorgen (Reproduktion als Privatsache), durch Erwerbsarbeit und Hausarbeit (vgl. § 1360, § 1601 BGB). Der Zweck des staatlichen Familienschutzes besteht darin, die Familie als Quelle der individuellen Lebenshilfe zu erhalten. Somit wird die für den Staat zu erbringende *Sozialhilfe* letzten Endes in eine *individuelle* Lebenshilfe umgemodelt, die ihm als Gratisleistung der dafür zuständigen Familienmenschen geboten wird.[7]

Daß viele unbezahlte "Familiendienstleister", also besonders Frauen, auch mit immateriellem Lohn wie Dankbarkeit (des Mannes und der Kinder) oder Stolz auf ihre familiale Pflichterfüllung etc. zufrieden sein mögen, soll nicht bestritten werden. Fällt diese Art von Belohnung aber aus, dürfte es zu Ehe- und Familienschwierigkeiten kommen, die dann moralisch auszutragen sind und damit eine Aufgabe für Familientherapeuten darstellen können. Der Staat jedenfalls entlastet sich durch den Schutz der Familie von den sozialen Kosten familialer Versorgungsleistungen.

Die immaterielle Entlohnung der Familiendienstleistenden, besonders der Familienfrauen, deutet auf eine weitere Leistung der Familie hin: die immaterielle Lebenshilfe oder immaterielle Versorgung. Gemeint damit ist die gerade auch in der familientherapeutischen Literatur gepriesene Fähigkeit der Familie, eine "Gegenwelt" von Geborgenheit, Emotionalität und Intimität zu der kalten, versachlichten, feindlichen etc. Außenwelt zu bieten,[8] die sich bei genauer Untersuchung als Forderung nach Kompensation erweist für extrafamiliale Belastungen.

In interessierter Staatsapologetik decken sich die Bedürfnisse der Individuen, deren Ursachen im Dunkeln bleiben, in wundersamer Weise mit den Staatsinteressen: beide Seiten betonen den Schutz von Ehe und Familie, die Individuen brauchen ihn, und der bürgerliche Staat gewährt ihn.[9]

Es ist sicher kein Zufall, daß sowohl die hier genannten Familienexperten als auch die untersuchten Familientherapien (s. 5; 6) keine Subjekte kennen, die den Familienmenschen Schaden zufügen, sondern nur Geistersubjekte wie "Technisierung, Automatisierung, Rationalisierung" (s. 5.2.; 5.3.). Die Brutalität des Lebens in der bürgerlichen Konkurrenz und deren harte Effekte werden zum Verschwinden gebracht. Daher erfordert das Verständnis der staatlichen Familienzwecke eine Erklärung des Fundamentes, auf dem sie basieren, der kapitalistischen Ökonomie, welche die an ihr partizipierenden Individuen in Klassen spaltet, was Konsequenzen für die Familien hat.

3.3 Bürgerliche, identische Form und Klassenlage

Der Staat regelt die Konkurrenz seiner Bürger - das Geltendmachen von Freiheit und Gleichheit in der Verfolgung der Privatinteressen -, indem er sie unterschiedslos auf die Respektierung von Eigentum und Person verpflichtet. Er hebt die Gegensätze nicht auf, sondern gibt ihnen eine Verlaufsform (Recht) als Allgemeinwohl. Auf die Familie konkretisiert, heißt das, alle sollen sich für das Allgemeinwohl nützlich machen, unter Abstraktion von ihrer klassenspezifischen Besonderheit. Das ist der Hauptgrund für den staatlichen Schutz der Privatsphäre. Für die Familie bedeutet das, daß es trotz unterschiedlicher u. a. klassenspezifischer Inhalte nur eine für alle Klassen identische Familienform gibt. So gibt es z. B. nicht die besondere Form der Arbeiterfamilie, obwohl auch Arbeiter und ihre Angehörigen die staatliche Lizenz haben, als Familie zu leben.[10] Die staatlichen Familienzwecke bedürfen somit einer Konkretisierung durch die Berücksichtigung der klassenspezifischen Besonderheiten (vgl. Gröll 1983, 12 - 29; s. 3.6.). Da es in Familientherapien nicht üblich ist, die Klienten nach ihrer Klassenzugehörigkeit zu differenzieren, verzichte ich hier auf eine klassenspezifische Analyse. Es gibt keine Familientheorie oder gar Theorie der Familientherapie, welche die klassenspezifischen Grundlagen und Resultate des Lebens in Familie behandelt (vgl. Gröll 1988 a, 40).

3.4 Die Funktionalisierung der Liebe in der Familie

Der vom Staat gesetzte rechtliche Zwang zur Ausübung von Nächstenliebe in der Familie ist von den Familienmenschen in ihren eigenen Willen aufzunehmen. Wobei ich davon ausgehe, daß diese staatliche Forderung nach Einbringung und Funktionalisierung der eigenen Person als Medium staatlicher Pflichterfüllung nicht mehr als Zwang empfunden, sondern eher als Chance gesehen wird, sein Privatleben zu organisieren ("Freiheit" als Ideologie, s. Anm. 2). Die Familie steht auf zwei Fundamenten, für deren Stabilität jeweils der bürgerliche Staat Sorge trägt. Da ist es zum einen der "stumme Zwang der ökonomischen Verhältnisse" (Marx), der besonders die in Familien lebenden Lohnarbeiter und die große Masse der Staatstätigen (vgl. Gröll 1983) zwingt, ihre subjektive Reproduktion der nationalen Reichtumsproduktion zu unterwerfen. Aber auf den ökonomischen Zwang allein mag sich der Staat nicht verlassen. Deshalb existiert zum anderen ein dreifacher staatlich eingerichteter juristischer Zwang (Recht; Erlaubnis). Im Privatrecht nimmt er die Form des Ehevertrages und der auf die Familie bezogenen eigentumsrechtlichen Regelungen an.

Öffentlich-rechtlich kümmern sich Ehe-, Unterhalts-, Erziehungs-, Kindschafts-, Vormundschafts- und Jugendwohlfahrtsrecht um die Basis von Familie. Reicht beides nicht aus, behält sich der Staat noch strafrechtliche Maßnahmen gegen Unterhalts- und Sorgepflichtverletzungen vor. D. h. aus juristisch verfaßten Beziehungen leiten sich Familienbeziehungen ab, die für die jeweiligen Familienmenschen verpflichtend sind. Daraus resultiert ein zwischenmenschliches Verhältnis, in das alle Familienmitglieder ihre gesamte Persönlichkeit einzubringen haben. In diesen Beziehungen mit Pflichtbindung wird die Zuneigung oder Liebe unter Familienmenschen möglichst grenzenlos für den Bestand der Familie[11] und die Erfüllung der staatlichen Familienzwecke gefordert.

Individuelle Zuneigung ist im Ehe- und Familien-Kontext *nie Zweck für sich* selbst, sondern immer Mittel zur Erfüllung der Familienzwecke. Die Familienmenschen müssen ihre Besonderheit (Individualität) wechselseitig für die Familie *funktionalisieren*.

Liebe existiert nur als Medium familialer Liebe bei Kind, Eltern und Eheleuten. Schon beim Kind ist Zuneigung ein durch Pflege und Erziehung vermitteltes kindliches Bedürfnis, Gefühl etc. Der Mythos von der quasi angeborenen Mutterliebe wird nicht nur häufig praktisch widerlegt, sondern wird auf diesem Hintergrund erklärbar. "Der gefühlsmäßige Bezug einer ihr Kind tatsächlich versorgenden Mutter auf dasselbe gemäß ihren familialen Rechtspflichten und die Reaktion des Kindes hierauf, ist dagegen immer bereits das unauflösliche Resultat, ein unentwirrbares Ineinander aus - zunächst - biotischer Notwendigkeit, individueller Zuneigung, ideologisch verhimmelter und moralischer Liebe, gepaart mit eigenen Nutzungsabsichten" (Gröll 1988 a, 35).

Analog dürften diese Erklärungen auch für die eheliche Liebe gelten. Ehelich verarbeitet, hat Liebe den Zweck, die fälligen Enttäuschungen zu ertragen, die aus der moralischen Beanspruchung der ganzen in Ehe lebenden Person resultiert. Dabei ist davon auszugehen, daß dieses Aushalten und Ertragen von Frustrationen weder den Eheleuten noch dem Gedeihen ihrer Liebe sehr gut bekommt.

3.5. Allgemeine Familienpflichten

Zur Erklärung der realen Belastungen der Familienmenschen gebe ich eine Zusammenfassung der Familienpflichten (Gröll 1983, 31 - 64), die sich aus den drei Elementen der Institution Familie herleiten, der Ehe, der Elternschaft und der Kindschaft.

3.5.1. Die Ehepflichten

3.5.1.1. Die Pflicht zu häuslicher Gemeinschaft

Die Pflicht zu häuslicher Gemeinschaft stellt den Eheleuten keineswegs frei, ob sie gemeinsam wohnen wollen oder nicht. Nur berufliche Tätigkeit an einem anderen Ort, potentielles Scheitern der Ehe und vorübergehendes Allein-Leben zwecks Prüfung der ehelichen Beziehungen dürfen als Dispensgründe gelten. Grundsätzlich werde von der herrschenden Juristenlehrmeinung bestritten, daß die Eheleute durch private, quasi rechts- und damit staatsfreie, Vereinbarung die Pflicht zur Führung eines gemeinsamen Haushaltes definitiv ausschließen könnten. Das sei mit dem sittlichen Wesen der Ehe nicht vereinbar. Die weiteren Ehepflichten setzen prinzipiell Zusammenleben und gemeinsame Haushaltsführung voraus.

3.5.1.2. Die Pflicht zur Geschlechtsgemeinschaft

Die Pflicht Heterosexueller zur Geschlechtsgemeinschaft ist aus mehreren Gründen staatsbürgerliches Recht und damit wiederum Pflicht, zumindest für den sexuell desinteressierten Partner. Notwendig ist eheliche sexuelle Betätigung, um Nachwuchs zu produzieren (generative Funktion), die der Staat zur Erhaltung und Mehrung seines (Staats-) Volkes braucht (s. 3.2.). Außerdem dürfte eheliche sexuelle Enthaltsamkeit dazu führen, daß der unzufriedene Ehegatte (beiderlei Geschlechts) sich anderweitig sexuell betätigt und damit andere Ehen und letztlich auch die staatlichen Familienzwecke gefährdet. So gelte der Verzicht auf Geschlechtsverkehr als ungebührlich und, als sei das nicht Zumutung genug, werde "aktive Beteiligung beider Ehegatten"[12] (Bastian u. a. 1978, 88)[13] gefordert, zumindest aber "Gewährung in ehelicher Zuneigung und Opferbereitschaft" (Gernhuber 1971, 152)[14].

3.5.1.3. Die Treuepflicht

Die eheliche Treuepflicht gilt auch nach der Streichung des § 172 StGB (Strafbarkeit des Ehebruchs). Schon der Anschein der Treulosigkeit ist verpönt. Wichtig sei die tadellose eheliche Gesinnung. Bedauern kommt auf, wenn realisiert wird, daß es nutzlos sei, die ehelichen Sexualpflichten aufzulisten und den Eheleuten als bindendes Recht zu oktroyieren. Einig sind sich die Juristen, daß die Treuepflicht auf keinen Fall vertraglich ausgeschlossen werden könne. Eine derartige Regelung würde die guten Sitten zerstören. Die "Ehestörung" hat ihren eigenen Unrechtscharakter, ist nicht mit einer Beleidigung gleichzusetzen, da nicht der andere, sondern die Ehe verletzt werde.

3.5.1.4. Die Pflicht zu lebenslänglicher Eheführung

Den Grund für das "Lebenslänglich" sieht Gröll in dem Umstand, daß die Ehe so universal verpflichtend sein soll, daß es keinen Vorbehalt geben dürfte. Die Stabilität der Familien hänge vom Schutz des Staates ab, der nach Art. 6, Abs. 1 GG die Familie unter den besonderen Schutz der staatlichen Ordnung gestellt habe. Auch dem einfachen Bürger müsse deutlich werden: die Ehe wird auf Lebenszeit geschlossen. Für viele Eheleute ist diese juristische Regelung eigentlich überflüssig: der stumme Zwang der ökonomischen Verhältnisse hält sie zusammen - lebenslänglich, und die anderen stehen dank ihrer finanziellen etc. Situation über dieser Vorschrift: die Scheidungszahlen belegen es.

3.5.1.5. Die Pflicht zu ehefreundlichem Verhalten

Diese Vorschrift darf nicht mit dem Schutz der Eheleute, insbesondere des schwächeren Teiles verwechselt werden. Minimalkriterium für das Ertragen der Ehe scheint demnach zu sein, daß sich beide Seiten eines ehefreundlichen Verhaltens befleißigen, indem sie das Miteinanderleben wenigstens "erträglich" gestalten. Beschimpfungen, Bedrohungen, Mißhandlungen, Beleidigungen, Trunksucht etc. hätten zu unterbleiben. Die Pflicht zu wechselseitigem "Schutz und Beistand" gipfelt in einem Urteil des Bundesgerichtshofes, das unter Eheleuten das Notwehrrecht einschränkt. Demnach ist die Ehe ein so bedeutendes Rechtsgut, daß von dem potentiell Schwächeren notfalls verlangt wird, auf seinen eigenen Schutz zugunsten des Eheschutzes zu verzichten. Dieses moralische Postulat demokratischer Juristengehirne korrespondiert im Ehealltag mit der staatlich geduldeten Praktizierung diverser Formen von Gewalt, im allgemeinen gegen Frauen. Der Grund dafür ist in der Verpflichtung zur ehelichen Lebensgemeinschaft zu sehen. Diese Verpflichtung zu ehelicher Lebensgemeinschaft zwinge zu ehegerechtem Verhalten. Gefordert sei die Fähigkeit, die Erfüllung der ehelichen Pflichten *moralisch* zu verarbeiten.

Die Konflikte werden in den Kategorien von "Schuld", "Sühne" und "Verzeihung" abgewickelt. Das staatlich gesetzte Ziel sei die Realisierung des Eheideals: Die Ausübung der ehelichen Beistands- und Fürsorgepflichten verlange, alles zu tun, um dem anderen Ehegatten zu helfen, das Leitbild der Ehe zu verwirklichen. Grölls Resümee ist wohl nichts hinzuzufügen:

"Deutlicher läßt sich kaum die in der Ehe von den Beteiligten selbst aneinander durchzusetzende 'Sozialisation', 'Zivilisierung' (Kant) und d.h. 'Moralisierung' des Willens, der Gefühle, insgesamt sog. mitmenschlicher Bedürfnisse, ihre Funktionalisierung für ökonomische und politische Zwecke, ausdrücken" (Gröll 1983, 36).

3.5.1.6. Die Liebespflicht

"Ehegatten *sollen* einander lieben". (Gernhuber 1980, 165)[15]

Diese Aufforderung ist weder überflüssig, weil Liebe vermeintlich selbstverständlich in der Ehe ist, noch so ganz ernst gemeint, da die lebens- und (vermutlich) eheerfahrenen Juristen wohl wissen, daß es auf die Liebe in der Ehe gar nicht so sehr ankommt. Sie schrumpft zusammen auf die Verpflichtung zu ehefreundlichem Verhalten (s. o.) und zur Vermeidung lieblosen Verhaltens.

So wird klargestellt, daß die eheliche Liebe ein Verhalten ist, das sich um die Bewahrung der gegenseitigen Zuneigung bemüht. Die Liebe bzw. ihre Rudimente sind für die Ehe und deren Bestand (Stabilität, Homöostase s. u.) zu funktionalisieren. Besonders gut illustrieren dieses Postulat Familienjuristen, die klarstellen, die Verpflichtung zur ehelichen Lebensgemeinschaft beziehe sich "auch und gerade auf das rechtlich bisher kaum beachtete Geflecht von Feinheiten und Kleinigkeiten des Umgangs miteinander. Sie sind die Grundlage des Ehelebens... Das Zerreißen dieses feinen Geflechts zieht in der Regel auch das Scheitern der Ehe nach sich. Diese ehelichen Feinheiten wie z. B. der zärtliche Umgang miteinander lassen sich nicht mit Rechtsbegriffen beschreiben" (Bastian u. a. 1978, 83).[16]

Diese Einsicht verhindert bekanntlich in Scheidungsprozessen nicht deren rechtliche Beurteilung. Demzufolge ist es klar, woraus dieser quasi staatlich geforderte verfeinerte eheliche Umgang in nuce bestehe: "Es ist der ehelich-familiale Mikrokosmos der dienenden Tugenden, des 'Bitte' und 'Danke' - 'Nein, nach Dir', der selbstlosen, aufopfernden Hingabe, dienenden Liebe und mitmenschlichen Verantwortlichkeit" (Gröll 1983, 37).

3.5.1.7. Die Verpflichtung zu persönlicher Dienstleistung bzw. die familiale Arbeitspflicht der Frauen

In Anlehnung an K. Marx wird darauf verwiesen, daß die Arbeiten, die für den Familienkonsum und die Familie selbst notwendig sind, gerade weil sie Privatangelegenheit sind, nicht der privaten Willkür (s. o.) überlassen sind, sondern Pflichtaufgabe des den Haushalt führenden Ehepartners seien (vgl. die alte und die neue Fassung des § 1356 BGB).

Diese "Funktion" beweise die ungeheure Bedeutung des "sittlichen Wesens" der Familie. "*Ökonomischer Kern* der Ehe als *sittliches Verhältnis* ist ihre Nützlichkeit für die möglichst kostengünstige Reproduktion der Arbeiterklasse (und, im weiteren Sinne, der großen Masse der beim Staat Tätigen)" (ebd., 39).

Alle "Funktionen" der Lohnarbeiterfamilie, die sich als "Reproduktion von Arbeitskraft" zusammenfassen lassen, wie (1) Produktion und Erziehung des Nachwuchses, (2) Rekreation der Arbeitskraft der lohnarbeitenden Familienmitglieder,[17] (3) und das beides durch reproduktive Tätigkeiten in Form der Hausarbeit, werden bzw. müssen von der Arbeiterklasse und damit hauptsächlich von der Arbeiterfrau aus Liebespflicht erfüllt werden.

3.5.1.8. Die Unterhaltspflicht

Die gegenseitige Unterhaltspflicht bildet gemeinsam mit der familialen Arbeitspflicht der Frau die ökonomische Basis der Ehe und Familie. Im BGB sind ihr gleich drei Paragraphen gewidmet: § 1360 regelt den Unterhalt der Familie und bestimmt: "Die Ehegatten sind einander verpflichtet, durch ihre Arbeit und mit ihrem Vermögen die Familie angemessen zu unterhalten. Ist einem Ehegatten die Haushaltsführung überlassen, so erfüllt er seine Verpflichtung, durch Arbeit zum Unterhalt der Familie beizutragen, in der Regel durch die Führung des Haushalts." § 1360 a BGB regelt in seinen beiden ersten Absätzen den Umfang der Unterhaltspflicht:

"(1) Der angemessene Unterhalt der Familie umfaßt alles, was nach den Verhältnissen der Ehegatten erforderlich ist, um die Kosten des Haushaltes zu bestreiten und die persönlichen Bedürfnisse der Ehegatten und den Lebensbedarf der gemeinsamen unterhaltsberechtigten Kinder zu befriedigen.

(2) Der Unterhalt ist in der Weise zu leisten, die durch die eheliche Lebensgemeinschaft geboten ist. Die Ehegatten sind einander verpflichtet, die zum gemeinsamen Unterhalt der Familie erforderlichen Mittel für einen angemessenen Zeitraum im voraus zur Verfügung zu stellen."

Und in § 1360 b BGB (Zuvielleistung) wird festgelegt, daß der Ehepartner, der mehr Unterhalt zahlt als gesetzlich vorgeschrieben, nicht beabsichtigt, vom anderen Ehepartner Ersatz zu verlangen.

Der Gesetzgeber hat sich viel Mühe gegeben, den Familienunterhalt gesetzlich zu regeln, und zwar nicht grundlos. Überdies ist die Unterhaltspflicht auch noch strafrechtlich gestützt: § 170 b StGB (Verletzung der Unterhaltspflicht)

"Wer sich einer gesetzlichen Unterhaltspflicht entzieht, so daß der Lebensbedarf des Unterhaltsberechtigten gefährdet ist oder ohne die Hilfe anderer gefährdet wäre, wird mit Freiheitsstrafe bis zu drei Jahren oder mit Geldstrafe bestraft."

Gröll (1983, 40 f.) folgert zu Recht: "Auf welche Sorte von Bürgern die Verpflichtung zum Familienunterhalt, untermauert durch Strafandrohung, in erster Linie gemünzt ist, dürfte klar sein. Wer sein Leben durch Lohnarbeit reproduzieren muß, der hat eigentlich keine Mittel übrig für die Reproduktion weiterer Leute. Genau dies macht aber der Gesetzgeber den ehelich Verbundenen zur Pflicht. Das Bedürfnis, sein Leben mit jemand anderem/anderer zu teilen, hat in Gestalt der ehelichen Lebensgemeinschaft ökonomisch die Konsequenz der prinzipiell lebenslänglichen gegenseitigen Unterhaltsverpflichtung aufgrund eigener Arbeit in und/oder außerhalb des gemeinsamen Haushaltes - einschließlich der Verpflichtung zum Unterhalt ggf. vorhandener Kinder, d. h. ökonomisch betrachtet, von Nichtarbeitern, für die sonst anderweitig aufzukommen wäre."[18]

Auf diesen Hintergrund werde das Bestehen des Gesetzgebers auf die Pflicht zur häuslichen Gemeinschaft richtig verständlich: jedes Ausscheren aus dem gemeinsamen Familienhaushalt gefährde die normale familiale, d. h. für Kapital und Staat möglichst kostengünstige individuelle Reproduktion.[19]

Verständlich, daß der Staat eine so überaus preiswerte Einrichtung wie die familiale Ökonomie (= Familienhaushalt) schützt. Zum einen macht er den Eheleuten das Ausscheiden aus dem Familienverbund schwer (s. die neuen Eherechts- und Unterhaltsvorschriften von 1976), zum anderen sollen die Kinder auch nicht einfach gehen können und die Familienökonomie mit finanziellen Forderungen belasten bzw. ruinieren.

Die eheliche Treuepflicht und die Pflicht zu lebenslänglicher Eheführung haben nach Gröll den gleichen familial-ökonomischen Zweck.

3.5.2. Elternpflichten

"Der Vater und die Mutter haben das Recht und die Pflicht, für das minderjährige Kind zu sorgen (elterliche Sorge). Die elterliche Sorge umfaßt die Sorge für die Person des Kindes (Personensorge) und das Vermögen des Kindes (Vermögenssorge)." (§ 1626 Abs. 1 BGB)

Gröll leitet aus diesem Paragraphen die den Eheleuten als Eltern staatlich garantierten Rechte und Pflichten zur Kindererziehung her.

3.5.2.1. Die Personensorge

Zunächst ist kurz auf die Begriffsumwandlung einzugehen, die mit der Gesetzesänderung von 1980 eingetreten ist. Heute heißt "elterliche Sorge", was früher "elterliche Gewalt" genannt wurde. Der gesetzliche Gehalt beider Fassungen sei, außer in Nuancen, identisch. Gröll tendiert zu der Auffassung, daß der Begriff der elterlichen Sorge den *Pflichtengehalt* des elterlichen Erziehungsrechts eher stärker akzentuiere, also indirekt eine Verschärfung des moralischen Anspruchs an die Eltern bedeute. Der Verzicht auf den Begriff "elterliche Gewalt" ändere dagegen so gut wie nichts an der Unterworfenheit der Kinder unter die elterliche Erziehungsgewalt.

Der neue § 1618 a BGB, der Eltern und Kindern wechselseitigen Beistand und Rücksicht vorschreibt, drücke nur das ohnehin für das familiale Zusammenleben moralische Postulat aus (Ehe und Familie als sittliches Verhältnis).

Der neue Abs. 2 von § 1626 BGB (Personensorge, Vermögenssorge) "Bei der Pflege und Erziehung berücksichtigen die Eltern die wachsende Fähigkeit und das wachsende Bedürfnis des Kindes zu selbständigem verantwortungsbewußtem Handeln. Sie besprechen mit dem Kind, soweit es nach dessen Entwicklungsstand angezeigt ist, Fragen der elterlichen Sorge und streben Einvernehmen an", dekretiere nur die zeitgemäße Erziehungsmoral, "die Kinder bei dem, was erzieherisch an ihnen durchgesetzt wird, reflektierend und d. h. in wachsendem Maße moralisch selbstverantwortlich zu beteiligen, sie also lernen lassen, in der Form der Freiwilligkeit und Selbstbeteiligung zu tun, was zu tun erfordert ist". (Gröll 1983, 42)

Auch dem neuen § 1631 a BGB (Ausbildung und Beruf) ist nicht viel abzugewinnen:

"(1) In Angelegenheiten der Ausbildung und des Berufes nehmen die Eltern insbesondere auf Eignung und Neigung des Kindes Rücksicht. Bestehen Zweifel, so soll der Rat eines Lehrers oder einer anderen geeigneten Person eingeholt werden.

(2) Nehmen die Eltern offensichtlich keine Rücksicht auf Eignung und Neigung des Kindes und wird dadurch die Besorgnis begründet, daß die Entwicklung des Kindes nachhaltig und schwer beeinträchtigt wird, so entscheidet das Vormundschaftsgericht. Das Gericht kann erforderliche Erklärungen der Eltern oder eines Elternteils ersetzen."

Die Empfehlung, sich von einer geeigneten Person beraten zu lassen, sei als gesetzliche Vorschrift mehr als mager und müsse als "schlechter Witz" gewertet werden. Zur Durchsetzung des Willens der Jugendlichen vor dem Vormundschaftsgericht fehle nämlich das eigene Antragsrecht des Jugendlichen.

Der neue § 1631 Abs. 2 BGB fordert, "Entwürdigende Erziehungsmaßnahmen sind unzulässig" und deutet mit seinen vagen Formulierungen darauf hin, daß der Staat vor der Tatsache der in Familien oft ausgeübten körperlichen Gewalt gegen (die eigenen) Kinder ausweicht und damit die körperliche Züchtigung akzeptiert. Gestützt wird diese Interpretation durch den Umstand, daß auf sexuellen Mißbrauch von Schutzbefohlenen oder Kindern (vgl. §§ 174 und 176 StGB) hohe Freiheitsstrafen stehen, während Gewalt gegen Kinder und Jugendliche nicht für erwähnenswert gehalten wird und damit als nicht verboten, also erlaubt gelten kann.

3.5.2.2. Der Pflichtengehalt der elterlichen Sorge

Gröll faßt den materiellen Gehalt der elterlichen Sorge in Anlehnung an § 1631 Abs. 1 BGB, § 1629 BGB und § 1627 BGB zu drei Punkten zusammen: (1) Kinderpflege, (2) Erziehung / Sozialisation der Kinder. Zu letzterem gehöre auch (3) die Aufsichtspflicht und die Pflicht, anstelle der Kinder, verantwortlich für sie Entscheidungen zu fällen.

3.5.2.2.1. Die Pflege

"Die Pflege umfaßt die Gesamtheit der Tätigkeit der Mütter (Haus-/Familienfrauen) zur leiblichen Versorgung der Kinder ('leiblich' meint zwar überwiegend, aber nicht ausschließlich körperlich, da sich das bei Menschen sicherlich nicht abtrennen läßt - was 'erzieherisch' wie gerufen kommt, weil zu funktionalisieren ist...)" (Gröll 1983, 44).

Die im Säuglings- und Kleinkindalter nötige Pflegearbeit erfordert viel Zeit und Arbeitseinsatz, da *Kleinkinder* sich *von Natur aus* nicht selbst versorgen können. Mit dieser natürlichen Unfähigkeit von Säuglingen und Kleinkindern soll angeblich die "Natur" der Familienfrauen korrespondieren, so daß quasi die "Natur" dafür gesorgt hat, daß diese Pflegearbeiten im allgemeinen von Familienfrauen verrichtet werden, und zwar aus sittlicher bzw. moralischer Verpflichtung. Selbstverständlich gibt es keine wissenschaftlich haltbare Begründung für diese Indienstnahme der Familienfrauen: auch das von Gröll als Ausnahme erwähnte Stillen muß keinesfalls von der Familienfrau bzw. der leiblichen Mutter geleistet werden, wie die Geschichte der Mutterliebe (Badinter 1984) bzw. der Kindheit (Ariès 1978) belegt. "Die Pflegearbeiten der mütterlichen Frau erscheinen so gemäß einer prästabilierten natürlich-gesellschaftlichen Harmonie aus Muttertiertrieb und Dienstgesinnung (Liebespflicht) gewährleistet". (Gröll 1983, 45)

In der Familiensoziologie macht man sich ähnlich wie etwa in der strukturellen Familientherapie (s. 5.3.) darüber Sorgen, daß diese Plackerei nicht genügend Anerkennung findet (z. B. Neidhardt 1974), da allen klar ist, "daß die Anforderung, die Mühen der 'Dauerpflege' eines kleinen Menschen[20] auf sich zu nehmen, dem Utilitarismus, der in der bürgerlichen Gesellschaft herrscht, widerspricht". (Gröll 1983, 45))

3.5.2.2.2. Die Erziehung

Der zweite Familienbericht erläutert, worum es dem Staat in der Erziehung geht: "Jede Gesellschaft setzt von ihren Mitgliedern voraus, daß soziale Normen so übernommen werden, daß deren Einhaltung nicht ständig von außen kontrolliert werden muß. Die Voraussetzung dazu ist die Ausbildung einer inneren Kontrollinstanz, wie sie etwa in den Begriffen 'Gewissen' und 'Über-Ich' gefaßt worden sind. Eine solche Kontrollinstanz definiert dem einzelnen bestimmte Verhaltensweisen als moralisch oder unmoralisch, als Recht oder Unrecht" (2. Familienbericht, 51)[21].

Gröll (1983, 50) folgert: "Was den Eheleuten an Sittlichkeit abverlangt wird, haben sie als Eltern ihren Kindern zu vermitteln. Die Vermittlung der Fähigkeit zur moralischen Interpretation der Verhältnisse, und d. h. zur Übernahme von Pflichten, ist also selbst Pflicht".

Das staatliche Interesse an der Pflichterfüllung der Eltern bei der Herausbildung stabiler Moralvorstellungen in den Köpfen ihrer Kinder reflektierten Soziologen gemäß ihrer funktionalistischen Sichtweise in Form eines einfachen Reproduktionsmodells. "Man nimmt an, daß das, was die Kinder im familialen Umgang an sog. Rollenverhalten, also Familienmoral lernen, den Kern oder wesentlichen Inhalt der Erwachsenenrollen, also der moralischen Verhaltensqualitäten bürgerlicher Menschen innerhalb wie außerhalb der Familie bilden würde. Familiale Sozialisation biete so gleichsam frei Haus die Reproduktion 'gesellschaftlich' erwünschter sozialer Charaktere" (ebd., 50 f.). Zweck sei zum einen die von Generation zu Generation zu überliefernde Bereitschaft und Fähigkeit, als *Familienmensch* zu leben, und zum anderen die in der familialen "Sittlichkeit" im Keim inhärente moralische Qualifikation zum Staatsbürger und Arbeitsmenschen zu entwickeln, d. h. die Fähigkeit zur Relativierung der eigenen Interessen an dem von Staat und Kapital gesetzten "allgemeinen Interesse" (sog. Allgemeinwohl)[22]. Damit müsse die das Individuum vereinnahmende und zum Dienst verpflichtende Form der Gemeinschaftlichkeit der Familie als Modell oder Prototyp der "höheren" Sozialformen und der für sie geforderten Fähigkeiten des "Rollen-Verhaltens" angesehen werden. Der zweite Familienbericht zeige, was staatliche bzw. staatlich beauftragte Pädagogen an der Sozialisationskapazität der Familie zu schätzen wissen:

- die relativ hohe Kommunikationsdichte in der Familie fördere/ermögliche die "Anmache" und Kontrolle des Kindes

- Vater und Mutter müßten einmütig erziehen/sozialisieren, also in Einigkeit belohnen und bestrafen
- die Stabilität der Familie bzw. der Pflegeperson, damit das Kind Vertrauen entwickeln könne. Gefördert werden solle außerdem ein "sozialer Optimismus", der es gerade den Menschen, denen es nicht gut ginge, ermögliche, ihre Soziallage positiv zu interpretieren. Insgesamt gelten diese Anforderungen als Basis für die Sozialisierung des Kindes.
- Familien sollen eine gewisse Wärme besitzen, und es solle eine liebevolle Zuwendung herrschen. Dabei wird Liebe als eine Form unbedingter Belohnung gedeutet, womit die beschriebene Funktionalisierung der Liebe für die Ehe und Familie wieder bestätigt werde.

Die unter Familiensoziologen häufig diskutierte Frage nach dem optimalen Milieu für Kinder wird als Scheinfrage identifiziert: dieses Milieu könne nur die Familie sein (vgl. Gröll 1983, 52-56).

3.5.2.2.3. Die Aufsichtspflicht

In der idealistischen pädagogischen Ideologie werde aus dem einfachen Umstand, daß Kinder anfangs weniger Wissen und Erfahrung als Erwachsene haben, sich nicht selbst versorgen können usw., ein erzieherisch und sozialisatorisch zu nutzendes Macht- und Herrschaftsgefälle konstruiert. Diese Art der Pädagogik bietet modernen Pädagogen keinen Anlaß zu skrupelhaften Überlegungen. Aus der Theoriegeschichte der modernen Pädagogik lasse sich herleiten, daß den Pädagogen "nicht die Machtausübung an den Kindern und das dadurch verursachte Leid und die vielfältigen Einschränkungen, die diese Art von Erziehung für sie nach sich ziehen" (ebd., 58) ein Problem ist, sondern, daß die Exekutierung von Erziehungsmacht und -gewalt zum richtigen Ziele führe, der entwickelten Persönlichkeit.[23]

3.5.3. Das Kindschaftsverhältnis

Die kindliche Gehorsamspflicht steht im Zentrum moderner Familienerziehung. Der Verfasser arbeitet zwei Formen, die "direkte" und die "indirekte" Gehorsamsforderung, heraus. Einmal, die "sich gleichsam natürlich ergebende

Verpflichtung der Kinder zur unbefragten Anerkennung der elterlichen Erziehungsgewalt" (ebd., 59), wie sie etwa von einem der Hauptgewährsleute der Familienberichte, dem Familiensoziologen Neidhardt (1974, 160) formuliert wird: "Die Eltern verfügen praktisch über alle Ressourcen, die hinsichtlich der Bedürfnislagen der Kinder relevant sind. Und die Leistungsschuld der Kinder ist so groß, daß Gehorsam als prinzipielle Attitüde den Eltern gegenüber auch moralisch durchgesetzt, Macht also zur Autorität gewendet werden kann.[24]"

Sozialisationstheoretisch werde "das Ingangsetzen eines immer ein bißchen schlechten kindlichen Gewissens gegenüber den Eltern und den von ihnen vertretenen Anforderungen und Versagungen" (Gröll 1983, 60) als sicheres Resultat der eindeutigen kindlichen Abhängigkeit erwartet.

Die zweite Form nennt Gröll die "indirekte Form der Verpflichtung auf Gehorsam" mit dem Ziel der Selbständigkeitserziehung. Sie zeichne sich durch eine präzisere Kalkulation mit den "Bedürfnislagen" (Neidhardt) der Kinder und deren Nutzung für die "Ausbildung der Leistungsmotivation" (2. Fam. Ber., 48)[25] aus.

Das angepeilte "soziale Grundmuster" sei eine "Reziprozität der Verhaltenspflichten: gute Mutter (Eltern) - gutes Kind! -, wo beide Seiten als Teile eines 'Kollektivs' fungieren, in dem jeder *seine* 'Rolle' spielt"[26] (Gröll 1983, 61).

Als pädagogische Handlungsanleitung gelte die Maxime, nur Bemühungen der Kinder zu belohnen, die über das Minimum hinausgingen. Nach dem zweiten Familienbericht sei das Ziel die Selbstattribuierung durch die Kinder (z. B. "Das habe ich gut/schlecht gemacht!"). Sie soll die Fremdattribuierung durch Pädagogen ersetzen. Dies ist eine "freiheitlich erscheinende Variante der Sozialisierung... Die Kinder sollen wollen, was sie sollen" (ebd., 61 f.). Der letzte Satz wird, darauf verweist schon Gröll, gern als "Paradoxie" aufgefaßt.[27] Hier mag es genügen, auf das Ergebnis dieser Sozialisation zu schauen: "ein entwickelter Sozialcharakter, dessen Träger dann sogar mit der Fähigkeit zur 'Kommunizierung', d. h. zum Reflektieren und Bereden der 'Reziprozität' der 'Perspektiven' des Erziehers *und* des Zu-Erziehenden ausgestattet ist." (ebd., 62)

Die "Sozialisation erster Klasse" (Gröll) kommt ohne die in der "Schwarzen Pädagogik" (Rutschky 1977) üblichen Methoden aus. Diese sind geradezu kontraindiziert: das zum selbstbewußten Mitmachen vorgesehene bürgerliche Individuum ist mit konservativen und primitiven Techniken nicht herzustellen. Daß diese Methoden nicht total veraltet sind, sondern weiterhin gehandhabt werden, mit durchaus ebenfalls brauchbaren Sozialisationsresultaten, kann als erwiesen gelten (s. z. B. Mantell 1972).

3.6. Die Konsequenzen der Funktionalisierung für die Familienmenschen

Gröll äußert sich zu den Auswirkungen des Brauchbarmachens auf die Familienmenschen sehr vorsichtig, da es weder klassentheoretisch fundierte sozialstatistische Daten gebe, noch eine Familientheorie existiere, welche die klassenspezifischen Voraussetzungen und Resultate des Lebens in Familie auch nur thematisierte.

Der Autor vermutet, daß bei Familien der höheren Klassen, die nicht solchen materiellen, somatischen und psychischen Belastungen ausgesetzt sind wie die Familien der Lohnarbeiter, die Schäden geringer seien oder entfallen. Zumindest bekämen sie ein anderes Gewicht: "Probleme der 'Beziehung' an und für sich und einer erlesenen Erziehung/Sozialisation z. B., also gleichsam ein Stück weit luxurierend, immaterialisiert, Gesinnung pur, 'erarbeitet' in kommunikativer Interaktion." (Gröll 1988 a, 40) Das Resümee dieser Familienuntersuchung läßt sich so zusammenfassen: "Die Familie ... produziert die Spannungen, die sie angeblich ausgleichen können soll, z. T. selbst, weil die gesuchte Kompensation für die Belastungen und Anstrengungen da draußen selbst Anstrengungen bereitet und also belastet - mehr oder weniger" (ebd.).

Den Menschen in Familie werde grenzenloser Idealismus abverlangt: "sie sollen sich lieben, eine Solidargemeinschaft bilden und dabei stabile, verantwortliche und leistungsfähige Selbste sein." (ebd.) Das hat folgende Konsequenzen:

(1) Familienmenschen werden moralisch beansprucht bzw. nehmen sich selbst wechselseitig moralisch in die Pflicht: kommen sie mit den Anforderungen (des Familienlebens) klar, dann ist das ihr Erfolg; versagen sie, ist es ihre Schuld. Von den anderen Familienmitgliedern wird ähnlicher Einsatz erwartet. Sollten sich die anderen weigern, setzt der o. g. Familienmechanismus ein, der familientherapeutisch unterstützt werden kann.

(2) Weil eigene, nicht harmonisierende Interessen gleichwohl im Spiel seien, werde die zugleich versuchte Beanspruchung und Benutzung des jeweils anderen als gegenseitige Beschränkung vollzogen und erfahren. Diese mißlungene

Tugendleistung aktiviere das Gewissen, und neue Tugendanstrengungen würden sich als nötig erweisen.

(3) Da sich das alles im Medium des Gefühls abspiele, seien Tugendanstrengungen (plus Schuldvorwürfe und -gefühle), Nutzungsabsicht und "Liebe" in der Familie direkt miteinander verknüpft. Das strapaziere zwar das Mögen, aber nicht unbedingt den familialen Zusammenhalt.

(4) Komme hinzu: "Da in der Familie der Zwang zum Sich-aufeinander-Einlassen, Füreinander-Einstehen schon notgedrungen eine Rolle spielt (rechtlicher und ggf. ökonomischer Zwang), ist der Bezug jedes Einzelnen auf die Solidargemeinschaft quasi unausweichlich und hält die Familie zusammen. Jeder/jede 'braucht' in diesem Sinne den anderen. So scheint - hintenrum - eigenes Bedürfnis doch *auch* befriedigt"[28] (ebd., 40 f.).

In dieser ideologischen Betrachtung des Mittels Liebe existiert (vegetiert!) das individuelle Bedürfnis unter dem Motto "unser Ehe-/Familienglück ist auch meines."[29] Es ist nur noch nicht mit dem tatsächlichen *Grund* - der *Funktionalisierung* der Liebe sowie der sich gegenseitig liebenden Personen erklärt - sondern es werde daraus geschlossen, es müsse noch mehr geliebt werden. So werde ein Liebesglückidealismus gepflegt.[30]

Die einschlägige Agitation fordere die Leute auf, das Liebesglück in unermüdlicher "Liebes- (tugend) -Anstrengung" zu suchen: "Arbeit an der 'Liebe', Beziehung, Partnerschaft in und - gegebenenfalls - außerhalb von Ehe und Familie. Ob es hierbei nun mehr um die Animation zu erfüllendem Sex oder zur partnerschaftlichen Tugendübung geht, die Lehren bilden ein Kontinuum" (ebd., 41), das von Van de Velde (1959), Reich (1972; 1973) über Rogers (1982) bis zum Bestsellerautoren Fromm (1984) reiche.

Das Wesentliche des glücksidealistischen Imperativ sei allemal: "arbeitet, arbeitet gemeinsam an euch selbst, und damit an eurer Ehe, Familie oder Beziehung! Glück ist Tugend. Auch ein Aufruf zur gegenseitigen 'Enttäuschungsverarbeitung'. Für den Schaden ist gesorgt" (ebd.).

4. Die systemische Modellierung der bürgerlichen Familie

4.1. Skizze der systemischen Weltanschauung

In Familientherapien wird generell der Eindruck vermittelt, sie basierten auf systemischem Denken (z. B. v. Schlippe 1984) bzw. Familie sei als System zu verstehen (Nichols 1984, 511). Einwendungen gegen eine Bestimmung von Familie als System werden vorgetragen, um die eigene nicht-systemische Therapie zu profilieren (z. B. Buchholz 1981 b; Schroedter 1985).

Für die kritische Analyse der Grundlagen von Systemtherapien gilt es, den Anspruch, ein neues systemisches Paradigma in der Psychotherapie etabliert zu haben, ernst zu nehmen und zu würdigen.

Die rasante Entwicklung in den "epistemologischen Nachbesserungen" (Körner 1988) veranlaßte mich, auch noch knapp auf die jüngste Entwicklung, die Familientherapie zweiter Ordnung, einzugehen (s. 6.), in der versucht wird, vornehmlich epistemologische, aber auch praktische Ungereimtheiten zu vermeiden. Auf den derzeitigen Stand wird dort eingegangen. Diese Modifikation belegt deutlich meine These, daß systemische Familientherapie und das in ihnen geforderte oder praktizierte Systemdenken als Epistemologie, Erkenntnistheorie oder Weltanschauung zu erklären ist. Auf der Abstraktionsebene würden auch Systemtherapeuten diese These akzeptieren, weist doch z. B. einer der neueren theoretischen Vordenker selbst ohne jede Kritik auf das Epistemologieverständnis des bisher wohl einflußreichsten familientherapeutischen Denkers Gregory Bateson hin, der fünf Bedeutungen der Epistemologie entworfen habe, nämlich Epistemologie als Theorie des Wissens, als Paradigma und Weltanschauung, als biologische Kosmologie, als Wissenschaft und als Charakterstruktur (Dell 1984). Nach Simon und Stierlin (1984) wird von der Epistemologie als "eine(r) Richtung der Wissenschaft" untersucht, "auf welche Art und Weise und auf welcher Grundlage Organismen erkennen, denken und verhaltensbestimmende Entscheidungen treffen" (ebd., 83). Wie man sieht, ein recht umfangreiches Forschungsgebiet. Als ein Ergebnis dieser Wissenschaft präsentieren die Autoren folgende Lehrmeinung: "Betrachtet man alle erkenntnisbildenden Funktionen (z. B. Wahrnehmen, Fühlen, Denken, Entscheiden) als Ganzes, so erweist sich das menschliche Nervensystem so konstruiert, daß es - wie H. v. Foerster dies (1974) in seinem 'Gesetz der epistemischen Homöostase' formuliert hat - jeweils eine stabile Realität 'errechnet'" (ebd., 84).

Daß die beiden Autoren selbst epistemologische Meister (im Sinne von Weltanschauung) sind, beweist ihre Folgerung aus der obigen Position: Sie "könnte eine individualpsychologische Erklärung dafür liefern, warum familiäre Systeme dazu tendieren, instabile Zustände möglichst zu vermeiden." (ebd.) Auch hier liegt keine naive Fehlbeurteilung der bürgerlichen Familie vor (s. 2), sondern das Interesse, möglichst viele Argumente für die gewünschte Familienstabilität vorzubringen, ohne die eigentlichen außerindividuellen und extrafamilialen Hauptfaktoren (s. 3) nennen zu müssen.

Ein weiterer Effekt für die Therapie von Familienmenschen ergibt sich aus der Definition von Epistemologie als "innerer Landkarte" oder "Modell der Welt". Dieses Modell, "das ein Individuum oder Familiensystem entwickelt hat, bestimmt, wie es sich verhält, fühlt und denkt, *welche Symptome es zeigt, ob und wie es leidet*" (ebd., 85; Hervorh. v. W. K.). Mithilfe dieser Bedeutung von Epistemologie werden alle objektiven, außerhalb von Individuum und Familie liegenden Gründe (Bedingungen) für psychische Probleme zum Verschwinden gebracht.

Gemäß diesem verkürzten Konzept von Schwierigkeiten bei der Bewältigung des Lebens (vgl. Kaplonek und Schroeter 1979) wird das Therapieziel beschränkt.[1] "Ziel der Therapie ist es also stets, diese 'innere Landkarte' zu verstehen und zu verändern, d. h. die jeweiligen Deutungs- und Interpretationsschemata zu beeinflussen." (Simon/Stierlin 1984, 85).

Das Epistemologieverständnis taucht in gewissen Variationen bei allen analysierten Familientherapieschulen auf (s. 5.). Das Systemdenken wird von dem Epistemologiebegriff am besten repräsentiert, der im Sinne von Paradigma oder Weltanschauung verstanden wird.

Meines Wissens wird in der systemtherapeutischen Literatur diese Bedeutung am häufigsten verwendet. Affirmativ teilt etwa auch Dell (1984) diese Einschätzung. Systemtherapeuten betreiben ihre Weltanschauung so weit, daß letztlich von den von ihnen behandelten Objekten nichts mehr existiert, d. h. in ihrer Terminologie keine objektive, außerhalb der Erkenntnissubjekte befindliche Realität mehr vorkommt. Damit sind dann die theoretischen Ungereimtheiten des alten Systemdenkens mit den Gegenständen untergegangen, und die Familientherapeuten zweiter Ordnung müssen sich lediglich um konsensuelle Übereinstimmung bemühen. (s. 6.)

Auf dem Wege zur totalen Emanzipation von der Realität des bürgerlichen Staates und seiner Familie hat das Systemdenken einige Denk- und Behandlungsakzente gesetzt, die nicht vergessen werden sollten. Außerdem ist zur Zeit nicht absehbar, ob z. B. alle hier untersuchten Schulen diesen Weg gehen werden. Sie sind noch Repräsentanten der Familientherapie erster Ordnung. Bisher hat sich von ihnen nur ein Ableger der Mailänder Schule (s. 6.3; Boscolo u. a. 1988) zu einer Familientherapie zweiter Ordnung verändert.

Diese Neuschöpfung mag sich auch durchaus in der Diktion moderater gerieren. Eine Problematisierung und Kritik an dem vormals behaupteten Paradigmawechsel für die Sozialwissenschaften und den psychotherapeutischen Sektor wurde auch schon von traditionellen Familientherapeuten vorgenommen (s. 2.).

Die in dieser Arbeit hauptsächlich erörterten Familientherapien zeichnen sich durch eine systemische Sichtweise aus, die wohl am besten von folgendem Zitat illustriert wird: "Welches Muster verbindet den Krebs mit dem Hummer und die Orchidee mit der Primel und all diese vier mit mir? Und mich mit ihnen? Und uns alle sechs mit den Amöben in einer Richtung und mit dem eingeschüchterten Schizophrenen in einer anderen? ... Was jetzt gesagt werden muß, ist schwierig, scheint ganz leer zu sein und ist doch von sehr großer und tiefer Bedeutung für Sie und mich. In diesem historischen Zeitpunkt halte ich es für wichtig, was das Überleben der gesamten Biosphäre angeht, die, wie Sie wissen, bedroht ist. Welches ist das Muster, das alle Lebewesen verbindet?" (Bateson 1982, 15 und 16)

In einem bekannten Überblickswerk zur Familientherapie wird das gleiche Statement, nur unwesentlich gekürzt,[2] so kommentiert: es sei die Anwendung und Weiterentwicklung einer systemischen Sichtweise, die nicht nur der gedanklichen Erfassung Bedeutung beimesse, sondern auch der gefühlsmäßigen Durchdringung "dieser Weise, Existenz zu betrachten und zu leben." (v. Schlippe 1984, 21) Diese systemischen Ausführungen veranschaulichen das Dilemma systemischen Denkens: den enormen Anspruch auf einen universellen Geltungsbereich und das Versagen bei der Untersuchung konkreter Sachverhalte. Mit gedanklicher Erfassung eines Gegenstandes mag man sich nicht zufrieden geben, sondern will auch das Gefühl beteiligen, obwohl, läßt man diese meines Erachtens unzulässige und überdies auch unsystemische Dichotomie gelten, dann die korrekte gedankliche Erfassung wirklich ausreichte. Die genannten Pflanzen und Tiere gefährden die Biosphäre nicht, der eingeschüchterte Schizophrene wohl auch nicht, und falls doch, hat sich wohl auch in Batesons Heimat, den USA, der dortige Staat Interventionsmöglichkeiten bereitgelegt, die es erlauben, Schizophrene aus dem gesellschaftlichen Verkehr zu ziehen, und zwar nicht nur, wenn sie die Biosphäre gefährden (Zwangseinweisung: Balloff 1986; Herzog 1988).

Die Suche nach solchen und ähnlichen vermeintlichen Gemeinsamkeiten ist auf dem Hintergrund einer Ideologie erklärbar, die für ungefähr alle Übel dieser Erde, von den Weltkriegen (z. B. Bateson 1981, 607 und 1986, 145), den Kriegsvorbereitungen der Reagan-Ära (z. B. v. Schlippe und Essen 1982) bis zu Umweltkatastrophen (z. B. Welter-Enderlin 1980; Selvini Palazzoli 1981) ein *Denken* verantwortlich macht, das als linear, kausal und mechanistisch diffamiert wird, ohne daß diesem Denken irgendein konkreter Fehler nachgewiesen worden wäre. Zur Illustration mag folgendes Beispiel genügen: "Das mechanistische Betreiben der Wissenschaft, das von der linear-kausalen Logik beherrscht ist, erscheint daher mitverantwortlich nicht nur für die Zurückgebliebenheit der Humanwissenschaften, sondern auch für die durch die industrielle Revolution hervorgerufenen Umweltkatastrophen ... Wie unheilvoll sich solches Denken auswirken kann, ist am Beispiel des DDT und der durch seine Anwendung provozierten systemischen Kettenreaktionen nur allzu gut ersichtlich" (Selvini Palazzoli 1981, 384 - 385).

4.2. Anwendung der systemischen Epistemologie auf die Familie

Der eklatante Mangel an Differenzierung, der sich in der systemischen Weltanschauung generell abzeichnet, hat problematische Folgen, wenn dieses Denken auf die Behandlung von Familienmenschen angewandt wird[3] (s. 5.). Dabei zeichnet sich ein weiterer Fehler des Systemdenkens ab: die abstrakten Termini von Systemtheorie, Kybernetik, Thermodynamik (Welter-Enderlin 1980; Simon/Stierlin 1984; kritisch: Lilienfeld 1978) werden mehr oder weniger umstandslos angewandt, z. B. so: "Im folgenden werde ich versuchen, die abstrakte Sprache der Systemtheorie auf menschliche und soziale Systeme (vor allem Familien) hin anwendbar bzw. verstehbar zu machen" (v. Schlippe 1984, 22).

Das ist nur ein Beispiel für eine unreflektierte Anwendung des Systemdenkens. Die kritische Wendung mit Problematisierungen etwa des Homöostase-

Begriffs führt zu folgendem Resultat: "Physikalisch-technische Modellvorstellungen können bis zu einem gewissen Grad auf den sozialwissenschaftlichen Bereich übertragen werden, *wenn gewährleistet ist, daß die isomorphen Parallelen bei diesen* (aus völlig verschiedenen Bereichen stammenden) *Systemen auf ihre Vergleichbarkeit geprüft werden und die entsprechenden Einschränkungen bei diesen Vergleichen explizit benannt werden.*" (Brunner 1986, 59)

Zieht man noch etwa die "abenteuerlich anmutenden Analogisierungen" (Schrödter 1985, 464) von Kaufmann u. a. (1980; s. u.) hinzu, die Eklaim (1980) kritisiert, so liegt das Spektrum der systemischen Weltanschauung vor, die durch eine Sucht nach Verallgemeinerung und "Durchanalogisierung" (Narr 1967) aller Phänomene gekennzeichnet ist, welche von systemischer Seite als "Prinzip des *Isomorphismus*" (Brunner 1986, 58) gedeutet wird, das auch von Kaufmann u. a. (1980) "als heuristisches Prinzip ernst genommen" (ebd.) wurde.

Einen Fixpunkt systemischer Sichtweise scheint die bekannte System-Definition von Hall und Fagen (1956, 18) darzustellen. Derzufolge ist System "ein Aggregat von Objekten und Beziehungen zwischen den Objekten und ihren Merkmalen"[4]. Diese Definition wird erläutert: "wobei unter den *Objekten* die Bestandteile des Systems, unter *Merkmalen* die Eigenschaften der Objekte zu verstehen sind und die *Beziehungen* den Zusammenhalt des Systems gewährleisten." (Watzlawick u. a. 1969, 116). Sie wird auch dreißig Jahre später rezipiert (z. B. v. Schlippe 1984; Kriz 1985; Schiepek 1986), selbst wenn inzwischen Änderungsvorschläge laut werden (z. B. Kriz 1985). Weitere, weniger bekannte Systemdefinitionen finden sich etwa bei Schiepek (1988, 55 f.).

Daß bei Definition und Gebrauch eines Systembegriffes verschiedene Fehler begangen werden, haben etwa Narr (1967), Laitko (1968), Greven (1974) und Lilienfeld (1978) nachgewiesen (vgl. Körner 1988).

Wird dieser System-Begriff auf Familie angewandt, dann erscheint sie als "etwas qualitativ anderes als die Summe ihrer Teile" (v. Schlippe 1984, 22), nämlich als etwas qualitativ Höheres als die einzelnen Familienmitglieder, was als "*Übersummationsphänomen*" (Schmidt 1985) gilt. Diese qualitative Höherschätzung des "Familiensystems" führt in den Familientherapien zu einer mitunter als *Neutralität* (s. 5.4.) oder *Allparteilichkeit* (s. 5.1.) getarnten Parteilichkeit für das sogenannte Familiensystem, und damit für seine Nutznießer. Das können die Eltern sein (Esser 1987), das kann einer der Eheleute sein, wobei mit dieser Formulierung das Geschlecht eindeutig festgelegt ist (mitunter ist es auch eine), das können auch mal Kinder sein, die allerdings leicht Gefahr laufen, als "Familienterroristen"[5] (Stierlin 1982 a) entlarvt zu werden, das ist aber immer, und das wird nicht reflektiert, der bürgerliche Staat (s. 3.).

Das Beispiel veranschaulicht, wie Systemiker aus ihrer Parteilichkeit heraus immer wieder die gleichen Fehler machen. Die "demiurgische Definition" (Narr) des Systems wurde bereits vor mehr als zwanzig Jahren kritisiert. Zusätzlich wird verdeutlicht, wie sich systemische und staatliche Hochschätzung der Familie ähneln, letztlich haben Staat und Systemiker zumindest in puncto Familienstabilität ähnliche Interessen (z. B. Duss-von Werdt 1976).

Diesem Interesse ist es meines Erachtens auch zu verdanken, daß sich das *Homöostase*-Konzept so lange unangefochten halten konnte, nachdem es 1957 von Jackson übernommen worden war. Erstmals hatte Cannon 1932 dieses Denkmodell zur Analogisierung sozialer Vorgänge verwandt, in Anlehnung an homöostatische Körperprozesse. "Er sah im Wechsel von konservativer und revolutionärer Herrschaft Frühformen sozialer Homöostase. Um jedoch auf gesellschaftlicher Ebene das reibungslose Funktionieren homöostatischer Körperprozesse zu erreichen, maß er der Entwicklung sozialer Stabilität erstrangige Bedeutung zu." (Plänkers 1986, 700).

Dieses Modell scheint sich für die Propagierung der Familienstabilität bewährt zu haben. Es störte im familientherapeutischen Diskurs nur wenige Autoren, daß sich das "Gleichgewichts-Modell" theoretisch nicht mit dem Modell des offenen Systems vereinbaren läßt (vgl. Elkaim 1980).

Die Parteinahme für Familie und die eigene Praxis als Familientherapeuten verhindert die Einsicht in solche theoretischen Widersprüche. In bekannter Manier wird dagegen etwa so argumentiert und therapiert: Da Homöostase eine Eigenschaft jedes Systems, also auch des Familiensystems ist, muß in der Familientherapie alles unternommen werden, um dem System und seiner Stabilität gerecht zu werden. Dafür bieten die in dieser Studie untersuchten Therapien unterschiedliche Wege an (s. 5.; 6.).

Eine andere, staatlicher- und systemischerseits gewünschte Eigenschaft stellt die *Hierarchie* in der Familie dar. Wie der Staat die Familienhierarchie regelt, ist bereits beschrieben worden (s. 3.; ausführlicher Gröll 1983; 1988 a).

Wie tragen nun Systemiker zur inzwischen wieder unumstrittenen Hierarchie in der Familie bei?[6] Am meisten scheinen sie von Millers (1978) voluminösem

Opus beeindruckt zu sein, jedenfalls wird es recht häufig als Quelle für die Hierarchisierung des Universums zitiert (z. B. v. Schlippe 1984; Brunner 1986).

Wenn dieses Modell der Hierarchisierung auch auf systemische Bedenken stößt (Kriz 1985; Brunner 1986), bleibt der für Familientherapie wichtige Teil erhalten (s. v. Schlippe 1988). "Alle Humansysteme weisen eine hierarchische Strukturierung auf. Entscheidungen, Autorität, Kompetenz, Rechte und Pflichten sind unterschiedlich verteilt" (Guntern 1983, 58).

Generell trägt Familientherapie in ihrem Einflußbereich, der im Zuge der Expansion auf nahezu alles ausgedehnt wird, dazu bei, bestehende Hierarchien zu befestigen und vom Verfall bedrohte zu restaurieren. Für die Therapiepraxis bedeutet das z. B., daß der Vater unverhohlen als Familienoberhaupt, als erstes Familienmitglied gefragt wird (Satir 1973, 196; s. 5.2.) oder daß die Familientherapeuten sich darin einig sind, daß die Familien am besten funktionierten, in denen letztlich der Mann das Sagen habe (vgl. Skynner 1978, 182 f.).

Unter *Regulierung* sei zu verstehen, "daß ein System auf dem Weg zu seinem Ziel selbstregulierende Prozesse durchführt. Hier sind zwei wesentliche Kräfte angesprochen, die man morphostatisch und morphogenetisch nennt." (v. Schlippe 1984, 24) Dieses systemische Konzept reicht nicht aus, um die Anpassungsanstrengungen der Familienmitglieder an die Erfordernisse der staatlichen Familienpflichterfüllung abzubilden, daher wird es um kybernetische Regeln ergänzt, die zu Stabilität bzw. Veränderung führen sollen (z. B. Watzlawick u. a. 1969, 29ff; Hoffman 1982, 51ff). Daraus folgt konkret, daß das Recht (und die Pflichten) der Eltern im Rahmen ihrer elterlichen Sorge u. a. auch die Ausgehzeiten ihres Kindes zu bestimmen, zu einem Prozeß kybernetischer Steuerung umgedeutet wird: "Ein Beispiel ist die Familie, in der ein vermehrtes Zuspätkommen des Kindes aufgegriffen wird und in einem Gespräch eine Veränderung der Ausgehzeiten vereinbart wird. Ein Übermaß an positiven Rückkopplungsprozessen kann zur Zerstörung des Systems führen (vgl. Eskalation in symmetrischen Paarbeziehungen). Negative Rückkopplungsprozesse zielen auf Stabilität. Die eingehende Information wird verwendet, um Abweichungen zu korrigieren (in unserem Beispiel würde das Zuspätkommen des Kindes durch drastische Strafen unterbunden, eine Anpassung der Familie an den Entwicklungsstand der Adoleszenz fände nicht statt). So führen positive Rückkopplungsprozesse zu Ungleichgewichtszuständen, negative zu Rigidisierung. Ein Gleichgewicht beider Prozesse ist für das sog. 'homöostatische Plateau' erforderlich". (v. Schlippe 1984, 24 f.)

Das Ertragen der Anstrengungen, Mühen und Belastungen aller Familienmitglieder bei der Erfüllung ihrer Familienpflichten erscheint in systemischer Sicht als nichts anderes als ein *Kalibrierungs*problem. Ein berühmtes Beispiel für Kalibrierung wird bei Watzlawick u. a. (1969, 135) genannt, "der Gangwechsel in einem Auto".

Die geforderte Anpassungsleistung an "intrafamiliäre Veränderungen" (ebd.) und an "die oft viel drastischeren Umwelteinflüsse (wie Beginn des Schulbesuchs, Militärdienst, Ablösung der Kinder durch Ergreifen eines Berufs oder durch Heirat, Pensionierung des Vaters und dergleichen mehr)"[7] (Watzlawick u. a. 1969, 135) gelingen mit diesem Konzept gewissermaßen so selbstverständlich, wie die Beispiele suggerieren. Auf dem Umweg der Kalibrierung kommt die staatlicherseits geforderte Stabilität der Ehe und die für die familiale Pflichterfüllung notwendige Homöostase ins Spiel.

Das Konzept der *Regeln*, die "die Beziehungen der Objekte untereinander" (v. Schlippe 1984, 27) steuern, soll angeblich das (Familien-) System so bestimmen, wie die Grammatik die Sprache. Theoretisch läßt sich dieses Konzept nicht durchhalten, da die Meta-Regel, die "bei der Erfassung von verdeckten Regeln" (ebd.) helfen soll, rein theoretisch nicht in das Regelkreismodell paßt, wie Clemenz (1986) zu Recht moniert. Von Schlippe nutzt diese Konstruktion, um das Mißtrauen von Therapeuten gegenüber Eltern zu schüren. "(Eine häufig geäußerte Bitte in der Beratung: 'Sagen Sie uns nur, was wir falsch gemacht haben!' - Jeder in Familien- und Elternberatung bewanderte Therapeut weiß, was passiert, wenn er dieser Aufforderung nachkommt)"[8] (ebd., 27 und 29).

Das sogenannte *Relativitätsprinzip* bedeute: "Systemisches Denken findet Realität nicht in der Substanz, sondern in der Relation. Diese Erkenntnis hat weitreichende Konsequenzen. Es gibt demnach in sozialen Systemen keine Realität an sich, sondern nur in Relation auf die Beobachtung eines bestimmten Beobachters, z. B. des Therapeuten." (v. Schlippe 1984, 29 f.) Familienmenschen, die unter den zwangsläufigen Belastungen durch Familie zu Schäden kommen, müssen sich von systemischen Therapeuten demgemäß belehren lassen: "Es gibt so viele Realitäten wie Beobachter" (ebd., 30), d. h. die staatlichen Pflichten und die daraus resultierenden Schäden existieren gar nicht wirklich, sondern hängen von der Perspektive des Beobachters ab.[9]

Die hier besprochenen Konzepte (u. a. m.) haben auf den ersten Blick nichts oder wenig mit der Familie zu tun. Die Untersuchung zeigt, daß es ihren Urhebern nicht darauf ankommt, Familie (oder auch nur die Kommunikation in der Familie) zu erklären, sondern ihre staatskonformen (moralischen) Ziele (z. B. die Hierarchie, den Erhalt der Familie) mit Hilfe systemischer Konzepte in die Familie zu tragen (s. auch 5.).

4.3. Epistemologische Nachbesserungen der systemischen Weltsicht

4.3.1. Familien als dissipative Strukturen

Auch die in den 80er Jahren vorgenommenen "epistemologischen Nachbesserungen" (vgl. Körner 1988), auf die sich die Adepten der Vordenker soviel zugute halten (z. B. Ludewig 1988 a; Hargens 1988), sind nur auf dem epistemologischen Hintergrund systemischen Denkens erklärbar. So verwundert es auch nicht, daβ etwa aus der Chemie das Modell der dissipativen Strukturen für familientherapeutische Theorie und Praxis entlehnt wird.

Der Begriff "*dissipative Strukturen*" wurde von Prigogine zur Beschreibung von Strukturveränderungen in offenen Systemen verwandt. "Dissipative Strukturen kennzeichnen eine Klasse von physikalischen oder chemischen Systemen, deren Gleichgewichtsstruktur unstabil wird, wenn sie ein äuβeres Kraftfeld ins Ungleichgewicht bringt; es entsteht eine neue, komplexere Struktur. Sie haben die Fähigkeit, ihre innere Ordnung spontan im Sinne höherer Differenzierung auszubauen, sofern sie unter dem Einfluβ eines äuβeren Kraftfeldes stehen" (Kaufmann u. a. 1980, 138). Dell (1986, 16) schätzt das systemtherapeutische Interesse an Prigogines Arbeit so ein: "Meine Kollegen und ich erkannten, daβ PRIGOGINEs Modell gegenüber der Homöostase einen gewaltigen Vorteil besaβ, weil PRIGOGINE nicht nur eine stabile Organisation beschreibt (wie Homöostase), sondern auch den Prozeβ, durch den sich solche stabilen Organisationen (diskontinuierlich) in neue Organisationen entwickeln". Ausführlich erörtern Dell und Goolishian (1981) die "Ordnung durch Fluktuation" Prigogines.[10] Kaufmann u. a. (1980) geben ein "typisches Beispiel: Das Eis-Wasser-Gemisch. Die einzelnen Moleküle haben entweder Wasser- oder Eisstruktur. Was soll nun ein Eis-Wasser-System mit einer symptomatischen Familie gemeinsam haben?" (ebd., 141) Nachdem die Autoren sich mit der Frage befaβt haben, "Wie kommt ein physikalisches System aus dem Bereich der Phasenkoexistenz heraus?" (ebd., 142), ziehen sie den Schluβ: "In Analogie dazu ergeben sich für die Behandlung von veränderungsresistenten Familien mit Doppelnorm-Verhalten zwei verschiedene Therapieformen:

1. Das Familiensystem wird der therapeutischen Aktion während genügend langer Zeit ausgesetzt (Langzeit-Therapien).

2. Das Familiensystem wird mit einem therapeutischen System verbunden, das ebenfalls Doppelnorm-Verhalten annimmt, und zwar in Form des *Gegenparadoxons*. Dieser Interventionstyp faßt die symptomatische Struktur in einem neuen Kontext, indem er ihre Bedeutung für das System anders benennt (relabeling). Der neue Kontext, der im auferlegten Gegenparadoxon enthalten ist, entspricht dem anderen Dispositif der äußeren Parameter des zweiten Systems (Gemisch von festem und flüssigem Paraffin) des physikalischen Modells." (ebd., 143). Statt sich um die Erklärung familialer Prozesse zu bemühen, glauben die Autoren wohl allen Ernstes, aus dem Eis-Wasser-Gemisch Erkenntnisse für die Familientherapie zu gewinnen, was ihnen auch in der Gemeinde der Familientherapeuten abgenommen wurde (Ausnahme: Elkaim 1980). Ein Vorgang, der für sich spricht. Kritik an der Prigogine-Schule üben Schramm (1986) und Krug (1989).

4.3.2. Der Familienzusammenhalt im Kohärenz-Konzept

Dell (1986, 46-76) entwickelt in seiner epistemologischen Kritik des Homöostasekonzeptes den Begriff "*Kohärenz*", der ihm epistemologisch stringenter erscheint: "Kohärenz impliziert einfach eine kongruente Interdependenz des Funktionierens, wobei alle Aspekte des Systems einander angepaßt sind (fit). Es scheint angemessen, das Verhalten eines Systems-das-es-selbst-ist zu beschreiben, ohne unbeabsichtigt mehr als nur dieses zu implizieren. Aber wegen der epistemologischen Fracht, die es mit sich trägt, impliziert ein System-das-es-selbst-ist eine ganze Menge: vieles der familientherapeutischen Theorie und ihrer klinischen Anwendung muß zumindest neu dargelegt und vielleicht neu überdacht werden." (ebd., 62) Dell kommt zu dem nicht unumstrittenen Schluß, "daß Homöostase ein überflüssiges Konzept ist" (ebd., 70), bzw. zumindest ein "unvollständig definierter Erklärungsbegriff. Der familientherapeutische Bereich ist voll von solchen Begriffen: Familienregeln, Widerstand, therapeutisches Paradoxon, undifferenzierte familiäre Ego-Masse, perverses Dreieck und so weiter." (ebd., 74) Kohärenz meint den "Zusammenhalt von

Einzelelementen in einem übergeordneten Ganzen. Bezogen auf ein System wie die Familie, bedeutet dies die Fähigkeit, sich als zusammenhängendes Ganzes zu erhalten." (Simon/Stierlin 1984, 181) Hier wird das Interesse an Stabilität der Familie als Fähigkeit definiert, den Zusammenhalt zu leisten. Der "stumme Zwang der ökonomischen Verhältnisse" hilft vielen Eheleuten dabei, Ehe und Familie "als zusammenhängendes Ganzes zu erhalten".

Daß der Kohärenz-Begriff epistemologisch umstritten ist, zeigen die Anmerkungen von Kriz (1987, 55) zur fehlenden soziologisch-historischen Perspektive des Konzeptes. Keeney (1983) beurteilt Dells Neuerung so: "Ich betrachte Dells Kritik der Homöostase weitgehend als Unsinn, der sich auf sein eigenes Mißverständnis der kybernetischen Epistemologie und auf seine popularisierten Definitionen von Rückkopplung, Homöostase und Kohärenz gründet" (ebd., 44). Die Diskussion um das Homöostasekonzept demonstriert in schöner Offenheit, wie Wissenschaft als Weltanschauung betrieben werden kann (s. auch unten).

4.3.3. Bürgerliche Familie als autopoietisches System

Abschließend sei noch das inzwischen in der Familientherapie zweiter Ordnung (s. 6) weitgehend akzeptierte Autopoiese-Modell vorgestellt, das von Dell und Goolishian, den Protagonisten dieses Konzeptes in den Familientherapien, so skizziert wird: "*Autopoiesis* heißt Selbst-Schöpfung, ein Phänomen, das alle lebenden Organismen und ihre sozialen Organisationen charakterisiert." (Dell/Goolishian 1981, 110). Sie schließen sich der Definition von Varela u. a. (1974, 188) an, die autopoietisches System "als Einheit definiert durch ein Geflecht von Produktionen der Bestandteile, die (1) in demselben Geflecht von Produktionen der Bestandteile rückbezüglich teilnehmen, und (2) das Geflecht von Produktionen als Einheit in dem Raum realisieren, in dem die Bestandteile existieren."[11]

Dell und Goolishian zufolge ist "das Produkt einer autopoietischen Organisation immer das System selber (ist). Die autopoietische Organisation ist ein selbstrückbezügliches System, so daß die Eigenschaften seiner Bestandteile nicht einseitig die Eigenschaften des Systems bestimmen. Die Eigenschaften des Systems sind vielmehr die Eigenschaften von Beziehungen und Interaktionen, die von den Bestandteilen produziert werden und diese wiederum produzieren" (ebd.). Nach Varela u. a. "ist die Zuschreibung einer determinierenden Wirkung zu irgendeinem Bestandteil oder irgendeiner seiner Eigenschaften, weil sie als 'wesentlich' erscheinen, ein semantisches Artefakt." (1974, 192)[12]

Sogenannte lebende Systeme wie "Zellen oder menschliche Individuen sind autopoietische Systeme ... In der Terminologie Maturanas (z. B. 1980 b) wären Zellen als autopoietische Systeme erster und Organismen als solche zweiter Ordnung zu kennzeichnen." (Schiepek 1986, 67)

Nach Willke (1988, 111) besagt, auf den Kern reduziert, "diese biologisch-neurophysiologische Theorie, daß lebende Systeme nach immanenten Gesetzmäßigkeiten sich selbst reproduzieren, indem sie die Elemente, aus denen sie bestehen, herstellen mit Hilfe der Elemente, aus denen sie bestehen". Laut Maturana "impliziert die Existenz eines autopoietischen Systems die Erhaltung seiner Autopoiese, was wiederum die Unterordnung der Dynamik der Veränderungen seiner Bestandteile unter diese Erhaltung der Autopoiese impliziert" (1987, 11). Willke schließt daraus: "Veränderung geschieht nicht zielgerecht, insbesondere nicht durch lernen, sondern durch 'strukturelle Kopplung' und ontogenetische Drift" (ebd., 111).

Selbst intern kommen Zweifel auf, ob dieses biologische Konzept einfach auf psychologische und gesellschaftliche Phänomene übertragbar sei (z. B. Steiner 1984, 205 ff.; Brunner 1988, 138; Buchholz/Reich 1988). Maturana, der Urheber des Autopoiese-Begriffs, lehnt selbst die Anwendung seines Terminus' auf soziale Systeme ab: "Und da außerdem, wenn man meinen Ausführungen folgt, der Begriff der Autopoiese nicht auf soziale Systeme anwendbar ist, weil sie durch eine andersartige Organisation charakterisiert sind, denke ich, daß es ein Fehler wäre, sie autopoietisch zu nennen, so als ob man ihre Organisation beschriebe." (Maturana 1987, 12)

Dagegen differenzieren z. B. Simon und Stierlin (1984, 311) weniger, wenn sie feststellen, Autopoiese, Selbstschöpfung oder "Selbstorganisation dient meist als Oberbegriff zu Begriffen wie selbstreparierendes System, lernendes System, selbstproduzierendes System usw. Dazu gehören sowohl lebende Organismen als auch Systeme wie Familien, soziale Gruppen und Gesellschaften." Bezeichnenderweise kennen diese Autoren das Ziel der Autopoiese, wenn sie "in einem Streben nach Gleichgewicht innerhalb einer sich verändernden Umwelt" (ebd.), den Hauptaspekt sehen wollen.[13] Ob das verräterische Interesse an Gleichgewicht, Stabilität (s. o.) der Autopoiese-Theorie gerecht wird, soll hier nicht untersucht werden. Andere Autoren entnehmen diesem Konzept, daß "die Möglichkeiten zielsicherer therapeutischer Intervention radikal zu negieren" seien (Willke 1988, 110), daβ der Mythos "interaktiver Instruktion" nicht mehr existiere (Hargens 1988). Daβ Familientherapeuten, die nach diesem Modell zu therapieren versuchen, auf ihr Honorar verzichtet hätten, wird bisher in der Literatur nicht berichtet, obwohl selbst eingefleischte Systemtherapeuten für diese Konsequenz einzutreten scheinen (vgl. Simon / Schmidt 1984; s. 2.).

Die im Rahmen dieser Theorie der Familie zugestandene Autonomie (vgl. Hoffman 1987; s. 6) dürfte ein Hirngespinst bleiben, solange der bürgerliche Staat dieses Konzept nicht kennt und, aus Unkenntnis oder Absicht, seiner Familie keine Unabhängigkeit einräumt. Daβ Autonomie der Familie staatlichen Familienzwecken widerspräche, dürfte nach der Erklärung des Zusammenhanges von Staat und Familie (s. 3) klar sein und damit Fiktion bleiben.

4.4. Zusammenfassung

Konsequent wurde in Systemtherapien das Anliegen, Wissenschaft als Weltanschauung zu betreiben, fortentwickelt. Systemiker haben sich von vornherein eines Garanten für richtiges Denken, Forschen und Therapieren versichert, ohne die Prozesse durchgeführt zu haben. Bei einer entsprechenden Kurskorrektur wären sie schlieβlich keine Systemtheoretiker oder Systemtherapeuten mehr.

Wie gezeigt wurde, muβte das systemische Procedere zwangsläufig zu Widersprüchen bei der Frage führen, welche Eigenschaften die als System deklarierte Familie nun ausmachen sollen. Diesen Schwierigkeiten wird in der Familientherapie zweiter Ordnung mit der generellen Infragestellung der Existenz der Institution Familie zu begegnen versucht (s. 6.2.). Dort wird der Frage nachgegangen, welche Effekte diese Neuerung auf in Therapie befindliche Familienmenschen hat. Eine kritische Untersuchung der Praxis der Familientherapie zweiter Ordnung, in der eine Familienbehandlung der Mailänder Protagonisten Boscolo und Cecchin analysiert wird, folgt (s. 6.3). Damit können die populären Arbeiten etwa eines Maturana nur gestreift werden.[14]

5. Analyse und Kritik klassischer Familientherapien

5.1. Die Heidelberger Schule der psychoanalytischen Familientherapie

Familie wird als System verstanden, dessen Kräfte durch die Therapie mobilisiert werden sollen, damit die Familienmenschen ihre Pflichten erfüllen, ohne Verstoß gegen das von der Schule vertretene Gerechtigkeitsideal, das den Familienmitgliedern eine wechselseitige Aufrechnung der durch die Funktionalisierung entstandenen Schäden empfiehlt. Zur Erfassung der Systemkräfte wurde ein Modell mit den fünf Hauptaspekten, bezogene Individuation, Bindung und Ausstoßung, Delegation, Vermächtnis und Verdienst und Status der Gegenseitigkeit entwickelt. Das Konzept der positiven oder negativen Gegenseitigkeit fordert von den Familienmenschen eine harmonistische Auseinandersetzung, bei der das Einzelinteresse des jeweiligen Familienmenschen zu kurz kommen muß. Bezogene Individuation betont explizit die Pflicht zur Versöhnung nicht nur in der Familie, sondern gar bei "allen höheren Lebensformen" (Stierlin u. a. 1985[3], 23). Die Perspektive Bindung und Ausstoßung thematisiert Nähe und Distanz zwischen den Generationen und weist keineswegs zufällige Parallelen zu den staatlichen Sozialisationszielen auf. Geprüft wird die Sozialisationskapazität der Familie mit Hilfe des Delegationskonzeptes. Die wechselseitige Abarbeitung und moralische Aufrechnung von Leistungen und Schäden spiegelt der Aspekt Vermächtnis und Verdienst wider.

5.1.1. Das Familienmodell

Die Heidelberger Therapeuten verdeutlichen eingangs ihr Interesse an der Existenz von Harmonie in der Familie.[1] Auseinandersetzungen akzeptieren sie nur, wenn deren Ziel die Versöhnung ist. Dazu haben sie den Begriff der *positiven oder negativen Gegenseitigkeit* geprägt, der die moralischen Konnotationen enthält, die der gesunde Menschenverstand auch darunter versteht. Eine "wirkliche Konfrontation" findet bei ihnen unter folgenden Bedingungen statt: "Die Partner bestätigen und anerkennen einander auf immer komplexeren und existentiell bedeutsameren Ebenen". (Stierlin u. a. 1985[3], 20) In einer solchen harmonistischen Konfrontation, dürfte zum Wohle der Familie das Einzelinteresse zurückstehen. Ziel ist Versöhnung, d. h. Unterordnung unter das Familienganze, zwecks Erfüllung der Familienpflichten. In der "ethischen Dimension" (ebd., 22) sollen die (Familien-) Moralia "Ausbeutung, Fairneβ, Verdienst, Verpflichtung, Rechenschaft, Opferbereitschaft, Gerechtigkeit, Loyalität, Vertrauen und Korruption" (ebd.) "Systembeiträge bzw. Kräfte" (ebd.) anzeigen, "die über Generationen hinweg die Beziehungs- und Motivationsdynamik in Familien bestimmen." (ebd.)

Der Staat als Quelle, aus der diese Moralia vermittelt über Tradition und Zwang sprudeln (s. 3), bleibt im Dunkeln. Die Moralia werden umstandslos zu Systemeigenschaften deklariert, "die über Generationen hinweg die Beziehungs- und Motivationsdynamik in Familien bestimmen" (ebd.), und damit die beste Basis für die Erfüllung der familialen Pflichten bilden (s. 3), von denen die Heidelberger Autor(inn)en vornehm schweigen, obwohl sie immerhin erkennen, daβ Familienmitglieder wechselseitig über Generationen die Moral an sich exekutieren, so daβ es "Opfer wie Vollstrecker der vertikal - d. h. intergenerational - zum Zuge kommenden Strukturen und Prozesse" (ebd.) in der Familie geben muβ.

Die Familienmoral finden die Therapeuten keinesfalls kritikabel, sondern wollen sie für die Therapie nutzbar machen und theoretisch für einen Seitenhieb auf Vertreter vermeintlich ausschlieβlich naturwissenschaftlicher Modelle verwenden, die für die Familienmoral keinen Wahrnehmungs- und Begriffsapparat hätten.[2]

Ihr Interesse an der Existenz von Familienmoral belegen anschaulich die fünf Hauptgesichtspunkte ihres Konzeptes (s. o.).

Individuation gilt ihnen als Universalprinzip der Evolution (ebd., 23), zumindest aber bei höheren Tierformen.[3] Die "Ausbildung individueller Eigenschaften und psychischer Grenzen" (ebd.) berge beim Menschen Gefahren in sich, die ähnlich auch von Minuchin[4] gesehen werden (s. 5.3.). Die Gefahr liegt darin, daβ er sich psychisch nicht so entwickelt, wie es die staatlich vorgegebenen Sozialisationsziele erfordern,[5] die von der jeweiligen Familie auf ihre eigene Situation etc. transformiert werden müssen. Der Materialismus, seine Interessen durchsetzen zu wollen, soll bei der individuationsmäβig fortgeschrittenen Person ersetzt werden durch "neue Kommunikations- und Versöhnungsleistungen" (ebd.). Zu "bestimmten Zeiten und auf bestimmte Weise müssen sich die sonst festen und schützenden Grenzen öffnen und Getrenntheit sich mit Gemeinsamkeit, Individualität mit Solidarität, Autonomie mit Interdependenz versöhnen." (ebd., 23) Wann "Gemeinsamkeit", "Solidarität" und

"Interdependenz" gefragt sind, entscheiden die Notwendigkeiten und sog. Sachzwänge der bürgerlichen Gesellschaft ganz allgemein und die familiale Situation des Betroffenen ganz konkret (s. Familienpflichten; 3). Die Heidelberger untermauern ihre - zunächst - theoretische Inpflichtnahme der Familienmenschen mit der Ideologie, in "der Arten- und Menschheitsentwicklung erforderten solche Versöhnungsleistungen immer komplexere Beziehungsstrukturen und Prozesse" (ebd.), um den für diese Verpflichtung passenden Begriff zu erhalten: *bezogene Individuation.* Dieser Begriff "bezeichnet also eine Versöhnungsaufgabe, die allen höheren Lebensformen, und ganz besonders dem Menschen, gestellt ist"[6] (ebd.).

Dies nun einmal eingeführte Konzept verschont nicht einmal den Orgasmus (in einer intimen Beziehung), denn hier "kann die im Orgasmus erlebte regressive Fusion regenerierend wirken, wenn die bezogene Individuation es den Partnern ermöglicht, ihre Getrenntheit wiederherzustellen, obgleich sie sich über den Augenblick hinaus miteinander verbunden fühlen."[7] (ebd., 24) Mithilfe dieser Perspektive verwandeln die Autorinnen und Autoren Bedingungen und Ursachen für Kindesmißhandlung in eine Störung der bezogenen Individuation. Sie brauchen dieses Konzept zur Konstruktion ihres Familienteufelskreises (s. u.), aus dem es kein Entrinnen geben soll, weil sonst die Konten etc. nicht ausgeglichen werden könnten.

Der Begriff "bezogene Individuation" leistet den Heidelbergern nützliche Dienste bei der Entwicklung ihrer zweiten Perspektive "*Bindung und Ausstoßung*": da fehle nämlich den ausgestoßenen Menschen "jenes Minimum an bezogener Individuation, das ihnen erlaubt, sich in einem sowohl intensiven wie wechselnden Feld von Nähe und Distanz zu bewegen." (ebd., 29) Den so durch Ausstoßung geschädigten Menschen sei "auch im späteren Leben letztlich nichts wirklich wichtig" (ebd.), andere neigen zur "frühreifen Autonomie" (ebd.), die sie dazu nutzten, "aus ihrer mangelnden Fähigkeit zur Loyalität und zur Sorge für andere ausbeutend Gewinn zu schlagen"[8] (ebd.).

Es sei am Rande vermerkt, daß sich anscheinend auch für diesen Aspekt die passende Klientel finden läßt (s. ebd., 27). Stierlin will Abweichungen von der *Ideal- oder Normalbindung* bei amerikanischen Ghetto-Familien entdeckt haben, "in denen die Mütter ihre heranwachsenden Kinder durch eine regressive Verwöhnung an sich banden, die von Zeit zu Zeit selbst die Anlieferung von Heroin einschloß". (Stierlin u. a. 1985[3], 103). Interessant ist, daß sich die Grenzen der Normalbindung genau mit den staatlichen Gesetzen decken, die

u. a. Eltern untersagen, ihre Kinder mit (staatlich verbotenen) Drogen zu versorgen. Das dürfte kein Zufall sein: der ganze Fragenkatalog, der zur Erkennung von "Bindung und Ausstoßung" dienen soll (s. ebd., 84), ist weitgehend mit staatlichen Sozialisationszielen identisch.

Das vom Beziehungsmodus (s. ebd., 26 f.) zur dritten Hauptperspektive beförderte Konzept der *Delegation* soll "das Loyalitätsband, das den Delegierenden und den Delegierten miteinander verbindet" (ebd., 29), beschreiben. Die Autoren wissen Loyalität als Instrument der Sozialisation zu schätzen: "Indem wir uns delegieren lassen, erhält unser Leben Richtung und Sinn, es verankert sich in einer Kette von Verpflichtungen, die die Generationen überspannt. Als Delegierte unserer Eltern haben wir die Möglichkeit, unsere Loyalität und Integrität zu beweisen und Aufträge zu erfüllen, die nicht nur eine unmittelbar persönliche, sondern auch eine überpersönliche Bedeutung haben." (ebd., 30)

Das Delegationskonzept dient der Überprüfung der Sozialisationskapazität der Familie. "In Überforderungen, Auftrags- und Loyalitätskonflikten zeigen sich Entgleisungen des Delegationsprozesses an." (ebd., 84) In dem Konzept lassen sich therapeutisch innerfamiliale Probleme (wie etwa der tragische Tod eines Kindes) genau so gut wie die erfolglose Abarbeitung eines Kindes an der qua Schulehalten betriebenen staatlichen Auslese bearbeiten (Gröll 1981; 1988b; Huisken 1984), die auf der individuellen Ebene als Versagen (in der Konkurrenz) gedeutet und erlebt wird und die gemäß der Heidelberger Familientherapie als Delegationsentgleisung, also als Familienproblem zu interpretieren ist. Daher soll sich bereits im Erstgespräch "der Therapeut etwa fragen: Sind die elterlichen Erwartungen den Talenten[9] und altersadäquaten Bedürfnissen der Kinder angemessen?" (ebd., 84)

Zur Unterstützung der "Delegation" werden die Interaktionsmodi Bindung und Ausstoßung hinzugezogen, die die Unterscheidung zwischen gebundenen und ausgestoßenen Delegierten ermöglichen sollen. (s. ebd., 31). Eine Mehrgenerationenperspektive wird mit den Aspekten "*Vermächtnis und Verdienst*" eingeführt. Das Konzept des "Verdienstes" läßt Familie als Geschäft mit privater Buchhaltung erscheinen, in dem für jeden Familienmenschen ein sog. Verdienstkontenstand angelegt sein soll, mit dem "verbindet sich die Vorstellung eines über Generationen wirkenden Zwanges, Rechenschaft über (bestehende oder fehlende) Verdienste sowohl selbst abzulegen wie von anderen Familienmitgliedern zu fordern." (ebd., 33) Ohne Buchführung und Rechenschaft sollen die Familien der "Gefahr der dauernden Ausbeutung einzelner Mitglieder und der Korruption des ganzen Systems" (ebd.) erliegen. Ein Vorteil dieser Konstruktion besteht darin, daß die Heidelberger darauf verweisen können, Korruption als Konsequenz der Vorherrschaft von negativer Gegenseitigkeit "erklären" zu können (s. ebd., 20). Die Heidelberger stellen die Familienrealität auf den Kopf: Familie funktioniert nur (s. 3), weil in ihr der Materialismus der Geschäftsbilanzen verpönt ist. Das Heidelberger Konzept spiegelt hier das beschriebene (s. 3) wechselseitige familiale Abarbeiten an den Familienpflichten wider, doch statt dieses typische Familienphänomen zu erklären, nehmen sie es als Bestätigung für ihre Therapie, weil es gut in ihr Konzept paßt. Dabei wäre das Ende der Familie angezeigt, wenn wirklich penibel familiale Leistungen gegeneinander aufgerechnet würden: für die meisten Familienmenschen *rechnet* sich Leben in Familie nicht (s. 3). Im übrigen deutet das Heidelberger Team an, daß es um die Härte des Familienlebens weiß. Familie verlangt, wie gezeigt (s. 3.), den Familienmitgliedern grenzenlosen Idealismus ab, nur so funktioniert sie bei den besitzlosen Klassen (vgl. dazu Gröll 1983). Ihre falsche Familienkonzeption wird therapeutisch genutzt, um das avisierte Therapieziel der (Familien-) Versöhnung zu erreichen. Mit der skizzierten intra- und intergenerationalen moralischen Aufarbeitung des Familienlebens kann in der Therapie auf Abweichler Druck ausgeübt werden, damit sie ihr Konto ausgleichen. Es darf bezweifelt werden, ob bei dem geforderten (und vermutlich erforderlichen) Zwang zur gegenseitigen moralischen Aufrechnung, bei der Angst vor "Ausbeutung" und Korruption", das familiale Zusammenleben besonders genießbar ist.

Die Mehrgenerationenperspektive ermöglicht es den Therapeutinnen und Therapeuten, z. B. einem Jungen mit der Diagnose "Legastheniker", eine Familientherapie "möglichst mit Einbeziehung der Großeltern" (ebd., 93) vorzuschlagen, während eine Kontaktaufnahme mit der Schule nur mit dem Ziel stattfinden soll, "um möglicherweise Wege zur Überwachung der Hausaufgaben außerhalb der Familie zu finden" (ebd.), was ja wohl bedeutet, daß gegen Form und Inhalt des Schulehaltens familientherapeutischerseits keine Bedenken bestehen und nur eine familiale Symptomgenese theoretisch zulässig ist.

Die bisher genannten (und kritisierten) Gesichtspunkte sollen in die fünfte Heidelberger Hauptperspektive einfließen (*Status der Gegenseitigkeit*), die vor allem "die augenblickliche Beziehungskonstellation" (ebd., 34) zu erfassen hat.

Es geht um die familialen Auseinandersetzungen, Machtkämpfe, die eine zwangsläufige Folge der Belastungen der Familienmenschen sind, die hier aber nur als Beziehungsprobleme verstanden werden sollen, mit dem Zweck, linearen Definitionen den Garaus zu machen und dafür systemische Konzepte einzuführen.

Den Heidelbergern gerät hier alles durcheinander: Erst bemühen sie bezeichnenderweise das Wettrüsten[10] als Beispiel für die sog. "symmetrische Eskalation", als könnte nicht geklärt werden, wer Protagonist der Aufrüstung ist (vgl. Hörmann und Körner 1988, 226 ff.), um dann Autoren zu zitieren, die angeblich "das Wesen und die Folgen eines solchen Wettrüstens und Machtkampfes in Paar- und Familienbeziehungen" (ebd., 34) analysiert hätten.[11] Das sog. Wettrüsten ist nicht zufällig *das* Standardbeispiel in Familientherapien (von Watzlawick u. a. 1969) bis zu den Familientherapien zweiter Ordnung, z. B. Flemons (1989, 163). Es besteht eine familientherapeutische Tradition, sich nicht nur implizit durch Therapie von Familienmenschen politisch zu betätigen, sondern auch explizit ideologische Schützenhilfe auf systemische Weise zu leisten (Hörmann und Körner 1988).

Maligne Verklammerung und der dem Boxkampf nachempfundene Clinch im Beziehungskampf sind Abweichungen vom Status der positiven Gegenseitigkeit, die es therapeutisch zu beheben gilt. Am Beispiel der Anorexia nervosa demonstrieren die Autoren ihre fünf Perspektiven (Stierlin u. a. 1985[3], 39 f.).

5.1.2. Die Behandlung der Familienmenschen

Wesentliche Grundlagen für Familientherapien sind nach Stierlin (1982 b, 101) und Stierlin u. a. (1985[3], 45 - 47) Allparteilichkeit, Aktivität, Betonung des Positiven bzw. den Blick für das Positive behalten, Mobilisierung der Ressourcen der Familie.[12]

Der allparteilich agierende Therapeut ist nach Heidelberger Auffassung "kein neutraler, gleichsam über den Parteien schwebender Schiedsrichter" (Stierlin u. a. 1985[3], 45), sondern er soll "im Laufe der Therapie für *jedes* Familienmitglied engagiert Partei" (ebd.) ergreifen und "sich dabei aber von einem Sinn für Gerechtigkeitsausgleich leiten" (ebd.) lassen.[13] Die Effekte einer solchen therapeutischen Haltung bei familialer Gewalt oder sexueller Ausbeutung in Familie sind verheerend und bereits kritisiert worden (s. 2.).[14] Die weiteren Erläuterungen zum Heidelberger Verständnis von Allparteilichkeit gipfeln in der Forderung, "daß der Therapeut jedem Mitglied das Gefühl vermittelt, ein wertvoller Mensch zu sein, der zählt und dessen Anliegen er sich zu eigen machen versucht, und auch das Gefühl, daß er jeden in der Familie auf eine Weise gern hat." (ebd.)

Damit erscheint Allparteilichkeit als Klischee familialer Liebespflicht, verbunden mit der Ideologie, in Familie bzw. Familientherapie könne jeder Familienmensch seine Bedürfnisse etc. (=Anliegen) am besten befriedigen.

Die Ziele der Allparteilichkeit triefen geradezu vor Moral: "Die Wahrnehmungsfähigkeit der Familie für verletzte zwischenmenschliche Gerechtigkeit wird auf diese Weise geschärft und der Wunsch nach familiärer Fairneß und Versöhnung, nach Ausgleich der Konten und gegenseitiger Vergebung gefördert". (ebd.) Gleichwohl darf natürlich nicht übersehen werden, daß die Postulate (an Therapeuten und) an Familienmitglieder verdeutlichen, welche ungeheure moralische Anstrengung nötig ist, um Familienleben zu ertragen. D.h. die Heidelberger blenden die Familienrealität nicht aus, sondern fordern deren moralische Bearbeitung, die sogar den Therapeuten und seine eigene Herkunftsfamilie einschließt, so daß ihm abverlangt werden muß, sich vor allem "in die Leidensaspekte in der entwicklungsgeschichtlichen Vergangenheit der eigenen Eltern einzufühlen" (Boszormenyi-Nagy 1975, 129).[15]

Die therapeutische Notwendigkeit einer allparteilichen Haltung gegenüber mißhandelnden Eltern leitet sich aus der Mehrgenerationenperspektive her (s. ebd., 103). Damit ist das Konzept der Allparteilichkeit legitimiert und die Ursachen für Kindesmißhandlungen bleiben in der Familie, denn oft wollen die Heidelberger bei solchen Eltern eine Störung der bezogenen Individuation diagnostiziert haben. Zur Veranschaulichung konstruieren sie folgendes Beispiel:

"Eine Mutter, die abends abgeschafft nach Hause kommt, reagiert zum Beispiel verletzt und irritiert, wenn ihr elf Monate altes Baby ihr nicht spontan zulächelt. Aus Wut über seine mangelnde Zuwendung schlägt sie es dann."(ebd., 102) Bevor so eine Mutter als psychisch gestörte Person zu gelten hat, wären doch wohl wenigstens die Umstände ihres Verhaltens zu klären.

Da aber auch die Täterinnen und Täter nicht kompromittiert werden sollen, schließlich soll ja ihre "Effizienz als Eltern" (ebd., 100) gesteigert werden, wird der schlagenden Mutter eine starke, also moralisch hochwertige Bindung zu ihrem Kind (und versa) bescheinigt. Für "ausstoßende Eltern, die ihre Kinder grob vernachlässigen und sie wie lästige, ihnen im Wege stehende Hunde prügeln" (ebd., 102), wird die schon erwähnte Mehrgenerationenperspektive, daß sie "von ihren eigenen Eltern mißhandelt wurden und an ihre Kinder nur das weitergeben, was ihnen selbst widerfahren ist" (ebd., 103), zur Rechtfertigung bemüht.

Mit dieser Argumentation führen die Heidelberger sich selbst ad absurdum, bzw. sorgen - theoretisch - für permanentes Klientenrecycling der Familientherapeuten: Für Schäden der symptomatischen Familien(menschen) sollen nur innerfamiliale Gründe gelten, die aber in keinem Fall zu einer Unterbrechung dieses Familienteufelskreises zu führen haben, da selbst schwer mißhandelte Kinder an ihren Eltern hängen, deswegen wohl auch erkennen (sollen!), daß "eine Familientherapie oft die humanste und sinnvollste Hilfeleistung für alle darstellen kann" (ebd., 102) und in der Familientherapie erfahren können, daß ihre Eltern von deren Eltern auch mißhandelt worden seien und damit die Kunst des Verzeihens etc. lernen, also Einübung in Familienmoral, bevor eines Tages die gleiche familientherapeutische Prozedur ihre Kinder mit ihnen erleben dürfen etc.

Die Pflicht der Eltern, ihre Kinder Moral zu lehren (Gröll 1983, 50; s. o.), so daß sie u. a. auch ihre Eltern als Respektpersonen anerkennen, wendet sich, wenn diese staatlich geforderte Prozedur erfolgreich war, gegen die so sozialisierten Kinder, besonders im Falle von Mißhandlungen oder sexuellen Übergriffen (s. 6.3.).

Hier argumentiert das Heidelberger Team mit dem Resultat von Erziehung und Sozialisation wie "Hilfsbereitschaft und Loyalität" (Stierlin u. a. 1985[3], 102), um es gegen Kinder zu wenden, indem es darauf besteht, "daß selbst schwer mißhandelte Kinder ihren Eltern gegenüber eine starke Hilfsbereitschaft und Loyalität zeigen" (ebd.), und daraus folgert, daß eine Familientherapie "den Eltern, und damit auch den Kindern" (ebd.) helfen würde.

An einer Erklärung des Phänomens sind sie nicht interessiert. Genausowenig scheint sie der Umstand zu stören, daß Kinder *überhaupt* geschlagen werden. Wieso mobilisiert nicht *jedes* von seinen Eltern geschlagene Kind (und nicht nur ein schwer mißhandeltes Kind) "die grenzensetzenden und therapeutischen Ressourcen der Gesellschaft" (ebd., 101), welche die Heidelberger von delinquenten Jugendlichen mobilisieren lassen. Entweder haben sie nichts dagegen einzuwenden, daß Kinder überhaupt geschlagen werden, oder sie wissen, daß Prügeln staatlich erlaubt ist (Gröll 1983). Immerhin hat erst jüngst der Bundesgerichtshof eine "gelegentlich wohlverdiente Tracht Prügel" (Westfälische Nachrichten v. 28. Juli 1989) für akzeptabel erklärt, damit also erlaubt.[16] Welcher (Heidelberger) Familientherapeut will da noch widersprechen?

Die Überlegenheit der Heidelberger Konzeption äußere sich (im Vergleich zu Einzeltherapien) darin, "auch dort positive Kräfte oder Aspekte zu erkennen oder anzuerkennen, wo ein einzeltherapeutisch geschulter Beobachter zunächst Pathologie wahrnehmen würde." (Stierlin 1982 b, 101) Eine solche familienfreundliche Sicht wird z. B. durch das Delegationskonzept gefördert. Wo also der Vertreter einer Einzeltherapie nur Pathologie entdecken würde, da ihm eine "konstruktive Systemsicht" (Stierlin u. a. 1985[3], 46) fehlt, überlegt der erfahrene Familientherapeut, wie er die Familie, d. h. die Familienmitglieder, auch und gerade die vermeintlich kranken, schwachen oder verrückten Indexpatienten für den Familiendienst mobilisieren kann. Ähnlich wie Einzeltherapeuten fehle auch familientherapeutischen Anfängern der rechte familientherapeutische Blick. "Gerade Anfänger lassen sich im ersten Familiengespräch verleiten, ausschließlich über Störungen, Konflikte und Pathologie zu sprechen, während die Ressourcen der Familie unerwähnt, unberücksichtigt und ungenutzt bleiben. Während wir nach Konflikten und Schwachstellen suchen, haben wir dagegen immer zugleich zu fragen: Wo liegen die Stärken der Familie? Wer oder was könnte helfen? Was hat die Familie selbst für Versuche unternommen, die Schwierigkeiten zu überwinden?" (ebd.)

Der (ungeübte) Familientherapeut werde gerade durch das Familienerstgespräch zu seiner destruktiven Familiensicht verleitet, "weil Störungsmuster beim gemeinsamen Gespräch mit der Gesamtfamilie meist viel schneller und deutlicher als in einer Einzeltherapie hervortreten" (ebd.). Die falsche Perspektive könnte, so befürchten die Heidelberger, Anfänger dazu verleiten, auf die Ressourcenmobilisierung zu verzichten und damit den Auflösungsprozeß der Familie zu beschleunigen.

Aktivität auf seiten des Therapeuten sei erforderlich, um destruktiven Interaktionsmustern entgegenzusteuern.

Die Mobilisierung der Ressourcen habe mit der Betonung des Positiven einherzugehen (vgl. Stierlin 1982 b, 101). "Dabei handelt es sich vor allem um Ressourcen an Einsatz- und Opferbereitschaft, Konfrontationswilligkeit, Fähigkeit zum Trauern, zum Ertragen der Realität und zum gerechten 'Kontenausgleich'." (Stierlin u. a. 1985[3], 16) Die offene moralische Beanspruchung der Familienmitglieder läßt auch die Heidelberger Therapeutinnen und Therapeuten "hier zum Teil von 'ethischen Ressourcen' sprechen" (ebd.). Stierlin u. a. sehen den Vorzug ihrer therapeutischen Schule dabei, daß ihnen diese Ressourcen nicht entgehen, vermeintlich im Gegensatz zu "einem naturwissenschaftlich geprägten Denken" (ebd.).[17]

Der familientherapeutische Blick entdeckt gerade dort Mobilisierungsmöglichkeiten, wo ein Außenstehender sie am wenigsten vermuten würde: "bei einem zunächst teilnahmslos erscheinenden Geschwister, einem kleinen Kind oder, der vielleicht häufigste Fall, bei dem sogenannten Indexpatienten, dem Symptomträger selbst, etwa einem delinquenten, leistungsschwachen oder psychotischen Jugendlichen."(ebd.)

Welches Potential im Symptomträger steckt, zeigen die Familientherapeut(inn)en etwa am Beispiel einer Familie mit einem delinquenten Jugendlichen. Auch dem straffälligen Jugendlichen soll (s. o.) "Anerkennung" entgegengebracht werden, um ihn zur Mitarbeit zu bewegen. Der Grund für die Anerkennung soll darin liegen, daß der Jugendliche "wichtige Leistungen für die Familie erbringt: Oft ist er der einzige, der die grenzensetzenden und therapeutischen Ressourcen der Gesellschaft zu mobilisieren vermag, derer die ganze Familie bedarf." (Stierlin u. a. 1985[3], 101)

So ein delinquenter Jugendlicher mobilisiert nicht nur familiale, sondern sogar staatliche Ressourcen, da muß doch ein guter Kern in ihm stecken! Die Heidelberger verraten, daß sie immerhin wissen, daß es da noch eine den Eltern übergeordnete Instanz gibt, die sich Interventionen vorzunehmen vorbehält, wenn die Eltern "als grenzen- und wertesetzende Eltern" (ebd., 100) versagen und damit ihre Aufsichtspflicht (s. 3) vernachlässigen. Die Schuld für das Versagen und die Abweichung des Jugendlichen liegt bei den Eltern: "Oft wurde er auch von den Eltern zur Delinquenz delegiert, das heißt, verdeckt zum Diebstahl, Vandalismus, Schulschwänzen, Streunen usw. ermuntert" (ebd., 101). Die Gründe für die Abweichung liegen demnach ausschließlich in der Familie, wobei die Verfasser(inn)en bei Bedarf auf die Mehrgenerationen-Perspektive verweisen können, denn irgendein Familienkonto steht gewiß immer im Soll. Und wenn die Ressourcen der Familie mit oder ohne Familientherapie nicht ausreichen, den Jugendlichen auf den rechten Weg zu bringen, dann gibt es da immer noch "die grenzensetzenden und therapeutischen Ressourcen der Gesellschaft" (ebd., 101), d. h. des Staates, wie Gefängnisse, FE-Heime, Sozialdienststunden u. a. m. Das staatliche

Sanktionspotential ist gerade bei Interventionen für seine jungen Bürger recht vielfältig, um unter allen Umständen brauchbare Staatsbürger zu erhalten.

Besonders schädlich ist die familientherapeutische Ausnutzung von mißhandelten Kindern für den Erhalt der Familie. Es könne beobachtet werden, "daß selbst schwer mißhandelte Kinder ihren Eltern gegenüber eine starke Hilfsbereitschaft und Loyalität zeigen. Diese Ressourcen gilt es für die Therapie fruchtbar zu machen, um den Eltern und damit auch den Kindern zu helfen" (ebd., 102).

Die Autor(inn)en können sich damit brüsten, daß es dafür "großer Phantasie und vorbereitender oder begleitender therapeutischer Interventionen, die nicht selten eine paradoxe Qualität haben" (ebd., 16), bedürfe. Zumindest dem Erstautoren ist die geforderte Phantasie auch kaum abzusprechen, wie seine Arbeiten zur Erklärung des Terrorismus (Stierlin 1978; 1982 a) belegen.

5.1.3. Anmerkung zu den therapeutischen Methoden der Heidelberger Schule

Für das therapeutische Anspruchsniveau des Heidelberger Teams spricht, daß es gleich drei Modelle für die Arbeit mit Familien entwickelt hat, demgemäß Techniken/Methoden aus drei verschiedenen Schulen zu beherrschen hatte und auch den Einzeltherapien einen Platz in seinem Konzept zubilligte (Stierlin u. a. 1985[3], 16), während z.B. Selvini Palazzoli (1987) das Individuum neu entdecken mußte.

Die Auswahl der Methoden folgt den oben besprochenen Gesichtspunkten, da es sich nicht um originär Heidelberger Methoden handelt, werden sie hier nicht gesondert abgehandelt.

Als Beispiel für eine Familientherapie sensu Modell *Heilung durch Begegnung* gilt ihnen die Therapie von Napier und Whitaker (1978). Simon und Stierlin (1984, 383) zählen sowohl Napier und Whitaker als auch Virginia Satir zu den Wachstumstherapeuten, so daß ich es nicht für notwendig halte, auf die beiden Autoren einzugehen, auch wenn etwa Hoffman (1982, 234 ff.) Whitaker als Therapeut des Absurden gilt und sie ihre Einschätzung deutlich belegt (zur Kritik: Körner 1989; Körner/Zygowski 1988 a).

Da die Autor(inn)en als "Ergänzungs- und Nachschlagetext, der den Leser in den neuesten Stand der familientherapeutischen Diskussion einführt"(Stierlin u.a. 1985[3], 9), Simon und Stierlin (1984) empfehlen, will ich mich ebenfalls an ihre Empfehlung halten, zumal auch Nichols (1984, 262), Whitaker und Satir zu den "leading figures" der "Experiential Family Therapy" zählt.

Für ihre *Heilung durch Systemänderung* gilt den Heidelberger Therapeut(inn)en die Praxis der Mailänder Schule als exemplarisch (s. 5. 4), vor allem die paradoxe Verschreibung.

Das zwischen den genannten Modellen angesiedelte Konzept der *Heilung durch aktive Umstrukturierung* erscheint ihnen durch die strukturelle Familientherapie Minuchins (s. 5.3) besonders gut veranschaulicht. Stierlin (1982 b, 101) erwähnt dieses Modell nicht (mehr).

5.2. Humanistische Familientherapie/Wachstumstherapie

In der humanistischen Familientherapie werden Individuen, Familie und Gesellschaft so modelliert, daß die zentralen Kategorien dieser Therapieform wie Selbstwert, Wachstum und Kommunikation auch bei den genannten Sujets Relevanz gewinnen. Die hier analysierte Form der Wachstumstherapie brilliert weniger durch originelle therapeutische Interventionen (wie etwa die Mailänder Schule; s. 5.4.), als durch eine explizit moralische Welt-Interpretation und durch eine entsprechende Agitation zu moralischem Verhalten, die zunächst einmal in der Therapiepraxis umgesetzt werden. Diese Schule verkündet und praktiziert die offenbar allseits akzeptierte Botschaft, bei etwas gutem Willen gebe es weder in Familien noch in gesellschaftlichen Institutionen unlösbare Gegensätze. Das Credo der Wachstumstherapie scheint allgemein akzeptiert zu werden (s. 2.), zumal auch ihre Therapiemethoden bisher keinen Anlaß zur Kritik boten, können sie doch von allen Menschen akzeptiert werden, welche die moralische Beanspruchung und die Funktionalisierung der Familienmitglieder für die Erfüllung der Familienzwecke akzeptabel finden.

5.2.1. Das Familienkonzept der humanistischen Familientherapie

Familie wird als eine Gruppe definiert, "die aus Erwachsenen beiderlei Geschlechts besteht, von denen zwei (die Gatten) unter demselben Dach leben und eine gesellschaftlich akzeptierte sexuelle Beziehung[18] haben... Familien schließen außerdem Kinder ein, die von diesen Gatten gezeugt oder adoptiert wurden" (Satir 1973, 32 f.).

Diese Definition läßt den Staat, der Familie organisiert und mit Sinn (Zweck) erfüllt, außen vor und suggeriert eine Privatheit im Vakuum. Das Charakteristikum von Familie als staatlicher Institution mit staatlich sanktionierten Pflichten für alle Mitglieder bleibt somit im Dunkeln. Auch die humanistische Familientherapie ist an den Funktionen der Familie interessiert (s. auch 5.3.). Da soll eine "heterosexuelle Genitalerfahrung für die Gatten zu schaffen" (ebd., 33) sein, als könnte man diese Erfahrung nicht auch ohne Ehe und Familie - i. a. besser - haben. Was als Chance verkauft wird, ist realiter häufig harte Pflicht für den Ehegatten, der keine sexuelle Lust hat. Und genau dafür ist die staatliche Anordnung zur sexuellen Pflichterfüllung vorgesehen: Verzicht auf sexuelle Betätigung gilt bekanntlich (s. 3) als ungebührlich. Der Grund liegt auf der Hand, die Gefährdung anderer Ehen durch den unzufriedenen Partner.

Die genannte zweite Funktion "Erzeugen und Aufziehen von Kindern zum Weiterbestehen der Rasse" (ebd.) deckt sich mit den staatlichen Familienzwecken (erster und zweiter Familienzweck; s. 3). Wieweit die Betonung der Rasse den US-amerikanischen Verhältnissen geschuldet ist oder lediglich eine bestimmte Präferenz der Autorin darstellt, soll hier nicht untersucht werde. Daß dem amerikanischen Staat nicht alle in seinem Territorium lebenden Rassen gleichermaßen ans Herz gewachsen sind, will ich nicht bestreiten.

Die Arbeitsteilung in der Familie hat "zwischen den Erwachsenen entsprechend dem Geschlecht, der Angemessenheit und dem Vorrang, sowie zwischen Eltern und Kindern entsprechend dem Alter und Geschlecht des Kindes" (ebd., 33) stattzufinden. Was die Betonung der Geschlechtsvariablen bedeutet, ist klar: die Frau bleibt zu Hause und betreut die Kinder, die Tochter darf im Haushalt helfen, der Sohn draußen dem Vater.

Die von Satir in der Erziehung geforderte geschlechtliche Differenzierung bereitet eine sexistische Arbeitsteilung vor: die zu lehrenden Rollen "oder sozial akzeptierte Verhaltensweisen anderen gegenüber in verschiedenen sozialen Situationen" (ebd.) sollen nämlich "nach Alter und Geschlecht des Kindes unterschiedlich" (ebd.) sein.

Das übliche Belohnungs-Bestrafungsritual in der Kindererziehung wird ausdrücklich bejaht: "Die Familie lehrt das Kind, indem sie an seine Liebe (=

Abhängigkeit; W.K.) und Furcht appelliert" (ebd.), damit ein gutes gehorsames Kind entsteht, wie zu ergänzen wäre.

Auch die Pflege im Alter gehört zu den Familienaufgaben. Es ist nämlich Sache der Familie, "Vorsorge zu treffen, für die eventuelle Sorge für die Eltern durch die Kinder" (ebd.), damit die pflegebedürftigen Alten nicht dem Staat auf der Tasche liegen, falls ihr Vermögen nicht ausreicht, die Versorgung im Alter selbständig zu organisieren.

Satir stellt zu Recht fest, daß sie da eine lange Aufgabenliste zusammengestellt hat und begibt sich auf die Suche nach *Motiven*, die Erwachsene dazu veranlassen, diese Pflichten zu übernehmen. Sie findet eine Menge Gründe, die sich einer rationalen Überlegung verschließen, die aber von Familienmenschen so für sich akzeptiert werden; denn letztlich müssen sie die staatlichen Familienzwecke eigenhändig an sich durchsetzen (s. 3.).

Den Mühen, die die elterliche Sorge nun einmal mit sich bringt, wird eine eigene "Sinngebung" (ebd., 34) verliehen: Der Vater (dito die Mutter) darf für das Kind sorgen, "weil er, der Vater, offensichtlich der Weisere, der besser Gebildete, die Autorität, der wirklich Stärkere ist" (ebd.) und nicht etwa, weil es seine Pflicht ist. Es werden Argumente an den Haaren herbeigezogen, um diese Pflicht zu begründen, ohne die Institution zu nennen, die diese Pflichten in die Welt gesetzt hat und ihre Einhaltung überwacht. Die entdeckten möglichen Nachteile von Elternschaft werden mit der Phrase weggewischt, "Alle Familien in der westlichen Welt unterlagen und unterliegen mehreren materiellen und philosophischen Einflüssen... , die die Gesellschaft als Ganzes betreffen" (ebd., 35). Die materiellen Einflüsse der Gesellschaft wirken sich nach Klassenlage ganz unterschiedlich aus. Wenn sich viele Familien (-Mitglieder) von Philosophien und Ideologien in die Familienpflicht nehmen lassen, so funktionieren sie eben als moralische Persönlichkeiten.

Bei Satirs Katalog von Aufgaben fällt immer wieder auf, daß sie die reale Situation von Familienmenschen bestimmter Klassen (z. B. Lohnarbeiter) gar nicht interessiert. Sie nörgelt allgemein am Zustand der Welt herum und sucht sich dabei nahezu beliebige Geistersubjekte. Eines, das sich nicht nur bei ihr großer Beliebtheit erfreut (s. 5.3.), ist die "industrielle Revolution". Diese Revolution ohne Subjekte hat nach Satirs ideologischer Lesart nur Opfer produziert, so daß man glauben könnte, sie habe keiner Klasse genützt.

Entsprechend wird über die mechanisierte und entpersönlichte Arbeitswelt lamentiert: "Sie hinterließ im Mann das Gefühl, ein bedeutungsloser Automat zu sein, der an Aufgaben arbeitet, die nur ein winziger Teil eines gigantischen, unbegreiflichen, wertlosen Ganzen sind" (ebd., 35). Das ist die Charakteristik des Arbeitsprozesses vieler Lohnarbeiter und Lohnarbeiterinnen. Daβ andere Klassen andere Arbeitsbedingungen haben, weiβ sicher auch Satir, z. B. aus ihrer eigenen Erfahrung.

Die negativen Konsequenzen der industriellen Revolution, die für die Hausfrau ausgemacht werden, sind klassenspezifisch: Eine Hausfrau, die eigenes Vermögen hat, das für sie 'arbeitet' braucht sich nicht "herabgewürdigt" zu fühlen, "weil sie kein Gehalt für die Haushaltsführung und das Aufziehen der Kinder (bekommt)" (ebd.), und eine Lohnarbeiterfrau hat vielleicht keine Zeit, sich so zu fühlen, weil sie wegen des geringen Lohnes ihres Ehemannes gezwungen ist, auch noch erwerbstätig zu sein. Wie es mit der Würde der Lohnarbeiterinnen und Lohnarbeiter aussieht, kann man sich bei deren Arbeitsprozeβ wohl vorstellen (Bsp. Flieβbandarbeit, Kassiererin im Supermarkt). Die Ideologie des Funktionsverlustes darf nicht fehlen (s. auch 5.3): angeblich leidet die Ehefrau und Mutter darunter, "daβ viele Familienfunktionen von fremden Institutionen übernommen werden: Schulbildung, Essenszubereitung usw." (ebd., 36). Selbst die naivste Hausfrau weiβ wohl schon bei Eheschluβ, daβ Kinder in die Schule gehen *müssen*. Der Hauptgrund für die Schulpflicht ist die institutionell betriebene Auslese (Gröll 1981; 1988 b), die für die Chancenverteilung auf dem Arbeitsmarkt sorgt, und wie wir gesehen haben, besteht ein Familienzweck des Staates darin, Familien zu verpflichten, ihm die Kinder in entsprechender Qualität für seine Schule zu liefern. (s. 3.2.)

Die erwähnte Mobilität, welche die Autorin nebenbei "als einen unerläβlichen Bestandteil von Fortschritt" (ebd.) deutet, betrifft selbstverständlich auch nur die abhängig Beschäftigten.

Um Kapital arbeiten zu lassen, müssen Kapitalbesitzer nicht mobil sein, noch ihre "Familien dem Geldverdiener von Gemeinde zu Gemeinde folgen und dabei alte Freunde hinter sich lassen" (ebd., 36). Dabei werden die Folgen der aufgezwungenen Mobilität noch verharmlost. Erinnert sei z. B. an die Konsequenzen eines häufigen Schulwechsels für die Kinder oder für die potentiellen nachbarschaftlichen Netzwerke, die Belastungen auffangen könnten (Meinhold 1988).

Ein Versagen des Geistersubjektes industrieller Revolution wird unterstellt, weil die Aufgaben, die früher die Groβeltern übernehmen konnten, heute der Kernfamilie aufgebürdet werden (Bsp.: Pflege nach der Geburt, Kinderbeaufsichtigung, finanzielle Unterstützung in Not). Ein Versagen kann nur dann diagnostiziert werden, wenn man bei der für alle gleichen Familienform stehenbleibt.

Die Erklärung der unterschiedlichen Auswirkungen der gleichen Familienform auf Familien(menschen) in unterschiedlichen Klassen zeigt, daß die Anforderungen an Familie nicht für alle Klassen Opfer fordern (vgl. Gröll 1983; s. 3.6.). So dürften etwa für einen Kapitalbesitzer die Familienpflichten unproblematisch mit Hilfe von Personal bzw. geschickter Streuung des Kapitals zu bewältigen sein.

"Revolutionäre, intellektuelle und soziale Einflüsse betrafen die moderne Familie auch insofern, als alte Behauptungen, Absolutismen, Normen und Werte in Frage gestellt wurden" (ebd., 36). Glaubt man Satir, dann führte das zu einer Verunsicherung der Familienmitglieder, die anscheinend mit der alten Großfamilie mit ihren zahlreichen Pflichten und festen/starren Normen besser bedient waren. Die Psychoanalyse als therapeutische Hauptkonkurrentin der Familientherapie wird gar namentlich für die schädlichen Verunsicherungen haftbar gemacht. Sie habe die Erziehungsmethoden mit folgendem Effekt beeinflußt: "Übermäßig angewandt (oder zu einem logischen Schluß gebracht), lähmten solche Ideen die Eltern und verwirrten sie. Sollen sie ihre Kinder schlagen oder nicht?" (ebd., 37)

Verunsicherten Eltern und den an familialer Pflichterfüllung interessierten Institutionen verspricht (humanistische) Familientherapie, Abhilfe zu schaffen. Wie weit die Denunzierung der Psychoanalyse als gelungene Professionalisierungsstrategie (Hörmann/Nestmann 1985) zu werten ist, kann hier nicht untersucht werden.

Diese Unterstellung oder (zumindest) Verallgemeinerung wird gebraucht, um Eltern, also Frauen und Männern, ein mangelndes Selbstwertgefühl zu attestieren, damit sie potentielle Adressaten der Familientherapie werden. Satir faßt ihr Ergebnis so zusammen: "Alle diese philosophischen und wirtschaftlichen Trends hinterließen Männer und Frauen, die sich verwirrt und unwichtig fühlten" (ebd., 37).

Satir stellt richtig fest, daß Familienleben und Arbeitsleben so getrennt sind, daß die Männer "fast in zwei getrennten Welten leben" (ebd.). Die Gründe für diese Trennung interessieren sie nicht. Wieweit da eine Nostalgie nach der Einheit von Arbeits- und Familienleben, wie sie etwa in der bäuerlichen Familie noch heute üblich ist, mitschwingt, mag ich nicht beurteilen (zur Kritik:

Marx 1972; Gröll 1983, 5 f). Wie oben gezeigt wurde, kann Familie ihre Aufgaben am besten getrennt von der Produktion erfüllen.

Die Männer kamen sich am Arbeitsplatz "klein, hilflos, ignoriert und unsicher" (ebd., 37) vor und waren deshalb therapiebedürftig. Überdies konnten sie gar nicht genug Geld verdienen, da die Familie es sehr schnell ausgab. Daβ das für bestimmte Klassen nicht zutrifft, ist oben bewiesen worden und bei den anderen Klassen weist dieser Umstand auf den Geldmangel hin. Aber diese Behauptungen Satirs dürfen auch nicht allzu ernst genommen werden: es ist die übliche "Moserei" von Moralaposteln, die immer wissen, daβ die Menschen, ihre Bedürfnisse kein Maβ kennen, maβlos sind.

Daβ viele berufstätige Männer/Väter in der Familie eine eher periphere Rolle (s. auch 5.3.) spielen, soll nicht bestritten werden. Auch die Forderung des berufstätigen Menschen nach Kompensation in der Familie (s. 3.) wird angedeutet. Was im Berufsleben - je nach Klassenlage - los ist, interessiert die Autorin nicht. Sie beläβt es bei der Phrase: "Sie (die Männer; W.K.) waren müde und entmutigt und nervös durch die Ausbeutung und die Entscheidungen des Tages" (ebd.).

Man kann sicher sein, daβ da "Ausbeutung" nicht im ökonomischen Sinne à la Marx (1972; 1975; 1977) gemeint ist, und die groβe Mehrheit der Arbeitnehmer hat mit "Entscheidungen" keine Last: für sie wird entschieden, sie haben zu gehorchen. Ein gestreβter Mann/Vater gilt Satir als schlechtes Vorbild für seine Söhne: "Speziell die Söhne erlebten einen geistesabwesenden, gedankenverlorenen, müden oder degradierten Vater als eine unsichere Figur, nach der sie ihr Leben gestalten sollten" (ebd.). Damit verletzt der Vater seine Elternpflichten (s. 3). Hier kommt die Sehnsucht nach dem starken Vater zum Ausdruck, ein Topos, der seine psychoanalytische Provenienz nicht verleugnen kann (z. B. Pohlen/Plänkers 1982). Zum Leidwesen vieler Eltern finden Söhne[19] oft ganz andere Vorbilder zur Orientierung, sie heiβen dann meist Idole und werden weniger geschätzt.

Auch die Familienfrauen seien mit ihrer Position unzufrieden. Bei dieser Beschreibung wirft Satir einiges durcheinander. Da wird einmal die Wohnsituation der Arbeiterfrauen in Hochhäusern der Städte skizziert. Andererseits handele es sich um Frauen, die "für andere Aufgaben als Haushaltführen und Kindererziehen ausgebildet und unterrichtet worden (waren), auf wissenschaftliche und kulturelle Veranstaltungen auβerhalb des Familienlebens zu achten" (ebd.), was wohl eher für Akademikerinnen gilt. Auch den Frauen schwindet das "Selbstvertrauen", so daß sie eine humanistische Familientherapie benötigen.

Die Wachstumstherapie suggeriert, daß die Gesellschaft Familienfrauen viele wichtige Aufgaben entzieht und außerdem die Hausarbeit erleichtert, was offenbar bedauert wird. Zwar kann Hausarbeit durch elektronische Küchengeräte erleichtert werden, doch nicht jeder Haushalt kann sich die notwendigen Maschinen leisten. Der Hausfrau/Mutter werden keine Aufgaben von der Gesellschaft bzw. dem Staat abgenommen, sondern die Familie ist der Zulieferbetrieb (s. 3.2.) für den Staat. Es ist z. B. von vornherein klar, daß Kinder die Schule besuchen sollen und nicht statt dessen von der Mutter unterrichtet werden sollen.

Was kennt die Wachstumstherapie noch für Möglichkeiten? "Einige Frauen gingen außer Haus arbeiten und brachten ihre Kinder in Pflegeheime, zu Nachbarn oder ließen Babysitter nach Babysitter kommen" (Satir 1973, 38). Glaubt man Satir, so scheint es ein schlecht lösbares Problem zu sein, seine Kinder betreuen zu lassen, wenn die Frau selbst einer Erwerbstätigkeit nachgeht, doch trifft das selbstverständlich nicht für die Frauen aller Klassen zu (s. o.). "Manche blieben zu Hause und grämten sich. Sie erledigten die Kindererziehung auf eine lustlose, halbherzige, geistesabwesende Art" (ebd.). Diese Einstellung dürfte nicht ohne Folgen auf die Qualität des Nachwuchses bleiben (s. zweiter Familienzweck), so daß familientherapeutische Intervention indiziert ist. Auch das andere Extrem, Kindererziehung als "überintensive Beschäftigung" (ebd.), gilt als gleichfalls kritikabel, da zuviel Intensität an Erziehung den Kindern angeblich auch nicht gut bekommt.[20]

Die Benutzung der Familie als Kompensationsstätte, die sich der von Staats wegen organisierten Reichtumsproduktion verdankt, die für viele verheerende physische und psychische Konsequenzen hat, wird bei Satir mit verschiedenen Ideologien thematisiert.

Im Grunde interessiert sie aber nicht, "wie die sozialen Bedingungen die Familie betroffen haben" (ebd., 38), vielmehr verdeutlicht sie diesmal auf Umwegen ihr Interesse an der Therapie des Selbstwertes.

"Die Individuen wenden sich zurück zur Familie, um ihre Liebenswertigkeit und ihren persönlichen Wert bestätigt zu bekommen." (ebd., 39) Für solche und andere Kompensationsleistungen ist Familie da. Bei Satir wird dagegen eine "Extralast" (ebd.) daraus, die die Familie oft nicht tragen kann. Im Versagensfall gibt es wiederum staatliche Sicherungen, die besonders die Kinder schützen sollen. Auch in diesem Punkt interessieren nicht die konkreten Auswirkungen der "sozialen Bedingungen" (ebd., 38), die hätten nämlich dann einer klassenspezifischen Analyse bedurft, sondern es bleibt bei dem von interessierter Seite immer wieder vorgetragenen Lamento von der Belastung *der* Familie, was so nicht stimmt (s. o.).

Nach dem letzten Weltkrieg scheint sich Satir zufolge eine neue Entwicklung im Familienleben anzubahnen. "Nachdem zwei Weltkriege Männer und Frauen weiterhin desillusioniert hatten, wandten sie sich dem Aufbau der Familie als ausschließlichem Sinn des Lebens zu. (Hausbau und Kinderproduktion blühten auf und tun es weiter)" (ebd., 39).

Angeblich wurde die Kinderbetreuung "eine Hauptaufgabe und vorrangige Beschäftigung von Männern und Frauen." (ebd.). Eine Behauptung, die der von Satir festgestellten Trennung von Familien- und Arbeitswelt widerspricht.

"Kinder glücklich zu machen" (ebd.), zum Hauptthema zu erheben, konnten sich bestimmt nicht alle Eltern leisten: Ein Blick in die Slums hätte die Verfasserin eines besseren belehren können. Daß die Bedingungen in der Arbeiterfamilie nicht so sind, daß sie ihre Mitglieder ein halbwegs anständiges Leben sichern, ist anderenorts gezeigt worden. (z. B. Gröll 1983; 1988a).

Wiederum geht es Satir nicht um eine Analyse der Lage von Familien nach dem 2. Weltkrieg, da käme sie ohne Untersuchung der klassenspezifischen Bedingungen nicht aus, sondern um die Relevanz des Selbstwertgefühls (besonders) der Eltern; denn des "Kindes Wachstum, Entwicklung und Leistungen wurden der bedeutendste Maßstab für Eltern, ihren persönlichen Wert zu messen... Das Verhalten eines Kindes gegenüber seinen Eltern konnte weitgehend das Selbstgefühl seiner Eltern bauen oder brechen." (Satir 1973, 39).

Da es den Eheleuten an Selbstwert und Kommunikation mangelte, erlebten sie "ihre gegenseitigen Beziehungen als dornig und bedrohlich" (ebd.) und kümmerten sich mehr um ihre elterlichen Aufgaben.

"Gegenseitig desillusioniert stimmten sie darin überein, 'für das Kind zu leben'... Gleichzeitig schlossen sie stillschweigend mit ein, daß das Kind für sie leben sollte; es war der Wichtige, das Eine, das Macht, Verantwortung und den Auftrag hatte, seine Eltern glücklich zu machen." (ebd.).

Nun mag es solche Illusionen in der elterlichen Kindesliebe geben. Ohne Berücksichtigung der jeweiligen familialen Lebensumstände, sind diese Behauptungen nicht überprüfbar. Zu dem Zwecke scheinen sie auch nicht formuliert worden zu sein, sondern um den Boden zu bereiten für diese spezifische Form von Familientherapie.

5.2.1.1. Das Ehepaar

Satir braucht nicht lange nach den Gründen zu fragen, die Leute zur Heirat motiviert haben. Bei ihr sind es genau die Bedingungen, welche die zu Eheleuten avancierten Personen vorfinden: die ehelich zugerichtete Liebe mit den passenden Ansprüchen an die/den anderen. "Beachtung, sexuelle Befriedigung, Kinder, Status, etwas, wo wir uns zugehörig fühlen, gebraucht werden; materielle Dinge und anderes mehr" (Satir 1975, 153).

So ist die hoch gelobte Liebe nichts anderes als eine Tugendübung: doch "Liebe kann nicht alle Anforderungen des Lebens erfüllen ... Intelligenz, Information, Bewußtsein und Können müssen gleichfalls dazukommen." (ebd., 154)

Liebe allein genügt nicht, sie soll zur Einübung von Tugend genutzt werden: "Liebe ist ein machtvolles Gefühl, das das Potential einer Person freisetzt, damit sie für ihre Träume kämpfen kann ohne Bedrohung durch Kritik; damit sie über ihre eigenen Bedürfnisse manchmal zugunsten der Bedürfnisse des anderen hinauswachsen kann; damit sie geduldig sein kann und ihr Selbstwertgefühl nicht verliert, wenn es zu der Mühsal kommt, sich mit dem Partner zu verständigen, wenn Brücken zwischen den individuellen Unterschieden gebaut werden müssen und während der Einsamkeit, die unweigerlich von Zeit zu Zeit entsteht." (ebd.)

Daß Satir Liebe nur moralisch sehen kann, belegt auch ihre Beurteilung der Scheidungsrate, die ihr als "ziemlich klarer Indikator für unser Versagen" (ebd.) gilt. In ihrer Sicht liegt auch dieses Versagen am fehlenden Selbstwertgefühl.

Die trügerischen Hoffnungen mehr oder weniger erfolgreicher Ehefrauen und Ehemänner (ebd., 155 f.) kritisiert sie nicht, sondern räsoniert, sie könnten realisiert werden, wenn die Eheleute realistischere Erwartungen hätten, also ihre Ansprüche aneinander reduzierten.

Diese Nachhilfe gibt sie den Leuten, indem sie klarmacht, daß erotische Attraktion für ihre Form der Liebe nicht genügt. Sie gilt ihr als biologische, körperliche, m. E. animalische Anziehung, die für eine Ehe nicht ausreicht, was stimmt, da die Ehe nicht der Liebe dient, sondern umgekehrt, Liebe für Ehe und Familie benutzt wird (s. 3.). "Wer seine Wahl fürs Leben allein darauf begründen würde, von wem er körperlich angezogen wird, und nicht auf mehr, der dürfte sich schnell in einer Menge von Schwierigkeiten finden" (ebd., 157), und zwar aus folgendem Grund: "Du verbringst relativ wenig von deiner gesamten Zeit im Bett".[21] (ebd.)

Für so ein eheliches Tugendprogramm reicht wechselseitige Anziehung, die aus Interessiertheit auf die körperliche Attraktion reduziert wird, nicht aus. Da braucht man mehr, z. B. Vorbilder. Also wird bedauert, "daß Kinder ihre Eltern nicht kennenlernen konnten, als sie noch jung waren - als sie liebevoll, werbend und nett zueinander waren" (ebd., 157 f.). Die realen Gründe für dieses Phänomen interessieren aber nicht. Stattdessen bietet Satir ein Tugendförderprogramm an, indem sie ein Paar in drei Teile "*Du, ich und wir*" (ebd., 158) aufspaltet und jedes Teil mit einem Eigenleben versieht, das "*die Existenz des anderen (fördert). Das heißt, ich fördere dich als Existenz, du förderst mich als Existenz, ich fördere die Existenz des Wir, und das Wir fördert sowohl mich wie dich als Existenz.*" (ebd.).

Die drei Aspekte sollen vorhanden und im Gleichgewicht sein. Zwar kann die Autorin keinen Grund für die Entstehung des Liebesgefühls entdecken (ebd., 159), aber sie weiß immerhin, daß dieses zarte Pflänzlein gehegt werden muß. Dieser Umstand bietet Gelegenheit, ein weiteres Essential der humanistischen Familientherapie in der Ehe unterzubringen: Prozeß. "Erfolgreiches Pflegen steht in Beziehung mit dem Prozeß, den das Paar zwischen sich entwickelt. Prozeß bezieht sich auf das Wie der Ehe. Der Prozeß besteht aus den Entscheidungen, die das Paar miteinander trifft, und aus der Art, wie beide mit diesen Entscheidungen danach handelnd umgehen." (ebd.).

Gemeint ist die früher selbständige und jetzt gemeinsame Handhabung von "Geld, Nahrung, Vergnügen, Arbeit, Religion" (ebd.). Schon diese Aufzählung verrät Desinteresse gegenüber dem Gegenstand Ehe.

"Liebe ist das *Gefühl*, das den Beginn einer Ehe setzt, aber *Prozeß* ist, was sie bestehen läßt." (ebd.) Mit der Einschätzung, daß für die Ehe Liebe als Gefühl nicht genügt, hat Satir völlig recht, bloß ist das, was sie als "Prozeß" bestimmt, eben für Eheleute ganz einfach Ehepflicht (s. 3.5.1.).

Wie schon oben ersichtlich war, ist Prozeß letztlich eine Form von Kommunikation, so daß als drittes Charakteristikum das Kommunikationskonzept der Wachstumstherapie auf die Ehe angewandt werden kann (ebd., 161 f.).

Bereits 1973 hatte Satir ihr Ehemodell so konzipiert, daß sie ihre zentralen Kategorien Selbstwert und Kommunikation als Eheessentials bestimmen konnte. So sei es "kein Zufall, daß die Ideen von romantischer Liebe und persönlichem Glück in der westlichen Kultur zur gleichen Zeit populär wurden, als die alten Sicherheiten über Männlichkeit, Weiblichkeit und Personsein sich verlagerten und verblaßten". (Satir 1973, 38) Die Autorin folgert daraus: "Wenn sich Menschen als 'Nichts' fühlen, legen sie um so mehr Gewicht darauf, 'alles' für jemanden zu sein." (ebd.) Da solche Erwartungen immer enttäuscht werden müssen, gibt es einen riesigen Adressatenkreis für die Ehe- (und Familien-)therapien, die sich um das Selbstwertgefühl der Familienmenschen sorgen und die Kommunikation verbessern. Ein weiteres Problem bei der Pflege des Liebesglücksidealismus sah Satir in der Möglichkeit der Scheidung. Man darf wohl ergänzen, daß diese - so Satir - tägliche Gefahr das Selbstwertgefühl ebenfalls strapaziert und somit Therapie erfordert.

Die Pflege der Stabilität der Ehe liegt Satir abschließend am Herzen, angeblich, damit die Liebe besser genossen werden kann. "Wenn Menschen eine Beziehung mit einer hypothetischen, unbeständigen Einstellung eingehen können, können sie so eifrig ihren Puls fühlen, um die Grade des Glücklichseins zu messen, daß sie kaum Zeit haben, die Beziehung zu genießen." (ebd., 38) So kommt auf dem Umweg über den Mythos, daß zum Genuß der Liebe Beständigkeit gehört, die staatlicher-, kirchlicher- und familientherapeutischerseits geforderte Stabilität der Ehe ins Spiel. Dabei ist es umgekehrt: eine für beide Seiten befriedigende Beziehung ist stabil, solange dieser Zustand anhält. Bei der Ehe verkehrt sich der Kontext: sie soll angeblich nur Genuß bringen, wenn sie besonders stabil ist.

Mit dem Familientherapeuten eigenen Realitätssinn werden "die grundsätzlichen Unterschiede zwischen der Werbungszeit und der Ehe" (Satir 1975, 162) verdeutlicht. In der Werbungszeit habe jeder das Gefühl, "daß der andere Ihn als eine Sehr Wichtige Person ansieht. Nach der Hochzeit erleidet dieses Gefühl drastische Veränderungen ... Jeder Partner fühlt, daß er zu einer Wenig Wichtigen Person in den Augen des anderen wurde." (ebd., 163). Die einzig vernünftige Schlußfolgerung aus dieser bemerkenswerten Erkenntnis wäre, den Leuten zu raten, auf die Ehe zu verzichten. Statt dessen wird suggeriert, daß es an den zu Eheleuten beförderten Liebenden selber läge, ob sie ihr Glück fänden. Die Logik kommt bei dieser Argumentation zwar an ihre Grenzen, dafür werden zentrale Kategorien der Wachstumstherapie in der Ehe untergebracht, wie das Beispiel belegt: "Ich kenne viele Paare, die einander sehr innig liebten, aber in der Ehe nicht zurechtkamen, weil sie miteinander nicht auskommen (=zurechtkommen; W.K.) konnten. Erneut möchte ich darauf hinweisen, daß euer Prozeß davon abhängen wird, wie ihr mit eurem Pott (=Selbstwert; W.K.) umgeht, wenn er einen niedrigen Stand hat, und wie ihr darüber dem Partner etwas mitteilt (=Kommunikation; W.K.)" (ebd., 166).

Bei soviel Interessiertheit überall die eigenen Therapieessentials unterzubringen, ist es nicht verwunderlich, daß auch noch aus den staatlichen Familienpflichten (der Funktionalisierung der Liebe) und der Liebe ein Gegensatz konstruiert wird, obwohl sie zum Schaden der Familienmenschen harmonieren. "Eines der wirklichen Grundprobleme ist, daß unsere Gesellschaft die eheliche Beziehung fast ausschließlich auf Liebe gründet und dann Forderungen (=Pflichten; W.K.) an sie stellt, die Liebe allein niemals erfüllen kann." (ebd., 166)

5.2.2. Familie und Gesellschaft in der Perspektive der humanistischen Familientherapie

Um die Relevanz ihres Ansatzes mit den zentralen Kategorien Kommunikation, Selbstwert und System (Satir 1983) zu verdeutlichen, weitet Satir ihre Familientherapie auf Gesellschaft aus und modelliert sie gemäß ihrem Interesse. Sie versucht den Nachweis zu führen, daß ihre Therapie auch zur Gesundung der Gesellschaft beitragen kann.

Man müsse nur mit der Therapie der eigenen Familie beginnen und Selbstwert (= Pott), Kommunikation und Prozeß richtig einsetzen. "Wenn sie beginnen, in eurer Familie zu funktionieren und diese zu einer 'nährenderen', sich weiterentwickelnden wird, werden diese gleichen Kräfte in der Gesellschaft angewendet." (Satir 1975, 353).

Dieser umstandlose Transfer gelingt nur, wenn man sich eine Gesellschaft ohne Interessengegensätze und ohne politische Gewalt (Staat) vorstellt, die genauso wie ihre Institutionen (Kapital, Regierung etc.) eigentlich nichts anderes als eine etwas groß geratene Familie ist, und so scheint Satir die bürgerliche Gesellschaft zu verstehen: "Institutionen wie Schulen, Kirchen, Firmen und Regierung sind im großen und ganzen die Erweiterung der Familienformen in nichtfamiliäre Formen." (ebd., 345).

Verständlich, daβ es hauptsächlich Ähnlichkeiten zwischen Familie und Gesellschaft (ohne Staat) geben muβ: "Die gleichen Komponenten geben beiden ihr Gepräge: die Beziehungen zwischen Leitenden und Geführten, zwischen Jungen und Alten, zwischen männlichen und weiblichen Personen. Beide sind durch die Prozesse der Entscheidungsfindung, des Gebrauchs der Autorität und der Suche nach gemeinsamen Zielen bestimmt." (ebd.). Da eigentlich alles eine groβe Familie ist, kann/darf es keine (antagonistischen) Gegensätze etwa zwischen Wirtschaft und Arbeitskraft, Familie(nmenschen) und Militär etc. geben. Gibt es mal Probleme, dann sind *wir*[22] eigentlich selber verantwortlich:

"Weil wir stückweise unsere Lernerfahrungen an Institutionen auβerhalb der Familie übertragen haben, verloren wir ... den Blick für die Tatsache, daβ unser wirklicher Reichtum in den Menschen liegt."[23] (ebd., 348).

Nun haben "wir" gar nichts an andere Institutionen übertragen, sondern die Gesellschaft ordnet mittels ihrer politischen Gewalt einiges an, dem wir uns als Bürger zu fügen haben. So steht es nicht im Belieben des Einzelnen, z. B. seine Lernerfahrungen direkt an seine Kinder weiterzugeben. Das verhindert die staatliche Schulpflicht, die notfalls mit (Polizei-)Gewalt durchgesetzt wird. Daβ der Staat mit seinem Schulehalten etwas anderes bezweckt, als Kindern möglichst viel Wissen zu vermitteln, ist leicht nachzuweisen. Dazu müβten bloβ die Zwecke untersucht werden, die mit der Veranstaltung von staatlich organisiertem und bezahltem Unterricht durch Lehrkräfte, die in einem besonders engen Abhängigkeitsverhältnis zum Staat stehen, verbunden sind. Wenn man a priori schon (wie Satir) weiβ, daβ Schule nichts qualitativ anderes als eine überdimensionale Familie ist, und Familie sakrosankt ist, kann man an der Schule (wie an allen anderen Institutionen) auch nichts Negatives entdecken.[24] Daβ der wichtigste Schulzweck Selektion ist, beweist Gröll (1981; 1988 b). Huisken (1984) zeigt, daβ die Auslese über den Faktor Zeit läuft. Einen Ansatzpunkt für richtige Kritik an Staat und Wirtschaft böte Satirs Einsicht, "daβ die Familie bekommt, was übrig bleibt, nachdem sich Wirtschaft, Schule, Kirche und Regierung ihres geholt haben." (ebd., 348). Die Erkenntnis, daβ Familie und Familienmenschen von den Institutionen benutzt werden, liegt demnach auf der Hand.

Satir unterstellt den Institutionen, sie "wenden sich in Wirklichkeit gegen die Gesundheit der Familie" (ebd.) und führt Beispiele auf: "Die Schulen trennen die Kinder von ihren Eltern, die Wirtschaft erwartet selbstverständlich von den Männern, daβ sie die meiste Zeit ihrer Familie fern sind, die Regierung verlangt von unseren jungen Männern, daβ sie ihr Zuhause verlassen und auf fremder Erde kämpfen sollen" (ebd.). Zieht man einige Abstraktionen (etwa bezüglich der Klassenlage) ab, so sind das immerhin für Familientherapeuten ganz bemerkenswerte Ansichten. Würde man nach den Gründen für Schulpflicht, die Abhängigkeit vieler Männer von der Wirtschaft und dem Regierungsauftrag in fremden Ländern zu kämpfen, d. h. ja wohl zu töten und evtl. getötet zu werden, suchen, dann würde allerdings das harmonische Gesamtfamiliengemälde wie eine Seifenblase zerplatzen.

Man käme zu dem Resultat, daβ die genannten Institutionen nicht nur der Familie, sondern auch vielen Individuen schaden und daβ unter staatlicher Regie die Familie eben Nachwuchs für diese und andere Unternehmungen zur Verfügung stellen soll (vgl. erster staatlicher Familienzweck; s. 3.2.).

Aber statt eine Analyse der Umstände zu erstellen, die zu dem familienschädlichen Einfluβ der Institutionen geführt haben, flüchtet sich Satir in fromme Wünsche. "Natürlich wünsche ich, daβ sich alle Institutionen auf das Wohlergehen der Familie bezögen und an ihm orientiert wären." (ebd.).

Da ihr Wunsch offenbar übermächtig ist, kann sie auch keinen Grund entdecken, "warum dies nicht möglich sein sollte, ohne daβ die Ziele der Organisationen aufgegeben werden müβten." (ebd.) Eine Untersuchung der Ziele dieser Organisationen würde zeigen, daβ beides unvereinbar ist.

Dafür entdeckt Satir, daβ "wir" die eigentlich Schuldigen sind, weil "wir eine Macht- und Eigentumsorientierte Gesellschaft sind." (ebd., 349) Ich könnte die Bezeichnung für die kapitalistische Gesellschaft noch akzeptieren, doch dann wäre wohl zu klären, welche Auswirkungen so eine Gesellschaft auf ihre Mitglieder, auf Besitzende und Besitzlose, hat.

Die Familien müssen sich nachsagen lassen, daβ sie die Kinder lehren, "wie sie alles an sich reiβen und ausnützen können, um sich drauβen in der Welt zu behaupten." (ebd.) Die meisten Kinder scheinen dieses Erziehungsziel wohl nicht zu realisieren, sonst gäbe es die "Macht- und Eigentumsorientierte Gesellschaft" nicht mehr.

Statt dessen wird ein Modell angeboten, das einer Sonntagspredigt entstammen konnte, wenn z. B. ein Gegensatz zwischen Macht/Besitz und menschlichen Werten (Liebe, Trost etc.) konstruiert und den Mächtigen und den erfolgreichen Konkurrenten Angst als Problem angehängt wird. Dieses "Wort zum Sonntag" gipfelt in der Feststellung: "Ich habe nie Eigentum oder Geld gesehen, das liebevoll sein konnte." (ebd.) Da die Therapeutin die Reichen und

Mächtigen auch nicht kritisieren will, führt sie die Unterscheidung ein, daß es auf den Umgang mit der Macht ankäme. "*Gebrauch* ist das Schlüsselwort" (ebd.).

Ihrem wachstumsorientierten humanistischen Weltbild entsprechend schlägt Satir folgenden konstruktiven Gebrauch von Macht vor "... wie ich meine Macht für mein Reifen und Wachsen und deine Weiterentwicklung verwende. Diese Art Macht zu gebrauchen schließt menschliche Werte nicht aus." (ebd.) Fragt sich nur, wofür dann noch jemand Macht (über andere) braucht. Es würde doch reichen, wenn jeder genug Macht hätte, seine eigene Weiterentwicklung zu betreiben.

Bei der Ähnlichkeit von Familie und den Institutionen Wirtschaft, Regierung etc. dürfen die Leute einen "allgemeinen roten Faden" (ebd., 352) entdecken, der angeblich in allen Beziehungen liege: "Entscheidungen, der Gebrauch von Autorität und Zielsuche dienen grundsätzlich dem persönlichen Miteinander-Zurechtkommen." (ebd..)

Zweifellos dienen etwa staatliche Anordnungen, dem "Miteinander-Zurechtkommen", es ist allerdings fraglich, ob dieser Gebrauch von Autorität allen ein einigermaßen *gutes* Zurechtkommen sichert.

So war das von der Verfasserin aber nicht gemeint. Sie hatte entdeckt, daß Herrscher, Beherrschte, Frauen, Männer und Kinder, alle *Personen* sind und daraus offenbar geschlossen, daß alle Entscheidungen etc. dem "persönlichen Miteinander-Zurechtkommen" dienen.

Über die Selbstwertentwicklung in der Familie und die Teilhabe der Familie an "jeglicher Institution, in dem eines ihrer Mitglieder eingegliedert ist" (ebd.), glaubt Satir die Gesellschaft in ihrem Sinne beeinflussen zu können. Deshalb fordert sie den Leser auf: "Beginnen Sie mit Ihrer Familie." (ebd., 353)

5.2.3. Praxis der humanistischen Familientherapie

Im Gegensatz zu der Mailänder Schule (s. 5.4) sieht Satir (1973) einen Kausalzusammenhang zwischen der gestörten ehelichen Beziehung und der Entstehung eines identifizierten Patienten (IP) (ebd., 138, 173). Daß eine Ehe gestört sein kann, liegt bei Satir (ebd., 41) an dem geringen Selbstwertgefühl der beiden Eheleute. Die Ehegatten können sich nicht die "gegenseitige Befriedigung" (ebd., 57) geben, die ihnen ein Zusammenleben ohne die Existenz eines Symptomträgers erlaubt. Die Aufgabe des Familientherapeuten besteht darin, "die dysfunktionalen Beziehungen zu entwirren, die in unglücklichen Familien bestehen und die hauptsächlich deshalb auftreten, weil die ehelichen Beziehungen nicht in Ordnung sind. Die Eltern versagen in ihrer Rolle als Eltern." (Satir 1973, 173)

Dieses Versagen der Eltern besteht einmal darin, daß sich die Eltern nicht wie Eltern verhalten und zum anderen darin, daß Kinder die Eltern- bzw. Ehegattenrolle übernehmen. (s. auch dazu 5.3.)

Zur Familienselbsttherapie gibt Satir (1975) den Familien Instruktionen zur besseren Organisation ihres Familienlebens, die unterstellen, bei der von ihr vorgeschlagenen Planung der Familienarbeit könnten die Familienmenschen alles in den Griff kriegen. Falls es ihnen nicht gelingen sollte, sind sie selber schuld, da sie nicht das "Rohmaterial, das eine Familie besitzt, um den technischen Problemen des täglichen Lebens entgegenzutreten" (ebd., 305), angemessen einsetzen. Unter "Rohmaterial" werden alle Ressourcen verstanden, die im Familiendienst benutzbar sind:

"Jedes Familienmitglied hat zu einem bestimmten Zeitpunkt seine Zeit, seinen Platz, seinen Körper, seine Fähigkeiten im Denken, Fühlen und Sprechen, seine Arme und Beine und sein Bewegungsvermögen, seine physische und emotionale Energie, sein Talent, seine Kompetenz, seine vergangenen Erfahrungen und seinen materiellen Besitz." (Satir 1975, 305)

Um die Ausnutzung von Kindern ideologisch abzusichern, behauptet Satir: "Eine der lohnendsten persönlichen Erfahrungen für jeden Menschen ist es, etwas zu leisten" (ebd., 306), wobei anscheinend egal ist, worin die Leistung besteht. Es geht der humanistischen Familientherapie dabei um die Entlastung der Eltern auf Kosten der Kinder. "Es würde weit weniger geplagte Mütter und Väter geben, wenn es den Kindern erlaubt würde und sie ermutigt würden, sich in der Familie umfassender und in einem früheren Alter nützlich zu machen." (ebd.)

Um das Leben in Familie zu erleichtern, gibt die Therapeutin praktische Anweisungen, die für alle Familien gelten sollen, ganz gleich, wie hoch das Familieneinkommen (ebd., 307) ist. Die in vielen (armen) Familien notwendige Kinderarbeit wird als Chance zur Kreativitätsentfaltung (ebd., 306, 310 f.) gedeutet, die auch dann bestehe, wenn die Behauptung der Kinder zuträfe, daß bei Erwachsenen die Tendenz bestünde, "alle dreckigen Arbeiten auf sie abzuschieben und alle angenehmen für sich zu behalten. Vielleicht stimmt daran etwas. Egal, wer mit den Aschenbrödelarbeiten befaßt ist, es kann schöpferische, lustige, unterhaltsame Wege geben, um aus Arbeit Spaß zu machen. Wenn nicht, kann man zumindest das Gefühl haben, etwas geleistet zu haben. Von keinem, der gerade die langweilige Arbeit ausführt, sollte je verlangt werden, dabei glücklich auszusehen." (Satir 1975, 311)

Satir glaubt mit ihrer Organisationstechnik könne sie verhindern, "daß die Familie ein Ort der Belastung" (ebd., 312) für die ist, die "viel ihrer Zeit auf Pflichtarbeit" (ebd.) verwenden (müssen). Man müsse Prioritäten beachten und die Familienzeit richtig (nämlich in drei Teile) einteilen:

"Die Zeit für jeden einzelnen, um allein zu sein (Ich-Zeit); die Zeit für jeden, um mit jedem einzelnen anderen zusammen zu sein (Partner-Zeit); die Zeit, wenn alle zusammen sind (Gruppenzeit)." (ebd., 313)

Es steht zu befürchten, daß der Aufwand, der den Familien abverlangt wird, deren Belastungen eher erhöht als verringert. Schließlich verliert die Therapeutin bei den Vorschlägen nicht ihr Ziel aus den Augen, aus Familienmenschen funktionale Mitglieder einer Familie zu machen. Satir hat ganz richtig erkannt, daß ihre humanistisch-individualistischen Persönlichkeitswerte der staatlicherseits geforderten Pflichterfüllung keineswegs schaden. Sie hat nämlich beobachtet, "daß man Zugeständnisse macht, wenn man sich wirklich bewußt ist, daß die Menschen zu verschiedenen Zeiten an verschiedenen Punkten sind. Anstatt deswegen zu resignieren, beginnen sie mit Verhandlungen und kommen gewöhnlich zu irgendeiner Vereinbarung. Die ist vielleicht nicht für jeden das 'Gelbe vom Ei', jedem wird aber die Chance geboten, etwas zu bekommen" (ebd., 325).

Daß die humanistische Organisation der Familie auch noch Eigentum sichern hilft, sei abschließend erwähnt. Aus den familialen Interferenzen bei der Mitbenutzung der Gegenstände und Kleidung anderer Familienmitglieder entfaltet Satir ein klares Plädoyer für Besitz, der demnach einfach zur menschlichen Natur gehören muß. "Stelle dir nur einmal selbst vor, was für ein Gefühl du hast, wenn Du Angst hast, daß jemand Deine Sachen stiehlt. Das führt dazu, daß man Orte hat, wo man seine Kleidung hintut und verwahrt. Sich darauf verlassen zu können, daß man über seine eigenen Sachen bestimmen und an der Entscheidung darüber teilhaben kann, wie und wann diese von anderen benutzt werden, ist sehr entscheidend dafür, daß ein Mensch sich geachtet und etwas wert fühlt. Das ermöglicht ihm mehr Sicherheit, sich auf andere verlassen zu können. Materieller Besitz ist nicht immer leicht zu erwerben. Er braucht Pflege. Der Gebrauch von Sachen spiegelt oft das Selbstwertgefühl wieder." (ebd., 327)

Wir sehen, Eigentum benötigt der Mensch in der humanistischen Familientherapie, um ein funktionaler Mensch zu sein. Daß damit geholfen wird, die oben kritisierte macht- und eigentumsorientierte Gesellschaft zu reproduzieren, stört die Familientherapeutin nicht.

Für die Therapiepraxis sei es wichtig, "daß die Familie selbst den Sinn der Familienbehandlung einsieht" (Satir 1973, 180), wobei die Einsicht der Kinder nicht erwähnt, d. h. auch nicht verlangt wird (ebd.).

Ausgangspunkt für Satirs Praxis ist das Wachstumsmodell, das auf der Annahme basiert, "daß das Verhalten der Menschen einem Veränderungsprozeß unterworfen ist, und daß dieser Prozeß durch zwischenmenschliche Transaktionen ausgelöst wird. Man hält die Flucht in die Krankheiten für eine angemessene kommunikative Reaktion auf ein dysfunktionales System. Daher glaubt man, daß die Krankheit verschwindet, sobald das Individuum aus dem ungünstigen System herausgenommen wird, oder aber das System entsprechend den Bedürfnissen umgeändert wird. Wachstum findet also nur statt, wenn es das System erlaubt. Der Therapeut als ein wesentlicher Bestandteil des therapeutischen Systems ist aufs engste in die Transaktionen verwickelt, und er wird alles, was dem Patienten beim Lernen helfen könnte (Berühren, Hände halten, den Patienten um einen Gefallen bitten, gemütlich zusammensitzen wie Gleichgesinnte), tun, um dessen Wachstum innerhalb des Beziehungskontextes zu fördern." (Satir 1973, 205 f.)

Geradezu naiv wirken die Satirschen Therapievorstellungen: sie signalisieren, so schlimm können Deine Probleme als Familienmensch doch gar nicht sein, mit etwas therapeutischer Zuwendung sind sie zu beheben.

Dieses Modell erfordere vom Therapeuten "Bereitschaft zum Experimentieren und zur Spontaneität... Flexibilität in Technik und Durchführung, die besonders den direkten, engen Kontakt zwischen dem Patienten und Therapeuten einschließt..." (ebd., 206)

Das Credo der Wachstumstherapie laute, Menschen können lernen, "kongruent zu sein, sich direkt und klar auszudrücken, und ihre Gefühle, Gedanken und Wünsche genau zu übermitteln, um so den Gegebenheiten des Lebens besser zu begegnen." (ebd.)

Diese Überzeugung geht von der Annahme aus, daß es am Individuum liegt, wenn es mit den "Gegebenheiten des Lebens" nicht zurechtkommt. Zu kritisieren ist der Mythos, daβ die bürgerliche Gesellschaft allen Individuen die Möglichkeit gibt, ein gutes Leben zu führen. Das ist die Botschaft der Wachstumstherapie.

In der Therapie sei nichts effektiver als der "Einsatz der eigenen Persönlichkeit" (ebd.). In Satirs Konzept von Therapie als Begegnung soll sich "der Therapeut als ein aktiver, lernender, fehlerhafter Mensch (zeigen), der bereit ist, sich ehrlich und verantwortungsbewuβt mit allem, was ihm begegnet, auseinanderzusetzen, einschlieβlich seiner eigenen Empfindlichkeiten." (ebd., 207) Die Therapeutin/der Therapeut personifiziert die humanistische "message".

Als Therapieziel gilt, die Patienten "zu erwachsenen Menschen, die für ihr Handeln einstehen können" (Satir 1973, 193), umzuerziehen, in die Therapiepraxis umgesetzt bedeutet das, Methoden anzuwenden, "um das Verantwortungsgefühl des Patienten wiederherzustellen". (ebd.) Für die Erfüllung der Familienpflichten ist es zweifellos therapeutisch wichtig, auf die "Fähigkeit, für sich selbst zu sorgen"[25] (ebd.), aufmerksam zu machen. Zur Förderung von Familienmoral und familialer Geheimniskrämerei ist es ratsam, "Petzern" wirkungsvoll zu begegnen (ebd., 193 f.). Auch vermeintliche "'Ungezogenheiten' der Kinder" (ebd., 194) sind vom Therapeuten und nicht von den Eltern zu sanktionieren.

Die humanistische Familientherapie lehrt ihre Patienten, einzusehen, "daβ sie sich nach Modellen aus der Vergangenheit richten" (ebd., 195), womit auf die Verantwortlichkeit der Groβ-Eltern-Generation verwiesen wird und die Eltern-Generation indirekt gemahnt wird, ihren Kindern ein gutes Vorbild zu sein. Unterstellt wird damit, daβ Menschen (in Familien) nur am Modell (Bandura u. a. 1976) lernten und nicht, wie Satir selbst und der Staat es vorsehen, durch Belohnung und Strafe (s. o.).

Zur therapeutischen Herrichtung der dysfunktionalen Familie muβ sich der Wachstumstherapeut/die Wachstumstherapeutin um die Rollen und Funktionen in der Familie kümmern. Dazu muβ er/sie die Familienhierarchie reproduzieren, indem er/sie eine Reihenfolge bestimmt, in der die Familienmitglieder zu reden haben: "Zuerst ist der Vater an der Reihe als Familienoberhaupt,[26] und dann die Mutter. Danach nimmt er das älteste Kind, wobei er zu dem jüngeren sagt: 'Moment! Du bist noch gar nicht da. Du muβt erst noch geboren werden.'" (ebd., 196)

Um den Familienmenschen (bes. den Eheleuten) eine Wahlfreiheit zu suggerieren, die sie nicht haben, "schreibt (er) drei Rollenmuster an die Tafel: individuell, ehelich, elterlich" (ebd., 196). Anhand dieses Schemas "sollen die Eltern einsehen, daβ sie wählen können, wie sie ihren Partner behandeln wollen. Wenn der Therapeut ihnen ihr eigenes Rollenverhalten vor Augen geführt und ihnen dabei andere Möglichkeiten gezeigt hat, können sie selbst wählen. Kreativität im Leben ermöglicht eine gröβere Auswahl von Alternativen" (ebd.), wobei der Staat die Grenzen der Kreativität absteckt (s. 3.).

Die Erfüllung staatlicher Familienpflichten führt zur Benutzung/Funktionalisierung (s. 3.4.) der Individualität und Zuneigung (der Eheleute) mit entsprechenden Schäden für beide Familienmenschen. Die Belastung solchermaβen gestrafter Ehegatten wird in der humanistischen Familientherapie mit der Einführung der Ideologie der "Wahlfreiheit" erhöht. Nunmehr haben so therapierte Eheleute die zusätzliche Pflicht sich gegeneinander so zu verhalten, als hätten sie freie Wahl, als müβten sie nur ein biβchen Kreativität im (Ehe-) Leben (ebd.) entwickeln, und schon würden die alten Gefühle/Zuneigung etc. zu neuem Leben erweckt.

Für die Beendigung der Familientherapie gibt Satir (1973, 198 f.) einen Indikationskatalog an, der die Kritik bestätigt, daβ sie sich ausschlieβlich um die Stärkung der individuellen und der Familienmoral sorgt.

Die Autorin ist bis in die Therapiepraxis ihrer Konzipierung von Individuum, Familie und Gesellschaft treu geblieben. So passen die späteren falschen Bestimmungen (Satir 1975) etwa des Verhältnisses von Familie und Gesellschaft gut zu der vorher (Satir 1973) konzipierten Praxis. Satir hat ihre Therapie auf die Gesellschaft angewandt.[27]

5.3. Die strukturelle Familientherapie

Das Familienstrukturmodell der strukturellen Familientherapie bildet den staatlichen Rahmen zur Erfüllung der Familienpflichten Ehe, Elternschaft, Kindschaftsverhältnis, als Subsysteme innerhalb der übergeordneten und zum System erhobenen Familie ab. In struktureller Perspektive erscheint die mit der Erfüllung der Familienpflichten verbundene Funktionalisierung der Familienmenschen als natürliches Phänomen. Die staatliche Determiniertheit der Institution Familie wird entgegen den eigenen Forderungen nicht erklärt. Die Bedeutung der Familie bei der Sozialisation bürgerlicher Individuen wird affirmativ dargestellt. Innerhalb struktureller Familienkonzeption bleibt es den

Familienmenschen nicht selbst überlassen, wie sie ihre Familienpflichten erfüllen, sondern sie haben sich an der strukturellen Norm zu orientieren, die "losgelöste" und "verstrickte" Familien als therapiebedürftig definiert, da eine Verschiebung in Richtung auf die beiden genannten Extreme die Funktionalität der Familie gefährde.

5.3.1. Das strukturelle Familienmodell

Für Minuchin bedarf Familie keiner spezifischen Erklärung. Sie entwickelt sich in seinem Familienmodell aus dem Zusammenleben in Gruppen, in denen Menschen "von jeher" (1977, 64) gelebt haben. Am Ende eines Differenzierungsprozesses gesellschaftlicher Strukturen steht dann die Familie als Folge von Forderungen, die eine sogenannte "urban-industrielle Zivilisation" (ebd.) an die Menschen richtet.

Ganz abstrakt bestimmt Minuchin, daβ die Familie immer die gleichen Veränderungen zu durchlaufen habe wie die Gesellschaft, um auf sein Hauptanliegen, das Funktionieren der Familie zu kommen.

Ohne den konkreten Zusammenhang in der Gesellschaft zu erklären, in der er Familientherapie betreibt, konstatiert der Autor, daβ die Familie "die Funktionen von Schutz und Sozialisation ihrer Mitglieder je nach den Anforderungen der jeweiligen Kultur übernommen oder abgegeben" (ebd.) habe. Wie auch an diesem Beispiel abzulesen ist, hat Minuchin einen recht diffusen Gesellschaftsbegriff: sowohl die Ökonomie als auch die politische Gewalt der Gesellschaft, der Staat, kommen bei ihm nicht explizit vor. Auch bei seinem Gesellschaftsbegriff kann er sich nicht entscheiden, um welche Gesellschaftsformation es sich handelt. Da heiβt es "moderne urban-industrielle Zivilisation" (ebd., 64), "urbane Industriegesellschaft" (ebd.), "westliche Welt" (ebd., 65) u. a. m.

Minuchins gesamtes Familienkonzept suggeriert - entgegen den historischen Fakten (vgl. Schmerl 1988) - eine Naturwüchsigkeit des Zusammenlebens, an dessen Ende die bürgerliche Kleinfamilie[28] steht, die entsprechende Funktionen zu erfüllen habe, die nach Minuchin zwei Zwecken zu dienen hätten, dem "psychosoziale(n) Schutz der Mitglieder" und der "Anpassung an die jeweilige Kultur und die Weitergabe dieser Kultur" (ebd., 64). Hier wären Ursachen und Ziele des Schutzes zu klären, warum und wovor Familienmenschen zu schützen sind und wieso das psychosozialer Schutz sein muß. Der zweite Zweck ist auffallend bescheiden im Vergleich zu den Anforderungen (s. 3.5.), die die Familienmitglieder wirklich zu erfüllen haben: Überlieferung und Anpassung "an die jeweilige Kultur" (ebd.) dürfte da zu den leichtesten Übungen gehören.

Die Ideologie vom Funktionsverlust der Familie (vgl. König 1978[3], 69 ff.) führt Minuchin in sein Familienkonzept ein, um die von ihm befürchteten Destabilisierungstendenzen der modernen Familie zu erläutern und ihnen zu begegnen, indem er das den Familienmitgliedern unterstellte Bild von der früheren Familienidylle zu zerstören versucht, sowie für einen Realismus plädiert, der Schwierigkeiten in Familien als Selbstverständlichkeit betrachtet.[29] In Minuchins Sicht gefährdet insbesondere die Lage der Familienfrau den Zusammenhalt der Familie: "die moderne Technologie" (ebd.) habe den "Wert dessen, was traditionell Frauenarbeit war" (ebd.) drastisch gesenkt, so daß "Aufgaben, die für das Überleben der Familieneinheit notwendig sind, als Plackerei angesehen (werden), die von der Maschine besser erledigt wird" (ebd., 65). Mir fällt da zunächst Waschen, Spülen, Staubsaugen ein. Minuchin macht deutlich, daß er von den Familienfrauen mehr Einsatz im Haushalt erwartet, und er warnt vor der Gefahr einer "außerhäusliche(n) Tätigkeit beider Ehepartner" (ebd.), was zu einer zusätzlichen Schwächung der Familie in Form potentieller Ehekonflikte führen könne. Minuchin demonstriert sein Desinteresse an einer Analyse des Verhältnisses von Arbeitswelt und Familienwelt, sonst müßte er bemerken, daß es eine Aufgabe der Familie ist, Schäden und Probleme aus der Sphäre der Erwerbstätigkeit, soweit es möglich ist, zu kompensieren. Der Modus der Kompensation bleibt der Familie überlassen (s. 3.). Führt die Pflichterfüllung zu zusätzlichen Schäden (etwa bei Arbeiterfamilien; s. Gröll 1988a, 36 ff.), so liegt es auf jeden Fall (in struktureller Sicht) an der Familie, ist die Familienfrau berufstätig, vor allem an ihrer Erwerbstätigkeit.

Daß die jungen Familienmitglieder durch "Schule, die Massenmedien und ihre Peers erzogen" (ebd., 64) werden, ist evident, aber kein Gegensatz zur familialen Sozialisation, vielmehr bauen diese Sozialisationsagenturen (s. 3) auf der Familienerziehung auf.

Minuchin wähnt die westliche Welt "in einem Stadium des Übergangs" (ebd., 65), das er nicht weiter definiert, und behauptet ohne Erläuterung "und mit ihr wandelt sich die Familie, die sich stets der Gesellschaft anpassen muß" (ebd.). Gerade für die Familientherapie wäre es notwendig, den Modus der Anpassung und deren Konsequenzen für die Familienmenschen zu erfahren, weil zu vermuten ist, daß dieser Anpassungsprozeß nicht ohne Auswirkungen auf die Familienprobleme bzw. den identifizierten Patienten sein dürften. Minuchins Ausführungen belegen nur sein Interesse an der Anpassung der Kinder, die in der Familie soviel "Kontinuität" (ebd.) und Stabilität erfahren sollen, daß sie "nicht 'Fremde in einer fremden Welt', sondern fest genug verwurzelt sind, um zu wachsen und sich anzupassen." (ebd.) Daß Kinder auch ohne diese Bedingungen wachsen können, wird aus moralischer Absicht allgemein bestritten; daß diese Bedingungen die Anpassung von Kindern über die familiale Sozialisation erleichtern, dürfte in interessierter Sicht unstrittig sein. Dazu ist die Familie wirklich unentbehrlich.

Um die Relevanz der Familie herauszustreichen, betont der strukturelle Therapeut, die Familie drücke in allen Kulturen "ihren Mitgliedern den Stempel ihrer Individualität auf" (ebd.), was ja gar nicht ausbleiben kann, wenn ein kleiner Mensch die ersten Lebensjahre in der Familie verbringt. Die Umgebung prägt ein Kleinkind immer.[30] Selbstverständlich weiß das auch Minuchin, der mit seinen Ausführungen wohl mehr die biologische Abstammung und deren Bedeutung für die Identität jedes Familienmitgliedes betonen und damit gleichzeitig ein Gefühl der wechselseitigen Verpflichtung bei den Familienmitgliedern aktivieren will, als Basis für die Familienmoral, wenn er betont: "Tommy Wagner ist ein Wagner, und er wird Zeit seines Lebens der Sohn von Emily und Mark bleiben. Das ist ein bedeutsamer Faktor in seinem Dasein" (ebd., 66). Außerdem ignoriert Minuchin die Tatsache, daß Familie primär ein juristisches und sittliches und kein biologisches Verhältnis zwischen Menschen darstellt. Der Mangel einer solchen Argumentation ist evident: die bürgerliche Familie und der sie schützende Staat werden jeglicher Kritik entzogen. Minuchin selbst braucht sich auch nicht mit der von ihm selbst erwähnten theoretischen (Laing, Feminismus) und praktischen (Zerstörung traditioneller Familienstrukturen nach Revolutionen) Kritik an der Familie auseinanderzusetzen, weiß er doch Staat und Geschichte auf seiner und der Seite der Familie. Die revolutionären Epochen mit Angriffen auf die Institution Familie kommen und gehen: die Familie bleibt.

Minuchin begegnet den Attacken gegen die Familie mit dem formal-abstrakten Zugeständnis: "Die Familie ändert sich, wenn die Gesellschaft sich ändert. Ihrem eigenen Wandel entsprechend wird die Gesellschaft wahrscheinlich extrafamiliale Strukturen entwickeln, mit deren Hilfe die Anpassung an neue Gedankengänge und neue soziale und ökonomische Realitäten gelingt" (ebd.,

68). Gemeint ist die Einrichtung von z.B. "Tagesbetreuungsstätten" (ebd.), und gefordert wird eine vermeintlich notwendige Zusatzsozialisation älterer Kinder im angemessenen extrafamilialen Rahmen. Insgesamt kann Minuchin resümieren: "Je mehr Flexibilität und Anpassungsvermögen die Gesellschaft von ihren Mitgliedern fordert, desto wichtiger wird die Familie als Matrix der psychosozialen Entwicklung" (ebd., 69). Wobei sich auch bei dieser Behauptung die Frage förmlich aufdrängt, mit welchen Mitteln und Methoden kann die Gesellschaft denn so etwas von ihren Angehörigen fordern,[31] wenn nicht mit Gewalt, vom "stummen Zwang der ökonomischen Verhältnisse" (Marx) bis zu den Sanktionsmitteln der Justiz, d. h. des Staates. Minuchin scheint dabei nur die Unersetzlichkeit der Familie zu interessieren, "weil sie die geeignetste menschliche Einheit in einer Gesellschaft darstellt, die sich in raschem Wandel befindet" (ebd.), und das will ich nicht bestreiten.

Für die Sozialisation in der Familie konstruiert Minuchin einen interessanten Gegensatz. Obgleich der Autor immer wieder beteuert, daß sich die Familie der Gesellschaft anzupassen hat (z. B. ebd., 68, 69), suggeriert er, "die psychosoziale Entfaltung ihrer Mitglieder" (ebd., 66) könne etwas anderes sein als die Anpassung an gesellschaftliche, d. h. staatliche Anforderungen. Er sitzt vermutlich seiner eigenen naturrechtlichen Bestimmung von Familie auf, was auch der biologische Begriff der "Entfaltung" nahelegt.[32]

Minuchin als erfahrener Familientherapeut, gerade auch mit deklassierten Familien (Minuchin u. a. 1967), was ihm mitunter ein Extralob einbringt (z. B. Ault-Riché 1986 b), weiß, daß die Aufgaben der Familie, die ihm als etwas Naturwüchsiges erscheinen und nicht als Folge des Umstandes, daß Reproduktion Privatsache ist (s. 3.), nicht einfach sind. Minuchin veranschaulicht, was er unter normalen familialen Schwierigkeiten versteht, am Beispiel einer Akademikerfamilie (s. 1977, 31 - 63), deren Probleme vermutlich auch in den USA nicht repräsentativ sind.

Sein Ziel bei der Konzipierung der nachfolgenden Familienstruktur ist, zunächst einmal zu verdeutlichen, daß jede normale Familie Belastungen zu ertragen hat. Die Ursachen interessieren Minuchin nicht (s. Familienzwecke), sein Anliegen ist es, den "Mythos von der friedlichen Normalität" (ebd., 69) zu zerstören und, in Anlehnung an Freud, in der Familie "neurotische Muster durch die Behandlung in alltägliche Nöte und Schmerzen" (ebd., 70) umzuwandeln.

Aus dem Umstand, daß in struktureller Perspektive Familienprobleme normal sind, soll aus durchsichtigem Interesse an der Therapie von Familien, nicht geschlossen werden, daß es keine behandlungsbedürftigen, also unnormalen oder "abnormen" (ebd., 70) Familien gebe. Daher muß Minuchin zufolge "der Therapeut ein begriffliches Schema von der Funktionsweise der Familie besitzen, das ihm bei der Analyse des einzelnen Falles hilft" (ebd.). Mit dieser Prämisse betont Minuchin sein Interesse an der Funktionstüchtigkeit der Familie und deren Therapierbarkeit. Entsprechend wird er sein Therapieobjekt Familie definieren müssen. Da Minuchin bisher kein Interesse an der Erklärung von Familie bekundet hat, wird er jeden Zusammenhang von Familie und Staat leugnen müssen, bzw. den Staat als eigentlichen Vater der bürgerlichen Familie unerwähnt lassen müssen.

Minuchin bietet abstrakte Beschreibungen von Familie an: "Die Familie ist ein offenes System in Transformation" (ebd., 69). Bei dieser These fällt zunächst nur auf, daß ohne Nachweis behauptet wird: Familie ist ein offenes System ..., wobei doch klar sein dürfte, daß Familie bestenfalls als offenes System formalisiert werden könnte, wenn nachgewiesen wäre, daß Familie sich zu Recht so modellieren ließe, ohne qualitative Einbußen (vgl. z. B. Simon/Stierlin 1984, 356), d. h. Minuchin hat den Fehler der Ontologisierung begangen (vgl. Körner 1988; s. 2.). Dieser Fehler ist seinem Interesse geschuldet, Familie als staatliche Einrichtung (s. 3) mit Eigenschaften zu versehen, die sie therapierbar erscheinen läßt, denn über die Ontologisierung kommt er mittels tautologischer Definitionen (Narr 1967) zu den gewünschten Qualitäten der Familie: Familie wird umstandslos, also ohne Erklärung, als "offenes System in Transformation" (ebd., 69) deklariert, um den tautologischen Schluß zu ermöglichen, "das heißt, sie empfängt und sendet ständig Impulse von der extrafamilialen Umwelt und in die extrafamiliale Umwelt, und sie paßt sich den unterschiedlichen Forderungen an, die in den einzelnen Entwicklungsstadien an sie herantreten" (ebd.). Auf methodischer Ebene hat Minuchin sich mit dem "naturalistischen Fehlschluß" (K. D. Opp) aus seinem Dilemma gerettet: er hat von seiner theoretischen Konstruktion (Familie = System) auf die Beschaffenheit der in der Empirie, also auch in der Therapie vorfindlichen Familie geschlossen (vgl. ausführlicher Körner 1988, 161 f.; Kap. 2.).

Die Familienstruktur, die Minuchin vorschlägt (s. 5.3.1.), "ergibt sich aus den unsichtbaren funktionalen Forderungen, die in ihrer Gesamtheit die Art der Interaktionen der Familienmitglieder organisieren" (ebd., 70). Die Funktionen der Familie, die hier fast "unsichtbar" bleiben, hat Minuchin eingangs (z. B. ebd., 64, 67) noch abstrakt im gesellschaftlichen Zusammenhang gesehen. Das wäre in seinem Strukturmodell zu ergänzen: es handelt sich um funktionale Forderungen des Staates, die im übrigen auch keineswegs unsichtbar sind (s. 3).

Kenntnisse, die Minuchin in seinem Subsystemkonzept (s. u.) über Macht und Hierarchie in der Familie verrät, sucht der/die Leser/in vergeblich, da Minuchin so sehr in seinem eigenen System Familie gefangen ist, daβ hier solche realen Machtunterschiede etwa zwischen Mutter (als elterliches Subsystem) und Kind (als geschwisterliches Subsystem) nicht gelten sollen, die etwa Parsons (1968, 76) nennt.

Elterliche Befehle, Anweisungen etc. und der geforderte kindliche Gehorsam, werden, wie das folgende Beispiel zeigt, zu einer beliebigen Interaktion, die der Familie bei der Erfüllung ihrer staatlichen Familienpflichten helfen sollen.

"Wenn eine Mutter ihrem Kind sagt, es solle jetzt seinen Saft trinken, und das Kind gehorcht, dann wird durch diese Interaktion festgelegt, wer sie gegenüber dem Kind und wer das Kind gegenüber der Mutter ist, und zwar innerhalb des gegebenen Kontextes und zu diesem gegebenen Zeitpunkt. Wiederholte Operationen nach diesem Schema bilden dann ein transaktionales Muster." (ebd., 70)

Minuchin als erfahrener Therapeut unterstellt, es sei in funktionalen Familien nicht von vornherein klar, wer zu befehlen und wer zu gehorchen hat.[33] Diese Ausführungen stehen jedenfalls in auffälligem Kontrast zu der Hierarchie der Subsysteme und des Therapeuten in seinem Therapiesetting (s. u.).

Prompt muβ Minuchin seine systemische Konzeption familialer Transaktionen revidieren: Sie wurden angeblich "durch zwei einschränkende Systeme aufrechterhalten" (ebd., 71). Damit macht Minuchin deutlich, daβ Familie zur Einschränkung der Individuen da ist. Allerdings verwandelt er die staatlichen Familienzwecke und die damit verbundenen Familienpflichten mit ihren Einschränkungen und Belastungen in ein einschränkendes System "generischer Art" (ebd.), also in eine biologische Notwendigkeit, die eine familiale Machthierarchie erfordern soll, die der staatlich vorgesehenen Aufteilung der Familienpflichten auf wundersame Weise ähnelt (s. 3.): Eltern haben die elterliche Sorge, Kinder sollen gehorchen, die Eheleute sollen an einem Strang ziehen, also als Team zusammenarbeiten und auβerdem ihre wechselseitige Abhängigkeit akzeptieren, die durch die Eheschließung zustande kam, indem z. B. die Frau ihre Erwerbstätigkeit aufgab und damit in finanzielle Abhängigkeit geriet, während der Mann in vielen Fällen für die Wiederherstellung seiner Arbeitskraft auf die Arbeitskraft seiner Frau angewiesen ist. Die Autorität von Kindern ist gering, wie bei den einschlägigen Gesetzen nachgewiesen wurde (Bsp. Nichtverbot, also staatliche Erlaubnis zur körperlichen Züchtigung).

Das "zweite einschränkende System" (ebd.) beinhalte "die gegenseitigen Erwartungen der jeweiligen Familienmitglieder" (ebd.).

Minuchin beschreibt im Kern korrekt, wie sich die gesamte Individualität jedes Familienmitgliedes "dem zufriedenstellenden Vollzug der Funktionen" (ebd.) anzupassen und damit einzuschränken hat. Auch die weiteren Ausführungen über die wechselseitige moralische Beanspruchung in der Familie, über Moral als Basis der Familienstabilität, sind zutreffend und müßten lediglich von dem systemischen Jargon befreit werden. Systemisch sind Begriffe wie "Verpflichtungen", "Familienloyalität", "Schuldgefühle" (ebd.) sowieso nicht. Um von der individuellen Ebene, den Interessen, Erwartungen etc. des Individuums wegzukommen und damit der Frage nach Ursachen zu entgehen, wird der Fetisch System eingeführt. Hinter dieser Nebelwand läßt sich die Funktionalisierung der Familienmenschen perfekt durchziehen.

Der Wille, das Interesse am Bestand der Familie, das ein oder mehrere Familienmitglieder aus verschiedenen Gründen haben können, [34] erscheint als Selbsterhaltungstrieb des Systems, das dann angeblich Widerstand gegen größere Veränderungen leistet. Setzt man in diese System-Gleichung z. B. langjährige Ehefrau ohne Beruf etc. für "System" ein und für "Veränderungsanforderungen" langjähriger Ehemann, der mit seiner Geliebten zusammenleben will, wird transparent, was unter dem Systemmäntelchen alles läuft. So offen läßt sich das Systemmodell schlecht verkaufen: dann müßte man ja mal fragen, wer so flexibel sein soll, wie Minuchin es vom System verlangt?

Die Definition von Subsystem macht die Beliebigkeit deutlich, mit der Minuchin sich alle Türen offenhält, um fast alles als "Subsystem" erfassen zu können.

5.3.1.1. Familiale Pflichterfüllung im Rahmen struktureller Subsysteme [35]

Die Erfüllung familialer Pflichten soll durch die Differenzierung in Subsystemen[36] erfolgen. Damit dafür jedes Familienmitglied und dessen Individualität funktionalisiert werden kann, fällt die von Minuchin vorgeschlagene Definition der Subsysteme entsprechend umfassend aus: "Das Familiensystem differenziert und vollzieht seine Funktionen durch seine Subsysteme. Die einzelnen Individuen bilden Subsysteme innerhalb der Familie. Dyaden wie die Einheit von Mann und Frau oder von Mutter und Kind können Subsysteme sein. Subsysteme können auf der Grundlage der Generation, des Geschlechtes, der Interessen oder der Funktionen gebildet werden." (ebd., 72)

Um die Familienpflichten möglichst reibungslos zu erfüllen, sollen sich die Familienmenschen "wie die Teile eines Kaleidoskops zusammen(fügen)" (ebd.). Im alltäglichen Umgang heiβt das, die Eltern befehlen, und das Kind gehorcht. Im strukturellen Jargon klingen diese Pflichten wesentlich vornehmer: "Das Kind muβ wie ein Sohn handeln, während sein Vater wie ein Vater handelt; und wenn das Kind das tut, dann muβ es auf die Art von Macht verzichten, die es in der Interaktion mit seinem jüngeren Bruder innehat." (ebd.). Gleichzeitig bewährt sich die Familie als Sozialisationsagentur zur Einübung in die weiteren Notwendigkeiten der bürgerlichen Gesellschaft, was auch Minuchin reflektiert, wenn ihm seine "Organisation der Subsysteme" (ebd.) als "ein wichtiges Hilfsmittel für die immerwährende Einübung und Ausübung des differenzierten 'Ich bin' im Rahmen der zwischenmenschlichen Begegnungen auf unterschiedlichen Ebenen" (ebd.) erscheint.

Eine wichtige Stütze bei der Rollendifferenzierung haben die *Grenzen* des jeweiligen Subsystems zu übernehmen. Das sind "die Regeln, die darüber bestimmen, wer an diesem Subsystem beteiligt ist und wie seine Beteiligung aussieht" (ebd.). Damit wird die oben suggerierte Beliebigkeit der Zugehörigkeit zu einem Subsystem begrenzt, und sie wird noch weiter eingeschränkt durch das Dogma, daβ immer der in der Machthierarchie (der Familie) Höherstehende die Regeln und damit Grenzen bestimmt. Das illustriert recht gut Minuchins eigenes Beispiel: "Die Grenze um das elterliche Subsystem wird beispielsweise dadurch definiert, daβ eine Mutter (M) zu ihrem älteren Kind sagt: 'Du bist doch nicht die Mutter deines Bruders. Wenn er wirklich mit dem Fahrrad mitten auf der Straβe fährt, dann sag es *mir* und *ich* werde es ihm verbieten'".[37] (ebd., 72 f.)

Selbstverständlich dürfen Subsysteme bei ihrer Pflichtausübung auch nicht gestört werden. Deswegen schützt der Staat sie, und der strukturelle Therapeut reklamiert für sie die Nichteinmischung (Nicht-Interferenz) anderer Subsysteme, sonst könnten die spezifischen "interpersonalen Fertigkeiten" nicht erworben werden.

Das Beispiel ist - trotz seiner abstrakten Sprache - voll aus dem Eheleben gegriffen: Eheleute können am ehesten gute Eheleute werden, d. h. sich komplementär anpassen, auf die Durchsetzung eigener Interessen, Bedürfnisse etc. verzichten, wenn sie in Ruhe gelassen werden. Jede außerfamiliale Störung könnte diesen Anpassungsprozeß gefährden, fürchtet Minuchin mit Recht, und besteht auf klarer Abgrenzung der Subsysteme, damit sie ihren familialen Pflichten nachkommen können.

Natürlich sollen sich Familienmitglieder nicht so abkapseln, daß sie ihre Familienpflichten vernachlässigen. Auch dafür entwickelt Minuchin das passende Modell: die verstrickte Familie. In ihr sind "Kommunikation und wechselseitige Anteilnahme unter den Familienmitgliedern" (ebd., 74) einfach zu intensiv. Damit verwischen sich die Grenzen, und die Erfüllung der Familienpflichten ist gefährdet: z. B. leidet die Erziehung, wenn das "Mutter-Kind-Subsystem" (ebd., 75) zur Verstrickung neigt, die Mutter zu nachsichtig ist und ihr Kind etwa nicht regelmäßig zur Schule schickt. Bei Minuchin sehen die Gefahren der Verstrickung so aus. Er fürchtet: "Ein solches System kann allmählich allzu stark belastet sein und wird dann nicht mehr die Ressourcen aufbringen, die notwendig sind, um sich belastenden Umständen anzupassen und sich zu wandeln." (ebd., 74) Kurz und gut: zuviel Liebe etc. schadet bei der Pflichterfüllung. Die Familienmitglieder "wenden sich ganz sich selbst zu und schaffen sich ihren eigenen Mikrokosmos" (ebd., 74) und sind damit für die Außenwelt unbrauchbar (s. o.). Somit reagiert eine verstrickte Familie zu schnell und zu intensiv auf Belastungen, die als Erweckung "adaptiver Mechanismen" (ebd., 76), also als Bewährungschance zur Mobilisierung familialer Ressourcen geschätzt werden.

Man braucht nicht viel Phantasie, um sich vorzustellen, daß es noch andere Möglichkeiten gibt, seine Familienpflichten nicht zu erfüllen, als zu eng aufeinander zu hocken. Die Familie vernachlässigt ihre Aufgaben auch, wenn die Familienmitglieder zu selbständig sind. Das heißt dann in der strukturellen Terminologie "losgelöstes Subsystem" und beschreibt ein Holon, das unangemessene starre Grenzen hat. Damit wird die "Kommunikation über die einzelnen Subsysteme hinweg (wird) schwierig, und die protektiven Funktionen der Familien werden behindert." (ebd., 74)[38] Klar, daβ die Erziehung gefährdet ist, wenn die Kinder zu selbständig sind, sich z. B. von den Eltern nichts sagen lassen und ihre eigenen Interessen durchsetzen wollen.

5.3.1.1.1. Die Ehe als eheliches Subsystem

Minuchin hat eine Ehedefinition, die der Kantschen ähnelt (Gröll 1983, 70 ff.), aber wenig mit der Eheschlieβung in der bürgerlichen Gesellschaft gemein hat, die ohne Standesbeamte, d. h. ohne Staat nicht auskommt und die deshalb auch nicht so ohne weiteres auflösbar ist, wie Minuchins Ehebestimmung nahelegt. Bei ihm entsteht das eheliche Subsystem, "wenn zwei erwachsene Menschen verschiedenen Geschlechts sich zu dem ausdrücklichen Zweck zusammentun, eine Familie zu gründen."[39] (ebd., 76) Andererseits übernimmt Minuchin recht ungeniert den ersten staatlichen Familienzweck, die Menschenproduktion (s. 3.), als Zweck der Ehe. Das erklärt er aber nicht, genausowenig kann er einen Grund angeben, warum das sog. eheliche Subsystem Aufgaben haben soll, "die für das Funktionieren der Familie lebenswichtig sind." (ebd.) Das ist nur erklärbar auf dem Hintergrund des Pflichtenkatalogs, der sich aus der staatlichen und staatlich geschlossenen Institution Ehe (und eventuell später Familie) ergibt. Auf dieser Basis sind die in systemisch-strukturelle Imperative umgewandelten staatlichen Ehepflichten verstehbar, und auch der Kritiker wird dem Minuchinschen Ehekonzept einen gewissen Realitätsgehalt nicht absprechen wollen, beschreibt es doch die für die Erfüllung der Pflichten notwendige Funktionalisierung (s. 3.) der Individualität der Eheleute. Nur die Pflichten, Aufgaben oder Funktionen, die Eheleute (und potentielle Eltern) zu leisten haben, machen Minuchins Ausführungen über den Umgang der Eheleute miteinander verständlich: an deren Erfüllung ist er so interessiert, daβ er gar nicht mehr für erwähnenswert hält, daβ die Menschen diese Pflichten erst einmal und oft aus versittlichter Liebe erfüllen. Minuchin hält "die gegenseitige Ergänzung und die Anpassung der Partner aneinander" (ebd., 76) für die wichtigsten Eigenschaften eines funktionalen Ehelebens. Er nennt auch noch einige Detailfertigkeiten, welche die Funktionalisierung der Individualität illustrieren: Entwicklung bestimmter komplementärer Unterstützungsmuster "in einer Vielzahl verschiedener Bereiche" (ebd.), die er nicht nennt. Wichtig ist es Minuchin zu erläutern: "Diese Muster müssen komplementärer Natur sein, so daß jeder Ehegatte 'nachgeben' kann, ohne das Gefühl, 'aufgegeben' zu haben" (ebd.). Das bedeutet, das Nachgeben bei Interessengegensätzen oder Meinungsverschiedenheiten soll unabhängig vom Inhalt oder Anlaß schon grundsätzlich um der funktionalen Ehe willen erfolgen. Gefordert ist ein moralisches Verhalten, das aber nicht so benannt wird: Nachgeben aus Prinzip. Die generelle Aufgabe oder Relativierung von Interessen ("Teil ihrer Eigenständigkeit" (ebd.)) sieht Minuchin als Mittel an, "um an Zusammengehörigkeit zu gewinnen" (ebd.), was eben auch nur Sinn macht, wenn ergänzt wird, Zusammengehörigkeit zur Erfüllung höherer familialer Aufgaben.

Die staatlich geforderte Kompensationsleistung in der Ehe verwandelt Minuchin in ein "Refugium vor äußeren Belastungen" (ebd.). Daß die Ehe den Kontakt mit anderen Menschen einschränken soll (s. 3.), deutet Minuchin in eine "Matrix für den Kontakt mit anderen sozialen Systemen" um (ebd.). In struktureller Perspektive wird die Ehe zu einem sozialen Lernfeld. Sie "kann Lernerfahrungen, Kreativität und Wachstum begünstigen ... kreative Momente im jeweiligen Partner zum Leben erwecken ... und die besten Eigenschaften des anderen fördern" (ebd.). Gestört wird die strukturelle Idylle durch systemwidriges Verhalten: "Aber ebenso kann ein Paar auch die negativen Seiten des jeweils anderen Partners aktivieren. Ein Partner versucht vielleicht beharrlich, den anderen zu bessern oder zu 'retten', und disqualifiziert ihn dadurch gerade." (ebd.)

Damit wird deutlich, von Eheleuten wird erwartet, daß jeder Ehegatte an sich die Tugenden exekutiert, die zur Erfüllung familialer und besonders ehelicher Pflichten notwendig sind. Gegenseitige moralische Angriffe gelten als dysfunktional. Bei Problemen sollte sich das Ehepaar an einen systemtheoretisch orientierten Therapeuten wenden, der nicht "die Motivation der Beteiligten angreifen darf" (ebd., 77), weil damit unweigerlich die Enttäuschungen und Frustrationen bei der alltäglichen Eherackerei zur Sprache kämen; sondern er soll die funktionale "Gegenseitigkeit unterstreichen" (ebd.), die eben zur Erfüllung der Ehepflichten nötig ist und den Ehepartnern deutlich machen, daß beide an dem dysfunktionalen Muster beteiligt, also Schuld sind. Wegen der besonderen Bedeutung der Ehe für die gesamte familiale Aufgabenerfüllung, müssen die Eheleute allein und, notfalls unter Einsatz des Therapeuten, die Grenzen um ihr eheliches Subsystem besonders deutlich ziehen.

5.3.1.1.2. Elternpflichten als strukturelles Subsystem

Ohne einen Grund zu nennen, hebt Minuchin hervor: "Elternschaft ist ein außerordentlich schwieriger Prozeß. Niemand kommt den entsprechenden Aufgaben zu seiner vollen Zufriedenheit nach, und niemand durchläuft diesen Prozeß unversehrt und unbeschädigt." (ebd., 78) Dieses negative Pauschalurteil über die Elternschaft, das so allgemein unzutreffend ist, erscheint einem *Familien*therapeuten keine Erläuterung oder Begründung abzufordern, sondern höchstens den billigen Trost, daß zufriedenstellende Elternleistung und individuelle Unversehrtheit "mehr oder weniger zu allen Zeiten unmöglich gewesen" (ebd.) seien. Diese Erkenntnis ernst genommen, gehört schon eine Menge Abgebrühtheit dazu, Familientherapie zu betreiben.

Für die Eheleute als Eheleute kommt die Zusatzaufgabe hinzu, daß sie ihre Auseinandersetzungen nicht mehr offen austragen dürfen, sondern vor dem Kind verheimlichen sollen, damit es nicht "in die Probleme des ehelichen Subsystems hineingezogen" (ebd.) wird, was für die Sozialisation des Kindes als ungünstig gilt[40] (s. 3.). Mit den Pflichten zur Pflege des Kindes hält sich Minuchin nicht weiter auf, obwohl sie doch besonders arbeitsintensiv sind, also eine große Belastung der Eltern darstellen können. Ihn interessieren die Sozialisationspflichten. Um Sozialisation zu erleichtern, hat Minuchin ein "entwicklungsmäßig bedingtes Bedürfnis nach Autonomie einerseits und nach Führung andererseits" (ebd.) entdeckt, womit auch die staatlich geforderte Aufsichtspflicht der Eltern als der menschlichen Entwicklung bzw. Natur abgelauscht erscheint. Daß Autorität nicht mehr so einfach akzeptiert wird, stellt an die Eltern weitere Anforderungen, die von einer Soziologisierung und Politisierung (s. Gröll 1983, 85 f.) der Pflichten staatlicherseits reflektiert werden. Mit steigendem Alter der Kinder kompliziert sich das Erziehungsgeschäft der Eltern, da Befehl und Gehorsam sich nicht mehr zueinander komplementär verhalten und Kinder und Jugendliche elterliche Gebote und Verbote, die hier kybernetisch als "Regeln" (s. 4.2.) gelten, nicht mehr so einfach akzeptieren. Minuchin erklärt die Schwierigkeiten damit, daß der Sozialisationsprozeß "in sich voller Konflikte" (ebd., 79) sei, was verdeutlicht, daß der Autor seiner eigenen Forderung, "die ganze Komplexität von Aufzucht und Erziehung wirklich verstehen und durchschauen" (ebd.) zu wollen, nicht nachkommt; denn eines ist klar, einen Sozialisationsprozeß "in sich" gibt es nicht. Wie oben bewiesen (s. 3.), ist der Prozeß der Sozialisation ohne die staatlichen Familienzwecke und die daraus abgeleiteten Pflichten in der Familie nicht erklärbar. Eine Position, die den Staat in diesem Kontext ignoriert, verrät das Interesse, Erziehung und Sozialisation als quasi natürliche, biologische Phänomene erscheinen zu lassen, die dann rationellerweise auch nicht kritikabel sind.

Bei den Problemen, vor denen Eltern in der Erziehung stehen, kommt Minuchin nicht umhin, Macht und Autorität für sie bei der Erfüllung ihrer "exekutiven Funktionen" (ebd.) zu reklamieren. Von der Ideologie, daß "Betreuung und Schutz, Führung und Kontrolle" (ebd.) letztlich Konsequenz biologischer Notwendigkeiten der Kinder seien, kann Minuchin nicht lassen. Gleichsam als wüßte der Therapeut, auf welch' tönernen Füßen seine Argumentation steht, bemüht er als ultima ratio doch den Staat, aber nicht, um sich an die Erklärung der Sozialisationspflichten der Familie zu begeben, sondern, um mit Mißverständnissen über Demokratie und Familie aufzuräumen. Minuchin erklärt, daß "die ideale Familie häufig als eine Demokratie beschrieben" (ebd.) werde. Bei diesem Vergleich nehme "man zu Unrecht an, daß eine demokratische Gesellschaft eine führerlose Gesellschaft bzw. daß die Familie eine Gemeinschaft von Gleichgestellten sei" (ebd.). Diese Argumentation bezweckt nicht, Vorurteile über Demokratie und Familie abzubauen, indem sie erklärt, *warum* beide so beschaffen sind, wie sie sind, sondern, ein letztes Plädoyer für Bestand und Aufgaben der Familie zu halten. Daher "müssen Eltern und Kinder die Tatsache akzeptieren, daß der differenzierte Einsatz von Autorität für das elterliche Subsystem notwendig ist" (ebd.). Den Kindern bietet dieser Umstand eine weitere Entwicklungsmöglichkeit, wenn sie "lernen müssen, wie man in Situationen ungleichmäßig verteilter Macht verhandelt" (ebd.). Minuchin jedenfalls hält die Konstellation für "eine Möglichkeit zum 'sozialen Training'"[41] (ebd.).

Für den skrupulösen Therapeuten oder Anfänger, der Bedenken hat, bei der staatlich und therapeutisch indizierten Stützung des elterlichen Subsystems die kindlichen Autonomiebestrebungen zu unterdrücken, hält Minuchin zwei Ausreden bereit: zum einen, "daß nur ein schwaches elterliches Subsystems restriktive Kontrollen errichtet" (ebd., 79 f.). Zum anderen werden die letzten Skrupel durch die Behauptung weggewischt, "daß übermäßige Kontrolle in der

Regel nur da vorhanden ist, wo sie ohnehin keine Wirkung hat"[42] (ebd., 80), und so kann Minuchin resümieren, daβ sein Familienmodell doch am besten der Natur von Eltern und Kindern, d. h. der Menschennatur entspricht.

5.3.1.1.3. Das Kindschaftsverhältnis als geschwisterliches Subsystem

Das Kindschaftsverhältnis wird im strukturellen Modell nicht gesondert etwa als sogenanntes kindliches Subsystem aufgeführt, sondern unter dem geschwisterlichen Subsystem abgehandelt. Damit gelingt zweierlei: Einmal wird unterstellt, daβ Familie aus Eltern/Eheleuten plus mehr als einem Kind besteht (erster Familienzweck; s. 3.2.), und zum anderen wird das Kindschaftsverhältnis mit seiner Gehorsamspflicht umgewandelt in ein soziales Lernfeld von Geschwistern, die sich gegenseitig erziehen (sozialisieren).

So gilt Minuchin das geschwisterliche Subsystem als "das erste soziale Laboratorium, in dem die Kinder mit den Beziehungen unter Gleichgestellten experimentieren können" (ebd., 80). Dabei erwerben die Kleinen allerlei soziale Fertigkeiten, die sie im auβerfamilialen Kontakt - etwa mit Peers - anwenden können. Ernsthafte Streitereien, Ablehnung oder Haβ scheint es unter Kindern in dieser Sicht nicht zu geben. In der Auβenwelt lernen die Kinder wieder für den Gebrauch in der "Welt der Geschwister" (ebd.). Dem Einzelkind werden zwar "Frühreife und rasche(r) Entwicklung"(ebd.) attestiert, andererseits aber, um die Erhöhung der familialen Kinderzahl einzufordern, nicht belegbare Defizite angehängt: Sie hätten angeblich "oft Schwierigkeiten bei der Entwicklung von Autonomie und Mitteilungsvermögen, Kooperationsbereitschaft und Wetteifer gegenüber anderen" (ebd.). Diese Argumentation läuft darauf hinaus, daβ Eheleute Kinder um der Kinder Willen oder für sich und nicht um des Staates willen produzieren sollen. Einem Kind ohne Geschwister drohen angeblich Entwicklungsmängel. Deshalb ist es in der Perspektive geradezu unverantwortlich, sich mit einem Kind zu begnügen.[43]

Viele Kinder unter beschränkten Verhältnissen dürften dagegen froh sein, daβ sie als Einzelkinder aufwachsen können. Das kann nur bei völliger Abstraktion von der materiellen Situation der Familie übersehen werden und/oder bei groβer Wertschätzung der Moral, die ein solches Leben den Familienmenschen abfordert.

Die Pflichten des Kindschaftsverhältnisses werden explizit ignoriert, implizit aber über die Rechte des Kindes und der Eltern thematisiert. Der strukturelle Therapeut steht nämlich vor dem Dilemma, "das Recht des Kindes auf Autonomie zu unterstützen, ohne dabei die Rechte der Eltern zu beschneiden" (ebd., 81). Die von Minuchin geforderten Kenntnisse über "die entwicklungsmäßig bedingten Bedürfnisse der Kinder" (ebd.) bieten da keinen Ausweg, da sie augenscheinlich von Staat zu Staat und auch historisch stark schwanken. Abhilfe böte nur die Kenntnis über die Pflichten von Eltern und Kindern im Rahmen der Zwecke, die ihr Staat mit ihnen, d. h. mit seiner Familie verfolgt (s. 3.).

Ein von Erkenntnissen über die staatliche Einrichtung Familie unbelasteter struktureller Familientherapeut kann bestenfalls "wie ein Übersetzer vorgehen, nämlich den Eltern die Welt der Kinder und umgekehrt den Kindern die der Eltern verdolmetschen" (ebd.), d. h. beiden Seiten ihre familialen Pflichten vermitteln, die ihnen von Staats wegen aufgetragen sind. Da weder Familientherapeuten noch Familienmenschen diesen Umstand zur Kenntnis nehmen wollen, kann die Dolmetscherei als strukturelle Familientherapie funktionieren. Den Schaden haben die Familienmenschen in und außerhalb der strukturellen Therapie.

5.3.2. Familiale Pflichterfüllung als Anpassungsleistung der Familie

Den Anpassungsbemühungen der Familie (ebd., 81) ist ein eigener Abschnitt gewidmet, vermutlich, weil sie in struktureller Perspektive sehr wichtig sind. Minuchin zeigt nun, was er mit seiner naturrechtlichen, biologischen Konzipierung von Familie bezweckte: Die staatliche Institution Familie soll als Opfer von "innerem Druck" (ebd.) und "äußerem Druck" (ebd.) erscheinen. Der innere Druck soll sich angeblich "aus den entwicklungsmäßigen Veränderungen ihrer Mitglieder und Subsysteme" (ebd.) ergeben, also einer biologischen und eventuell psychologischen Gesetzmäßigkeit beim Heranwachsen junger Menschen, wobei die Psychologie des Kindes und Jugendlichen schon ohne die auf die Familie transformierten staatlichen Familienzwecke mit ihren Auswirkungen auf jedes Familienmitglied nicht erklärbar ist. Minuchin verdoppelt den Druck, den er zu Recht diagnostiziert, wenn er den inneren Druck nicht vom äußeren Druck ableitet, den er als Forderung charakterisiert, "sich an die signifikanten sozialen Institutionen anzupassen, die einen deutlichen Einfluß auf die Familienmitglieder ausüben" (ebd.), wobei die wichtigste Institution, der Staat, der alles organisiert hat und notfalls gewaltsam zusammenhält, nicht genannt werden darf, zumindest aus theoretischen Gründen, weil mit der Bestimmung seiner Position zur Familie die biologische strukturelle Konzeption der Familie zusammenbräche.

Die Anpassung der Familienmenschen an die von außen (und angeblich auch von innen) "herandringenden Forderungen" (ebd.) führt zu Reibereien zwischen den Familienmenschen, die Minuchin vornehm als die notwendige "ständige Transformation der Position der einzelnen Familienmitglieder gegenüber den jeweils anderen" (ebd.) bezeichnet, die den Familienmitgliedern ihr Wachstum und dem Familiensystem seine Stabilität gewähre. Nochmals wird die Normalität von Schwierigkeiten in Familien beschworen. Als pathologisch sollen nur die Familien gelten, die auf Belastungen dysfunktional reagieren, im Gegensatz zu den normalen Familien, und die damit letzten Endes selbst an ihrer Pathologie schuld sind: "Das pathologische Etikett wäre dann solchen Familien vorbehalten, die angesichts von Belastungen die Starrheit ihrer transaktionalen Muster und ihrer Grenzen noch erhöhen und jeder näheren Beschäftigung mit alternativen Mustern aus dem Weg gehen oder Widerstand entgegensetzen." (ebd., 82) Zur Heilung einer solchen Familie "muß der Therapeut zum Mitspieler im familiären Drama werden und in vorübergehende Koalitionen eintreten, um das System anders auszurichten und sein homöostatisches Niveau zu verändern." (ebd.)

Wie die Familienmenschen im Umgang mit den ihnen vom Staat (und dem strukturellen Therapeuten) zugemuteten Belastungen versagen, demonstrieren die "vier verschiedenen Quellen" (ebd., 82), die zu Belastungen des Familiensystems führen können.

Bei der Erörterung des belastenden Kontaktes eines einzigen Familienmitgliedes mit extrafamilialen Kräften werden die wichtigen Unterstützungsfunktionen der Familie[44] zwar nicht begründet, aber an einem Beispiel erläutert, in dem der Streß des Ehemannes am Arbeitsplatz zu Ehekonflikten führt. Minuchin sieht dabei nur die Gefährdung der Familie und verschweigt, daß eine Familienpflicht darin besteht, in der Arbeitswelt erlittene Schäden soweit wie möglich zu kompensieren (s. 3.). Minuchin als Anhänger der Familienfunktionen (des Familienfunktionalismus) findet es in Ordnung, daß die Familie (und damit die Familienmenschen) für alle in der Außenwelt existierenden Defizite einspringt. Beim Verlust des Arbeitsplatzes des Ehemannes ist für Minuchin ganz klar, dann "muß die Familie sich einschränken. Die Frau muß mehr Verantwortung für die finanzielle Versorgung der Familie übernehmen"[45] (ebd., 84). Von der Familie wird eine flexible Antwort auf die Belastung erwartet, sonst "können dysfunktionale Transaktionsmuster entstehen." (ebd.)

Zu Recht sieht Minuchin Armut und Diskriminierung als Bedrohung der Bewältigungsmechanismen der Familie an. Die Gründe für Armut und Diskriminierung interessieren ihn nicht, dafür verspricht er, der Familie zu zeigen, wie sie die staatlichen Kontroll- und Wohlfahrts-Institutionen angeblich "zu ihrem eigenen Wohl manipulieren kann"[46] (ebd., 85).

Auch die Familienprobleme mit Jugendlichen und deren Ablösung vom Elternhaus sind keineswegs familieninterne Probleme, sondern Folge der staatlichen Benutzung der Familie. Minuchins Beispiel illustriert diesen Kontext unbeabsichtigt, aber recht deutlich: Eine Mutter wehrt sich gegen eine Veränderung in der Beziehung zu ihrem heranwachsenden Kind, "weil dieser Wandel auch eine geänderte Beziehung zu ihrem Mann erforderlich machen würde" (ebd., 86). Die Benutzung der Frau für Pflege und Erziehung der Kinder neigt sich dem Ende zu. Was bleibt ihr in Zukunft?

Die Bewältigung von Krankheiten und Behinderungen gilt im strukturellen Modell als ganz spezifisches Problem der einzelnen Familie und nicht als Folge staatlicher Familienzwecke und -pflichten (s. 3.).

5.3.3. Methoden der strukturellen Familientherapie

Exemplarisch sollen die Neustrukturierungsmaßnahmen als "Glanzlichter der Therapie" (ebd., 175) besprochen werden. "Neustrukturierende Maßnahmen sind solche therapeutischen Interventionen, die die Familie herausfordern, und zwar in dem Versuch, einen therapeutischen Wandel zu erzwingen." (ebd., 174)

Wenn eine Veränderung erzwungen werden soll, darf man sicher sein, daß fast jedes Mittel dafür recht ist, was im folgenden zu überprüfen sein wird.

Bei allen Manövern der strukturellen Therapie soll der Therapeut die Führung haben, besonders wichtig ist die "up-position", um die "Familie zu manipulieren" (ebd., 175). Minuchin bekennt sich ganz offen zur Manipulation und rechtfertigt sie mit der Hilfebedürftigkeit der Familien, bei denen er (s. o.)

dysfunktionale Interaktionsmuster diagnostiziert, die offenbar nur durch Manipulation zu verändern sind. Die Gründe für den Zustand der Familie interessieren nicht.

Minuchin macht deutlich, daß es ihm um das Wohl der Familie und nicht der einzelnen Familienmitglieder geht und daß er an eine freiwillige Veränderung, die etwa auf Einsicht beruht, nicht glaubt, bzw. deren evtl. familiengefährdenden Resultaten mißtraut. Einsichten in die Lage der Familienmenschen will er weder haben noch vermitteln. Ihm geht es allein um die Interaktion. Auch Gefühle etc. interessieren ihn genausowenig wie die objektive materielle Lage (Klassenzugehörigkeit). Er will Fachmann "in der experimentellen sozialen Manipulation" (ebd., 176) sein. Eine Änderung der extrafamilial bedingten Situation der Familie zählt nicht zum Arsenal der neustrukturierenden Maßnahmen.

Was hat strukturelle Familientherapie nun an Veränderungsmethoden zu bieten? Minuchin nennt als Minimum "sieben Kategorien neustrukturierender Manöver: die Aktualisierung bzw. realistische Darstellung der transaktionalen Muster der Familie, die klare Kennzeichnung der Grenzen, die gewollte Eskalation von Belastungen, die Erteilung von Aufgaben, der bewußte Einsatz der Symptome, die Manipulation der Gemütslage und schließlich unterstützende, erzieherische oder anleitende Bemühungen." (ebd., 176)

5.3.3.1. Die Aktualisierung der transaktionalen Muster der Familie

Die Führerschaft des Therapeuten soll möglichst unauffällig sein (Ridder 1977; Zygowski 1988). Minuchin möchte vermeiden aufzufallen in dem Glauben, daß sich nur bei heimlicher Führerschaft die Familienmenschen unbefangen *verhalten*. Da er den Schilderungen der Familienmitglieder nicht trauen kann, die er "als nur die verbalen Selbstbeschreibungen der Familie" (ebd., 177) verstanden wissen will, sucht er nach Widersprüchen zwischen seiner Beobachtung und der Selbstbeschreibung.

Geleitet wird Minuchin dabei von dem fragwürdigen Dogma (vgl. Ziegler 1977 a, b) der Kommunikationstheorie (Watzlawick u. a. 1969; 1974). "Jede Kommunikation wird durch den interpersonalen Kontext der Transaktion bekräftigt, qualifiziert oder widerlegt" (ebd., 177), d. h. daß es auf den Inhalt der Kommunikation nicht ankommt.

Die erste Technik ist die "*Inszenierung der transaktionalen Muster*". Die Familie soll miteinander so umgehen, als sei kein Therapeut anwesend. So will Minuchin "allmählich die Familienstruktur erkennen, die dem jeweils ganz spezifischen und eigentümlichen Verhalten der einzelnen Mitglieder zugrundeliegt." (ebd., 178) Damit wird unterstellt, daβ es für so ein Verhalten keine anderen Bedingungen gebe.

Zweitens soll eine "*Wiederbelebung der Kommunikationswege*" stattfinden, d. h. die Familienmitglieder sollen miteinander reden (lernen), und der Therapeut "braucht jetzt dem inhaltlichen Zusammenhang nicht mehr so viel Aufmerksamkeit zu schenken, sondern kann seine Aufmerksamkeit verstärkt den üblichen und eingefahrenen Mustern der familialen Transaktionen zuwenden." (ebd., 178). Es wird deutlich, daβ es Minuchin um beobachtbares (und damit seiner Meinung nach) kontrollierbares Verhalten geht. Ihm scheint es zu genügen, wenn z. B. ein Ehegatte "kompetenter erscheint" (ebd., 179), und zwar mit Hilfe des Therapeuten.

Die dritte Technik "*Manipulation der räumlichen Gegebenheiten*" besteht in dem aus diversen anderen Therapieformen bekannten Stühlerücken. Es soll helfen, "die Schilderungen der Familie szenisch darzustellen" (ebd.). Der Grund dafür sei, daβ die Sitzordnung als "Metapher für die Nähe bzw. die Distanz zwischen Menschen" (ebd.) gelten kann, als ob Nähe oder Distanz zwischen Menschen so ohne weiteres beobachtbar sind. Umgekehrt schlieβt der Therapeut daraus, daβ es therapeutisch effektiv ist, Familienmitglieder in ihrer Sitzordnung umzugruppieren. Resümee: "Die Manipulation der räumlichen Gegebenheiten hat den Vorzug der Einfachheit." (ebd., 180). Dem kann kaum widersprochen werden.

5.3.3.2. Die klare Kennzeichnung der Grenzen

Minuchin betont nochmals unmiβverständlich: "Unabhängigkeit um ihrer selbst willen ist nicht das Ziel" (ebd., 181) der strukturellen Familientherapie. Er kritisiert die "psychodynamische Theorie", in der der "Begriff der Abhängigkeit" einen schädlichen Bedeutungsinhalt habe, und lobt dafür "die Familientherapie, die die Interdependenz aller Systeme anerkennt" (ebd.. 181), die darin besteht, daβ die Familie dem Staat möglichst viele (erster Familienzweck) und möglichst brauchbare Bürger (zweiter Familienzweck) abliefern soll, und der Staat auf der Einhaltung der Familienpflichten besteht. So konkret beschreibt Minuchin die Interdependenz allerdings nicht.

Bei der "*Beschreibung individueller Grenzen*" behilft sich Minuchin mit verschiedenen Techniken, um eine ihm akzeptabel erscheinende Redeordnung in der Familie herzustellen. Die "individuelle Autonomie der Kinder" (ebd., 182) will er damit fördern, daß er den Eltern hilft, "je nach der Entwicklungsstufe des einzelnen Kindes spezifische Anforderungen zu stellen bzw. spezifische Belohnungen zu vergeben" (ebd., 182). Also findet wieder das makabere Sozialisationsspiel statt, auf das bereits hingewiesen wurde (s. 3.5.).

Bei den "*Grenzen der Subsysteme*" (s. o.) liegt ihm besonders die Funktionstüchtigkeit des ehelichen Subsystems am Herzen. Er hat die Sorge, daß Kinder oder erwachsene Mitglieder (der erweiterten) Familie in dieses Subsystem eindringen könnten. Der Grund, weshalb sich Eheleute etwa bei der Pflege ihrer ehelichen Liebe (von anderen) stören lassen, ist uninteressant. Daß diese Ignoranz keineswegs harmlos ist, sondern fatale Auswirkungen haben kann, demonstriert Minuchin bei der Therapie der Eheleute Smith (ebd., Kap. 9), in der er versucht, dem Ehemann zu seinem ehelichen Recht zu verhelfen und damit die Ehefrau in die eheliche Pflicht zu nehmen, öfter und aktiver den Beischlaf zu vollziehen. Er gibt der sexuellen Unlust der Frau die Schuld an der Depression des Mannes (ebd., 228 - 232).

Neben der ehelichen Pflichtausübung und -erfüllung besteht Minuchin auch auf Erfüllung der elterlichen Sorge/Gewalt (s. 3.5.2.1.) "Die Familie braucht auch ein exekutives Subsystem, das Entscheidungen treffen kann, insbesondere bezüglich der Kindeserziehung ... Das elterliche Subsystem muß Autorität besitzen." (ebd., 182) Entsprechend, sozusagen komplementär, hat das Kind zu kapieren, "daß das elterliche Subsystem die Grenzen des Zulässigen bestimmt." (ebd.). Das stimmt nur bedingt, da die Eltern ihre elterliche Erziehungskompetenz vom Staat geliehen haben, haben sie sich an den Grenzen zu orientieren, die der Staat setzt, d. h. also: Die Grenzen des Zulässigen bestimmt der Staat. Die Eltern haben quasi als Stellvertreter des Staates dessen Maßstäbe zu übernehmen und auszuführen, daher zu Recht: exekutives Subsystem!

Verständlich, daß diese Machtposition der Eltern den Kindern einiges an moralischem Verhalten abverlangt, wie bei der Beschreibung der Kinderpflichten gezeigt wurde (3.5.3.). Diese Pflichten übernimmt Minuchin in sein Therapiekonzept; denn eine Familie ist nur dann funktional, wenn sie ihre (staatlichen) Familienpflichten erfüllt und damit den staatlichen Familienzwecken entgegenkommt. Was bleibt dem Familientherapeuten also übrig, als direkt im Staatssinne einzugreifen, wenn etwa die Autorität der Eltern gefährdet ist. "Der Therapeut muß daher so in die Familie eingreifen, daß die differenzierte Zuschreibung von Macht gewährleistet ist. Es kann beispielsweise vorkommen, daß ein Sohn, der sich die Ansicht der Familie zu eigen gemacht hat, alle Probleme rührten aus der psychischen Krankheit seines Vaters her, den Vater ungestraft kritisiert. Der Therapeut zeigt seinen Ärger darüber und deutet an, daß der Junge seinem Vater Respekt bezeugen soll." (ebd., 182 f.).

Hier erteilt der Therapeut dem Sohn Nachhilfe über elterliche Gewalt/Sorge und stärkt die angeschlagene Position des Vaters. Um die Kinder entsprechend den staatlichen Richtlinien zu erziehen/sozialisieren, sollen sie einen gewissen Spielraum haben (s. 3; Sozialisation erster Klasse), d. h.: "Auch das geschwisterliche Subsystem braucht eine schützende Grenze, damit es seine Aufgabe erfüllen, nämlich den Kindern die Möglichkeit bieten kann, Kooperation, Wettstreit, Meidung und Nachgeben, Bündnisbildung und -auflösung und andere Fertigkeiten im Zusammenleben unter Gleichen zu erlernen. Die Eltern müssen diese Chance für das innere Wachstum respektieren, ohne helfen oder sich einmischen zu wollen." (ebd., 183)

5.3.3.3. Die gewollte Eskalation von Belastungen

Bei allen Gemeinheiten, die der strukturelle Therapeut hierbei zu begehen hat, erinnert Minuchin daran:

"Das endgültige Ziel des Therapeuten ist das Wohl der ganzen Familie, und die Familie sollte sich dieser Tatsache immer bewußt sein." (ebd., 188) Damit wird strukturelle Therapie unangreifbar. Die einzelnen Familienmitglieder haben alle Maßnahmen zu akzeptieren, weil sie eben dem übergeordneten Wohle der ganzen Familie dienen sollen, auch wenn sie nicht allen Familienmitgliedern gut bekommen, und dem Therapeuten dankbar zu sein.

Die Familien sind selbst an ihrer Behandlungsbedürftigkeit schuld. Sie haben nämlich "in der Regel dysfunktionale Transaktionsmuster entwickelt, als sie versuchten, mit einer belastenden Situation fertig zu werden." (ebd., 185) Die Argumentation muß ergänzt werden um den Gedankengang, daß andere Familien mit der Belastung fertig geworden sind, ohne "dysfunktionale Transaktionsmuster" zu entwickeln (s. o.). Der strukturelle Therapeut ist nicht gegen Belastungen der Familie, sondern für eine funktionale Bewältigung. Gefordert sind "alternative(n) Verhaltensweisen" (ebd., 185) der Familienorganisation sowie "Flexibilität des Familiensystems und seine Fähigkeit zu Neustrukturierung und Wachstum" (ebd.), um mit alten und neuen Zumutungen fertig zu werden. Dazu muß der Therapeut die Familie bzw. einzelne Familienmitglieder provozieren und ihre Belastungsfähigkeit prüfen, indem er "in den einzelnen Teilen des Familiensystems Belastungen" (ebd.) hervorruft.

Dieser Test "liefert ihm und manchmal auch den Familienmitgliedern selbst einen Hinweis auf die Fähigkeit der Familie, sich neu zu strukturieren, wenn die Umstände sich wandeln." (ebd.) Die Familie hat die Pflicht, sich an die durch die Therapie geänderten Bedingungen unter den Augen des Therapeuten anzupassen. Um sein Therapieziel zu erreichen, schlägt Minuchin vier Maßnahmen vor. Die erste und einfachste Maßnahme, "um Belastung zu bewirken" (ebd., 185), ist die *Blockierung transaktionaler Muster*. Hier unterbricht der Therapeut das Muster der Familienkommunikation, um alternative Kommunikationsmuster zu ermöglichen. Erwartet wird, daß Familienmitglieder das Verhalten des Therapeuten imitieren, indem sie z. B. wie er die Einmischung des Elternkindes im Gespräch unterbinden (ebd., 185 f.). Die *Betonung der Unterschiede* soll Belastungen provozieren, um Unterschiede hervorzuheben, "über die die Familie bisher hinweggegangen ist." (ebd., 186) Das *Sichtbarmachen verborgener Konflikte* soll die Familienmitglieder in eine Konfrontation zwingen. Die Gründe, weshalb z. B. Eheleute bestimmte Konflikte nicht in Anwesenheit des Therapeuten austragen wollen, interessieren nicht. Ich halte es nicht für ausgeschlossen, daß die Konsequenzen dieser Maßnahme auch einmal unbeabsichtigt den Familienrahmen sprengen (z. B. durch Scheidung) können. Kritikabel bleibt, daß der Therapeut sich anmaßt, die Familienmitglieder zu zwingen (zu ihrem Glück?). Mit *Bündnissen oder Koalitionen* kann eine Familie ebenfalls belastet werden. Der Therapeut kann sich vorübergehend oder auch länger "einem einzelnen Mitglied oder einem Subsystem" (ebd.) anschließen.

Beispiel: "Wenn der Mann seiner Frau schlampige Haushaltsführung vorwirft, fängt sie an, über das schlechte Betragen des Kindes in der Schule zu sprechen. Der Therapeut schließt sich dem Ehemann in einer gegen die Frau gerichteten Koalition an und unterstützt nachhaltig seine Forderung nach mehr Ordnung und Sauberkeit im Haus. Diese Technik bringt sofort den ehelichen

Konflikt an die Oberfläche, der nun mit Hilfe des Therapeuten innerhalb des ehelichen Subsystems verhandelt wird, während der Junge sich befreit sieht" (ebd., 187).

Minuchin läßt sich noch über die Risiken für Therapeut und Bündnispartner des Therapeuten aus, die aber (s. o.) für das Wohl der Familie in Kauf genommen werden müssen.

5.3.3.4. Die Erteilung von Aufgaben

"Ihre jeweiligen Aufgaben bilden einen Bezugsrahmen, innerhalb dessen die Familienmitglieder 'funktionieren' müssen." (ebd., 189) Minuchin unterscheidet zwischen Aufgaben während der Sitzung und "Hausaufgaben". Insgesamt gelten sie ihm neben der Unterstützung der Sozialisationskapazität der Familie auch als Sondierungsmaßnahmen des Therapeuten zur Überprüfung seines Lageplanes von der Familie.

5.3.3.5. Der bewußte Einsatz der Symptome

Minuchin empfiehlt sieben Maßnahmen. "Ein Therapeut, der innerhalb des familialen Bezugsrahmens arbeitet, betrachtet die Symptome eines individuellen Familienmitgliedes als den Ausdruck eines Problems im Umfeld. Folglich wird er sich gegen die Tendenz der Familie wenden, sich auf den Symptomträger zu konzentrieren." (ebd., 191)

Unter bestimmten Umständen hält es Minuchin (etwa im Gegensatz zur Mailänder Schule) für erforderlich, "direkt an dem vorgestellten Problem zu arbeiten" (ebd.), etwa wenn "das Symptom so quälend oder gefährlich (ist) (denken wir nur an das Zündeln, die Phobie oder die Anorexia nervosa), daß es vorrangig angegangen werden muß." (ebd.).

Dabei gilt aber nach wie vor der obige Grundsatz: Symptome werden als familiale aufgefaßt und behandelt. Außerfamiliale Bedingungen werden nicht berücksichtigt und sind (theoretisch) nicht vorgesehen. So fällt Minuchin zu seiner ersten Maßnahme "*Kozentration auf das Symptom*" zunächst ein: "Oft ist die Beschäftigung mit den Symptomen des identifizierten Patienten der schnellste Weg, um die dysfunktionalen Transaktionsmuster der Familie zu diagnostizieren und zu ändern." (ebd., 191) Demnach geht es weniger um die Beseitigung des Symptoms/ des Problems (und seiner Ursachen) als um die Modifikation der familialen Transaktionsmuster. Grund dafür ist die vermeintliche Sonderstellung der Symptome im Interaktionssystem der Familie. "In ihnen konzentrieren und verfestigen sich die Belastungen, die auf der Familie liegen. Häufig stellen sie zugleich eine Art der Bewältigung solcher Belastungen durch die Familie dar. In jedem Fall werden die Symptome des identifizierten Patienten von einer Reihe signifikanter familialer Transaktionsmuster gestützt." (ebd., 192)

Symptome entstehen demnach durch die Belastungen der Familie, durch den Versuch, diese Belastungen zu bewältigen, und sie werden immer durch die Familie gestützt. Damit stellt der Familientherapeut der Familie ein Armutszeugnis aus: hat ein Familienmitglied ein Problem, liegt es immer an der Familie. Die Familie hat also immer *versagt*: Sie geht mit Belastungen nicht richtig um, sie hat die falschen Bewältigungsstrategien und hält auf jeden Fall das Symptom aufrecht. Familie muß demnach ziemlich schädlich für alle Familienmenschen sein, die psychische Probleme haben. Die strukturelle Lösung sieht so aus: das Symptom und damit den Symptomträger benutzen, um die Familie in die strukturelle Ordnung zu bringen.

Auch die bewußte *Übertreibung des Symptoms* dient der Neustrukturierung des Familiensystems. "Ein Ehepaar in mittleren Jahren kommt zur Behandlung, weil die schweren Depressionen des Mannes ihn arbeitsunfähig machen. Der Therapeut stellt fest, daß dieses kinderlose Paar sich gegenseitig nicht in ausreichendem Maße unterstützt. Er deutet die Depressionen als die völlig richtige Einsicht des Mannes, daß er sein Leben vertan hat, und rät ihm, um den abgestorbenen Teil seiner Persönlichkeit zu trauern. In Übereinstimmung mit dem Glaubensbekenntnis der Familie empfiehlt der Therapeut, daß der Mann täglich acht Stunden lang klagen und trauern soll, während seine Frau ihm Essen bringen und ihn trösten muß. Der Mann weint drei Tage lang ununterbrochen, die nächsten vier Tage fühlt er sich gelangweilt. Seine Depression verschwindet, und er kehrt an seinen Arbeitsplatz zurück. Das Paar setzt die Behandlung in dem Bewußtsein fort, daß nicht der Mann depressiv ist, sondern die gesamte eheliche Beziehung." (ebd., 193).

Irgendwelche andere Gründe für die Depression scheint es nicht zu geben. Daher ist es kein Wunder, daß der Mann so schnell und einfach 'geheilt' wird.

Ein offenkundiger Beweis für die außergewöhnliche Effizienz von struktureller Therapie.

Auch dem Stehlen eines Kindes weiß Minuchin schnell beizukommen: "In einer anderen Familie besteht das vorgestellte Problem darin, daß das Kind stiehlt. Der Therapeut stellt fest, daß es sich dabei um eine Reaktion auf die Tatsache handelt, daß in der Familie keine wirksame Führung und Lenkung vorhanden ist, und sagt dem Kind offen, es solle weiter stehlen und sogar seinen Vater bestehlen. Er sagt: 'Ich möchte doch einmal sehen, ob du es so geschickt anstellen kannst, daß du sogar deinem Vater etwas wegnimmst.' Durch dieses Vorgehen findet das antisoziale Verhalten Eingang in die augenblickliche Situation, und auf diese Weise werden die exekutiven und kontrollierenden Funktionen der Familie mobilisiert." (ebd..) Außerfamiliale Gründe für das Stehlen haben nicht zu existieren. Wichtig ist eben nur, "die exekutiven und kontrollierenden Funktionen der Familie" (d. h. ja wohl des elterlichen Subsystems) zu mobilisieren, also die elterliche Gewalt/Sorge.

5.3.3.6. Die Manipulation der Gemütslage

Angeblich soll in "vielen Familien eine bestimmte Gemütslage vorherrschend" (ebd., 195) sein. Der zum Organismus gemachten Familie wird eine einheitliche Gemütsverfassung unterschoben. Selbst wenn man Familie nur als Kommunikation/Interaktion auffassen will, dürfte es immer noch weit hergeholt sein, der Familie eine gemeinsame Grundstimmung zu unterstellen. Das ist nur möglich, wenn Familie als Organismus definiert wird, bei dem sich die familialen Bindungen selbst im Blut der Familienmitglieder nachweisen lassen (Minuchin/Fishman 1981, 29). "Die eine Familie ist ständig in gedrückter und apathischer Stimmung, in der anderen ist man ständig zu Scherzen und Neckereien aufgelegt." (Minuchin 1977, 195)

Diese Familiengemütslage hat Minuchin eingeführt, um seine Intervention zu begründen. Das einheitliche Verhalten des Familienorganismus oder des Familienregelkreises läßt sich dann nach Minuchin auch leicht manipulieren. "Wenn er (der strukturelle Therapeut) es zum Beispiel mit einer Familie zu tun hat, in der die übermäßig strenge und mächtige Mutter ihre drei heranwachsenden Töchter durch Zetern und Keifen zu Gehorsam zwingt, wird der Therapeut sich den Kindern gegenüber sogar noch aggressiver geben. Damit zwingt er die Mutter, sanfter mit den Töchtern umzugehen und ihnen mehr Autonomie zuzugestehen." (ebd., 195). Schon bei diesem Beispiel zeigt sich, daß die "bestimmte Gemütslage" in dieser Familie keineswegs so monolithisch ist, wie Minuchin weismachen will. Daß sich in diesem Fall Mutter und Töchter in einer gemeinsamen Familiengemütsverfassung befinden, wird sicher nicht einmal Minuchin behaupten.

Minuchin vermittelt den Eindruck, als könnte die von ihm vorgeschlagene Maßnahme nur einen Ausgang haben: die gestrenge Mutter nimmt ihre Töchter vor dem strengeren Therapeuten in Schutz. Denkbar ist zumindest die gegenteilige Haltung: die Mutter fühlt sich von dem Therapeuten bestätigt. In diesem Fall würde Minuchin die Intervention wahrscheinlich als Anschlußmanöver bezeichnen und anschließend zur Neustrukturierung der Familie im beschriebenen Sinne vorgehen.

Zwar sollen die Eltern ihre Kinder kontrollieren, doch paßt übertriebene Kontrolle Minuchin auch wieder nicht. "Wenn eine Mutter ihre Kinder in übertriebener Weise kontrolliert und lenkt, kann der Therapeut ihre kontrollierenden und lenkenden Maßnahmen als 'Interesse' und 'Anteilnahme' an den Kindern auslegen. Eine solche Umbenennung dient häufig dazu, verborgene Aspekte der Empfindungen der Frau ihren Kindern gegenüber zu beleuchten" (ebd., 196), sofern sie existieren.

5.3.3.7. Unterstützung, Erziehung und Anleitung

In diesem Punkt, bei dieser Maßnahme bleibt Minuchin relativ abstrakt. Doch insgesamt schlägt Minuchin hier zumindest einige Maßnahmen vor, die durchaus akzeptabel erscheinen, da sie familiale Belastungen reduzieren könnten. "So ist beispielsweise ein heranwachsender Junge, der an Anorexia nervosa leidet, nahezu vollständig von den Aktivitäten seiner Peers isoliert. Wenn das vorgestellte Problem erst einmal behoben ist, bietet der Therapeut dem Jungen an, eine Woche lang Gast in seinem Heim zu sein und seine heranwachsenden Kinder - einen Sohn und eine Tochter - kennenzulernen. Später sorgt er dafür, daß ein anderer Junge, der im gleichen Alter wie der Patient steht und in einer Peergruppe Heranwachsender seinen festen Platz hat, dem Patienten beibringt, wie man in der Gruppe interagiert" (ebd., 197). Der Hinweis, "Oft zeigt der Therapeut einem Kind, wie es in der Schule am besten zurechtkommen kann" (ebd.), kann als Therapiemaßnahme wohl kaum ernst gemeint sein bzw. ausreichen. Schließlich räumt Minuchin ein: "Tatsächlich haben wir weite Bereiche nicht einmal erwähnt. Hier sei nur auf die Techniken hingewiesen, die dem Therapeuten zur Verfügung stehen, wenn es um den Grenzbereich zwischen Familie und Gesellschaft geht." (ebd.) Damit beweist er, daß er Familie als außergesellschaftliches Phänomen ansieht. So wurden Familie und damit die Familienmitglieder in der strukturellen Familientherapie behandelt.

Daß die falsche Bestimmung von Familie den zu Klienten gemachten Familienmitgliedern in ihren praktischen therapeutischen Konsequenzen schadet, war zu beweisen.

5.4. Die systemische Familientherapie des Mailänder Teams

Dem Therapieverständnis der Mailänder Therapeutinnen und Therapeuten liegt die Annahme zugrunde, es müsse lediglich eine zentrale Regel in der Kommunikation des Familiensystems ausgewechselt werden, um die Familienpathologie zu beseitigen. Eine Behebung der objektiven Gründe für die Entstehung von psychischen Problemen scheint in dieser Sicht überflüssig zu sein. Im Gegenteil, in diesem Therapiekonzept gilt es als therapeutisch erforderlich, das Verhalten aller Familienmitglieder so zu interpretieren, daß es nur der Stabilität der Familie diene und daher positiv zu bewerten sei. Von den in dieser Arbeit untersuchten Familientherapieschulen interessiert sich diese Schule am wenigsten für die Lebensumstände der Familienmenschen in Therapie. Sie kann insofern als die "systemischste" Familientherapie gelten. So ist es auch kein Wunder, daß u. a. aus dem klassischen Mailänder Familientherapiekonzept sich eine Familientherapie zweiter Ordnung entwickeln konnte, die sich von der Familienrealität weitgehend emanzipiert hat (s. Kap. 6).

5.4.1. Das Familienverständnis der Mailänder Schule

Bei der Erklärung von Familie greifen die Mailänder auf Konzepte aus Kybernetik und Kommunikationstheorie zurück:

"Diesen Modellen zufolge ist die Familie ein sich selbst regulierendes System, das von eigenen Gesetzen regiert wird, die es sich im Laufe der Zeit durch Versuch und Irrtum erarbeitet hat.

Der zentrale Gedanke dieser Hypothese ist, daß jede natürliche Gruppe mit einer Geschichte - und das ist die Familie im Grunde ja (wie etwa auch ein Arbeitsteam, eine spontan gebildete Gemeinschaft oder eine Gruppe von Geschäftsleuten) - sich während eines bestimmten Zeitraums konstituiert. Im Verlauf einer Reihe von Transaktionen und korrigierenden Gegenaktionen wird experimentierend erprobt, was in der Beziehung erlaubt ist, bis die Gruppe schließlich zu einem eigenen System findet, das von speziellen, nur für dieses System geltenden *Regeln* gesteuert wird. Diese Regeln betreffen die sich in der geschichtlich gewordenen Gruppe abspielenden Transaktionen, die den Charakter von verbaler oder nonverbaler Kommunikation haben." (Selvini Palazzoli u. a. 1977, 13; s. 4.2.)

Von allen Charakteristika der Familie (wie etwa Familienzwecke, Pflichten, Funktionalisierung; s. 3.) wird abstrahiert. Nach den zitierten Quellen wie Kybernetik etc. sind, je nach Stand der Theoriebildung (s. 4.), alle Phänomene des Universums irgendwie Systeme. Therapeuten, die auf dem systemischen Standpunkt stehen, wissen ohne jede eingehende Untersuchung angeblich, daß Familie ein System bzw. bestenfalls der Sonderfall eines Systems ist. Diese Ausführungen legen den Grundstein für eine eminent ideologische Betrachtungs- und Behandlungsweise von Familien, die durch nichts anderes Legitimation und Akzeptanz findet, als durch die behauptete Effektivität.[47]

Mit der Erklärung von Familie wird a priori eine vermeintliche Autonomie der staatlichen (und in Italien: kirchlichen[48]) Einrichtungen Ehe (und Familie) unterstellt. Ehe und Familie werden (s. o.) auch nicht von "eigenen Gesetzen regiert" (ebd.), sondern primär von staatlichen (und kirchlichen) Familienzwecken und den aus ihnen resultierenden Pflichten für die einzelnen Familienmitglieder, die eine Funktionalisierung der ehelichen und familialen Liebe zur Folge haben. Unbestritten ist, daß trotzdem noch ein gewisser Spielraum für den individuellen ehelichen und familialen Umgang bleibt (s. 3.5.1.). Auch wenn sich der Staat am liebsten einmischen möchte, um dieses Verhalten normieren und damit besser sanktionieren zu können, ist dieser Freiraum geradezu notwendig, damit sich das bürgerliche Individuum als freies in Ehe und Familie zum Familienmenschen entwickeln kann.

Die Mailänder machen eingangs bereits deutlich, daß sie die Besonderheit der staatlichen Institution Familie ignorieren wollen. Entsprechend scheint ihnen die Familie vergleichbar zu sein mit "jede(r) natürliche(n) Gruppe", einem "Arbeitsteam", einer "Gruppe von Geschäftsleuten" , die während eines bestimmten Zeitintervalles miteinander interagieren.

Schon bei diesen Analogien hätte den Mailändern auffallen können, daß sie nur Familien mit einem IP[49] behandelten und nicht ein Arbeitsteam oder eine Gruppe von Geschäftsleuten, unter denen ein Mitglied systembedingt "schizophren" oder "anorektisch" wurde. So müßte die zweite Hypothese: "Familien, die einen oder mehrere Angehörige mit einem Verhalten aufweisen, das man traditionellerweise als 'pathologisch' diagnostiziert, regulieren sich durch Transaktionen (Beziehungsmuster), die genau auf die Art dieser Pathologie zugeschnitten sind. Des weiteren zielen ihre Kommunikationsweise und ihr Antwortverhalten darauf ab, diese Regeln und damit die pathologischen Transaktionen aufrechtzuerhalten" (ebd., 13), auch auf jede andere sogenannte "natürliche Gruppe mit einer Geschichte" (ebd.) übertragbar sein. Zumindest erklärt die Mailänder Skizzierung von Familie und von familialen Kommunikationsregeln nicht die Gründe der Familienpathologie, die u. a. in den Reproduktionsbedingungen der Familie zu finden wären.

Die Mailänder Schule hat sich auf die Bearbeitung der Systemregeln konzentriert und mißt den Essentials der Familie keine Bedeutung bei. Statt sich mit der staatlichen Institution Familie und den mit ihr verbundenen Belastungen und Schädigungen der Familienmenschen zu befassen, berufen sie sich auf die "Systemtheorie" oder "allgemeine Systemtheorien". Die Mailänder wollen ihre Kenntnisse über Leben in Familie aus der Systemtheorie beziehen:

"Aus der Systemtheorie wissen wir, daß jedes lebendige System durch zwei einander scheinbar widersprechende Funktionen gekennzeichnet werden muß: die Tendenz zur Homöostase und die Fähigkeit zur Veränderung. Das Zusammenspiel dieser Funktionen hält im System immer ein provisorisches Gleichgewicht aufrecht, das sowohl Evolution als auch Kreativität garantiert, ohne die es kein Leben gibt." (ebd., 14). Recht abstrakt werden damit staatliche Forderungen an die Familie wiederholt. Das Homöostase-Konzept ist von Cannon eingeführt worden, um die gewünschte Stabilität sozialer Prozesse zu garantieren (Plänkers 1986; s. 4.). Ich kann mir nicht vorstellen, daß Jackson mit der Einführung dieses Konzeptes in die Familientherapie eine andere Absicht hatte. Ähnlich naiv interessiert wirkt die Vorstellung, in einer Familie herrsche ein, wie immer definiertes, "provisorisches Gleichgewicht", das als conditio sine qua non jedes Lebens gelten soll, da es die Charakteristika jeglichen Lebens repräsentiere, nämlich "Evolution" und "Kreativität".

Die Mailänder definieren Familie als Regelsystem, um sie therapierbar zu machen. Gesunde Familien zeichnen sich - wen wundert es - durch flexible Regeln (vgl. Minuchins Grenzen) und pathologische durch starre Regeln aus.[50]

Entsprechend simpel ist die Therapie: es muß eine "fundamentale Regel" (ebd.) verändert werden, und dann werden auch "Familien mit schizophrener Transaktion" (ebd.) wieder gesund, die in anderen Therapien als unheilbar galten.

Das eigentliche Interesse des Mailänder Teams gilt einer epistemologischen[51] Wende (ausführlich: Guntern 1980), die Erklärungen als mechanistisch-kausal[52] denunziert, *jede Ursache* für Verhalten von Familienmitgliedern leugnet und vor allem aus vorgeblich epistemologischen Überlegungen die Erforschung von Bedingungen und Ursachen für nutzlos hält und verbietet. Auf theoretischer Ebene werden so wahrscheinlich am besten die Institution Familie und ihr status quo gesichert. Eine derart unkritische, affirmative Konzeption von Familie konnte sich auf dem Hintergrund der Tradition der amerikanischen Familientherapie durchsetzen, in der man sich schon frühzeitig von dem Gegenstand Familie emanzipierte und versuchte, systemisch-kybernetische Theoriefragmente für die Familientherapie nutzbar zu machen.

Andernfalls ist kaum vorstellbar, daß Psycholog(inn)en, Therapeut(inn)en u. a. m. das Verbot, Motivforschung bei ihren Klient(inn)en zu betreiben, einfach akzeptieren. Die eigentliche theoretische Orientierung ist der Pragmatismus, der, wie Russell (1971, 96 f.) nachgewiesen hat, ganz zwangsläufig dazu führen muß, daß mangels eines anderen Wahrheitskriteriums die Gewalt entscheiden muß, welche Position korrekt ist. Zweck dieser epistemologischen Konstruktion ist die Negierung und damit Ignorierung von Machtunterschieden, die sich zwangsläufig aus den staatlichen Familienpflichten ergeben, die aus gutem staatlichen Grund in Eltern- und Kindschaftspflichten unterteilt sind (s. o.). Da muß dem Staat wohl ein epistemologisches Mißverständnis unterlaufen sein.

"Aber auch ein Verhalten, das denjenigen, der als Opfer erscheint, auf alle möglichen Weisen zur Ohnmacht verurteilt, ist kein Macht-Verhalten, sondern ein Antwort-Verhalten. Trotzdem glaubt der Überlegene, er allein halte die Macht in Händen, genauso wie der Unterlegene davon überzeugt ist, er sei derjenige, der keinerlei Macht besitze"[53] (ebd., 15).

Es zeigt sich hier die Nützlichkeit der Mailänder Konstruktion, von der staatlich determinierten Familienrealität, also den staatlichen Familienzwecken, den daraus resultierenden Familienpflichten und der dadurch bedingten Funktionalisierung familialer Liebe zu abstrahieren.

Die Macht, die es dann doch gibt, "liegt weder beim einen noch beim anderen. *Die Macht liegt in den Spielregeln*, die sich in dem pragmatischen Zusammenspiel aller Beteiligten im Laufe der Zeit herausgebildet haben." (ebd.). Selbstverständlich will ich nicht bestreiten, daß in jeder Familie, wenn auch nicht zufällig, bestimmte Spielregeln im familialen Umgang herrschen, die aber auf den staatlichen Familienpflichten basieren, die z. B. den Eltern ein Erziehungsrecht gegenüber ihren Kindern einräumen. Den Eltern obliegt die Ausgestaltung dieses Rechtes. So können sie z. B. auf ihre staatliche Erlaubnis zur Züchtigung ihrer Kinder verzichten, dann lautet die Spielregel in der Familie: Unsere Kinder werden nicht geschlagen. Wenn diese Regel bis zur Jugendzeit Geltung hat, kann sie auch von den Eltern nicht mehr ohne Gegenwehr aufgekündigt werden.

Die Mailänder Therapeutinnen und Therapeuten legten mit ihrer Theorie von Familie als Interaktionskreis (ebd.) die Basis für die Anwendung therapeutischer Methoden, die nur als familienstabilisierend bezeichnet werden können, gerade deshalb, weil sie von allen Charakteristika der Familie theoretisch abstrahieren und sie in der Therapiepraxis ignorieren.

Paarbeziehung bzw. Ehe wollen die Mailänder als "Aufbau eines Lernsystems" (ebd., 29) verstanden wissen. Sie ignorieren die staatlichen Familienpflichten und unterstellen, die Modalitäten des Zusammenspiels seien beliebig aushandelbar. Von Ehe reden sie nicht explizit, sondern von "Paar und Familie" (ebd., 28). Die in dem Buch vorgestellten Familien bestehen aus Ehepaaren und Kindern. Die Ungenauigkeit weist allerdings auf das Desinteresse der Mailänder an ihrem Gegenstand hin. Daß die beiden zusammenlebenden Individuen jeweils eine Biographie mit spezifischen Erfahrungen haben, erscheint in der Mailänder Perspektive als Teilnahme an einem jeweils anderen Lernsystem, das nach dem Versuch- und Irrtums-Prinzip funktioniere. So wird aus der Sozialisation, die je nach Qualität (s. o.), nicht ohne Belohnung und Gewalt (Strafe) auskommt, ein Laboratorium in dem nach "trial and error" gelernt wird. Beziehungsprobleme, und selbst Schizophrenie, so wird erklärt, entstehen aus dem "Kampf um die Definition der Beziehung - der charakteristisch ist für das menschliche Sein" (ebd., 29), und der bei Schizophrenen schon in der Ursprungsfamilie heftig geführt werde. "Schon die Eltern des Paares, also die erste Generation, hat sich so verhalten, als sei die Bestätigung des anderen ein Zeichen von Schwäche. Mit anderen Worten: Wenn jemand etwas gut macht, so ist klar, daß er dies tut, um gelobt und bestätigt zu werden. In diesem Fall würde eine Bestätigung bedeuten, seiner Forderung nachzugeben, also ein Unterliegen, einen Verlust an Prestige und Autorität. Um die eigene Autorität aufrechtzuerhalten, darf man niemals Bestätigungen geben, sondern muß immer etwas auszusetzen finden: 'Ja ..., aber ... man hätte es besser machen können ...'" (ebd.)

Bei ihrer Erläuterung der "Beziehungskampf-Hypothese" greifen sie auf Bateson zurück, der festgestellt habe: "'*Die Tendenz jedoch, den Zustand des Unbehagens dadurch zu bestätigen, daß man wiederholt dieselbe unangenehme Erfahrung sucht, ist ein allgemein menschlicher Charakterzug. Er ist vielleicht das, was Freud den 'Todestrieb' nannte*'" (ebd., 30).

Den von Bateson beschriebenen Zustand des Unbehagens deuten die Mailänder als "Konsequenz davon, daß auf das Bemühen, sich durch die Definition der Beziehung eine überlegene Position zu verschaffen, wieder ein 'Tief' folgt." (ebd.) Um ihre Methoden zu legitimieren, führen Selvini u. a. die feinsinnige Unterscheidung ein, daß "nicht eine andere Person unter Kontrolle gebracht werden soll, sondern die *Beziehung*." (ebd.) Die letzte theoretische Begründung erhalten die Mailänder Konstruktionen aus der "Schöpfungsgeschichte", die lehre, "daß der Mensch auch mit Gott den Kampf aufgenommen hat, indem er sich nicht damit abfand, daß es ihm verboten war, vom Baum der Erkenntnis zu essen. Wegen seiner Hybris wird er aus dem Paradies vertrieben, das sich als der Ort bestimmen läßt, an dem die Notwendigkeit komplementärer Positionen erkannt und freiwillig angenommen wird. In diesem Sinn könnte die allgemein menschliche Eigenschaft, von der Bateson in dem oben genannten Zitat spricht, die Hybris sein, die Illusion, eines Tages doch noch sein Ziel zu erreichen, und sei es auch um den Preis, sterben zu müssen." (ebd., 30 f.).

Die einzige Beschäftigung in Paarbeziehungen, Ehen und Familien scheint der Kampf um die Definition der Beziehung zu sein, der mit folgenden Manövern geführt werde: "Abwertung aller oder einiger Komponenten der Botschaft, Tangentialität, Abweichen vom Thema, Vergessen und endlich, als Hauptmanöver, die *Entwertung*." (ebd., 31) Dieses Phänomen habe die Mailänder Schule zu der Verbensubstitution von "sein", "scheinen" und "zeigen" (ebd., 33 f.) veranlaßt. "Unsere Arbeit mit schizophrenen Paaren hat uns auf den für unsere Arbeit grundlegenden Gedanken gebracht, daß die falsche Erkenntnisvoraussetzung dieses Paares, jenseits der gezeigten Verhaltensweisen, die symmetrische Hybris ist: die versteckte Erwartung eines jeden, er könne eines Tages doch noch die einseitige Kontrolle der Definition der Beziehung in die Hand bekommen, eine Erwartung, die selbstverständlich enttäuscht werden muß, da sie auf einer falschen Epistemologie fußt - der linearen, linguistischen Konditionierung. Tatsächlich kann ja niemand die lineare Kontrolle in einer Interaktion ausüben, die in Wirklichkeit kreisförmig ist.

Da keiner der Gesprächspartner gern akzeptiert, daß seine Position in der Beziehung komplementär definiert ist, signalisiert er dem anderen immer auf einer Metaebene, daß seine Überlegenheit keine wirkliche Überlegenheit ist." (ebd., 36 f.)

Das Konzept von "schizophrenen Paaren" wird auf ganze Familien (mit und ohne psychotischen IP) ausgeweitet, in denen die oben genannten Manöver im familialen Umgang praktiziert werden sollen. Mit der souveränen Abstraktion von allen realen Beanspruchungen und Belastungen, aber auch Gefühlen, Wünschen, Begierden etc., also kurz, allem, was die eheliche oder familiale Liebe fördert oder strapaziert, ist der Weg gebahnt für die ausschließliche Konzentration auf die Familieninteraktion, die theoretisch in der "Schachzug-Theorie" gipfelt. "Unter großen Mühen und nach unzähligen Irrtümern, Enttäuschungen und Zornausbrüchen begannen wir zu begreifen, *daß wir, um das Spiel zu begreifen*, uns dazu zwingen mußten, alles, was in dieser Familie geschah, lediglich als praktische Wirkung von Schachzügen anzusehen, die ihrerseits Gegenzüge hervorriefen - und das alles nur, um das Spiel endlos fortzusetzen.

Genauso, wie wir uns nach und nach zwangen, Haß, Zärtlichkeit, Kälte, Depression, Schwäche, Wirksamkeit, Unwirksamkeit, Schärfe, Albernheit, Kummer, Verwirrung und Hilferufe als Schachzüge anzusehen, mußten wir uns entschließen, auch das als Schachzug zu werten, was sich am auffälligsten und glaubhaftesten als 'Realität' anbot: den Hilferuf des sogenannten 'Patienten' nach einer Änderung der Situation" (ebd., 47).

Das Verständnis der Familienkommunikation gelang den Autorinnen und Autoren, indem sie sich dazu zwangen, "das Verbum *sein* systematisch zu vermeiden und es durch das Verb *scheinen* zu ersetzen." (ebd., 33) Außerdem mußten sie ihre "linguistische Dekonditionierung weiter vorantreiben und in den Diskussionen der Sitzungen das Wort *scheinen* unmittelbar durch *zeigen* ersetzen." (ebd., 34).

Diese Argumentation entsteht aus dem Interesse, dem linearen illusionären Denken (s. ebd., 47) den Garaus zu machen.

Auch moralische Selbstbezichtigung (eines Familienmitgliedes), sich an dem Zustand des Schizophrenen schuldig zu fühlen, sei "ein weiterer Schachzug..., um die verdeckte symmetrische Eskalation des Systems voranzutreiben." (47 f.). Die Ignorierung und Negierung der Familienmoral ist die beste Legitimation des jeweiligen status quo der Familie. Besser können Familienmenschen zu ihrer familialen Pflichterfüllung nicht angehalten werden.

Aus der so konstruierten familialen Sackgasse darf es keinen Ausweg geben, ohne Änderung der Epistemologie: Auch Klinikeinweisungen nutzen dem Psychotiker nichts, da alle Therapieversuche einer falschen Epistemologie unterliegen. "Denn auch diejenigen, die ihn verändern wollen, bleiben in der Regel dem jedem Menschen zutiefst vertrauten symmetrischen Beziehungsmuster verhaftet." (ebd., 49).

Die Mailänder gehen zwar nicht soweit, zu behaupten, "daß in allen Familien, die durch das oben beschriebene transaktionelle Spiel gekennzeichnet sind, ein Mitglied ab einem bestimmten Punkt der Entwicklung der natürlichen Gruppe jenes Verhalten zeigt, das man als schizophren zu bezeichnen pflegt." (ebd., 50, Anm. 5). Aber immerhin konnten sie feststellen, "daß jede Familie, die bei uns in Behandlung war und einen als schizophren bezeichneten Patienten mitbrachte, durch das beschriebene transaktionelle Spiel charakterisiert war." (ebd., 50 f., Anm. 5; vgl. dagegen Probst 1982). In jahrelanger therapeutischer Tätigkeit scheint es dem Mailänder Team gelungen zu sein, die Überreste von Familienrealität, die es noch wahrgenommen hat, in seinem Modell zu eliminieren. Glaubten die Therapeuten zu Beginn ihrer familientherapeutischen Praxis noch, "daß ein Jugendlicher nicht 'gesund' werden könne, wenn es uns nicht gelinge, die intrafamiliären Beziehungen zu verändern, besonders die Beziehungen zwischen den Eltern" (ebd., 109), so erkennen sie im Laufe der Zeit, daß es *keine* (familiären) *Gründe* für die Entstehung einer psychischen Störung gibt.

"Tatsächlich gibt es keinen gestörten Jugendlichen, der nicht zutiefst davon überzeugt wäre, daß er nicht 'guttut', weil seine Eltern nicht 'guttun'. Umgekehrt denken das auch die Eltern, nur mit der Variante, daß jeder der beiden felsenfest davon überzeugt ist, die Verantwortung dafür liege beim Partner." (ebd., 110)

Statt auf eine systemische Familientherapie konsequenterweise zu verzichten, sahen die Mailänder ihre Aufgabe darin, in der Familie "die falsche Epistemologie durch eine ganz andere Botschaft" (ebd.) zu ersetzen.

"Welche Botschaft sollte das sein? Die Botschaft, daß es durchaus nicht die Aufgabe der Kinder ist, die Beziehung der Eltern zu verbessern oder sie in ihren Funktionen zu vertreten, und daß ein Jugendlicher sich ausgezeichnet entwickeln kann, wie auch immer diese Beziehung beschaffen sein mag. Entscheidend ist, daß er die Überzeugung gewinnt, die Angelegenheit gehe ihn nichts an." (ebd.) Auch für die innerfamilialen Streitereien können die Mailänder keine Bedingungen oder Ursachen erkennen (als gebe es keine Interessengegensätze zwischen Heranwachsenden und ihren Eltern, wenn z. B. letztere ihre Elternpflichten wahrnehmen bzw. Jugendliche ihren familialen Pflichten nicht nachkommen wollen).

Der harmonistischen Familienideologie verdankt sich die Mailänder Auffassung von Familie als einem Organismus, wenn sie dem einzelnen Familienmitglied jedes Eigeninteresse absprechen, das sich etwa im bekanntesten Familientherapieproblem, dem Absentismus eines Familienmitgliedes, äußert (ebd., 115). Das Team muß Erfahrungen mit ungewöhnlich dressierten Familienmenschen gemacht haben: Es kann sich nicht einmal vorstellen, daß Klienten *von sich aus* wegbleiben. Bei Absentismus liegt der Fehler bei den Therapeuten (ebd., 116), die es völlig in der Hand haben, dafür zu sorgen, daß alle Familienangehörigen zur Therapie kommen. Selbstverständlich haben die Mailänder auch für die Bewältigung dieses Problems eine Methode erfunden (ebd., 117 - 120).

5.4.2. Mailänder Methoden

5.4.2.1. Die Moral der positiven Konnotation

Aus therapietaktischen Überlegungen führte die Mailänder Schule den Begriff "positive Symptombewertung" ein. Ausgangspunkt ist das Interesse, der Familie Symptome (bzw. Rituale) zu verschreiben: "In der Tat hätten wir ja das nicht verschreiben können, was wir vorher kritisiert hatten" (Selvini Palazzoli u. a. 1977, 59).

Der Versuch, etwas zu erklären, etwa "das Symptom mit bestimmten symptomatischen Verhaltensweisen der Eltern in einen kausalen Zusammenhang" (ebd.) zu bringen, erscheint ihnen als eine Folge der "Tyrannei des sprachlichen Modells" (ebd.), dem sie verhaftet seien. Daβ es wahrscheinlich bei verschiedenen Symptomen noch ganz andere, komplexere, gesellschaftliche Zusammenhänge gibt, wird ignoriert. Statt dessen muβte sich das Team, "mit Gewalt Rechenschaft über die antitherapeutischen Konsequenzen dieses epistemologischen Irrtums ablegen" (ebd.). Das Interesse, Familie zu therapieren, zwingt zu abenteuerlichen theoretischen Konstruktionen. Den Familienmitgliedern wird weisgemacht, daβ "alle zu beobachtenden Verhaltensweisen von dem gemeinsamen Zweck geleitet waren, die Kohäsion und Einheit der Familiengruppe zu erhalten." (ebd.) Es wird also suggeriert, daβ alle Familienmitglieder an dem Symptom beteiligt sind und alle den Zweck verfolgten, als Familie zusammenzubleiben. So darf nämlich keine Unterscheidung etwa zwischen dem sexuellen Ausbeuter und dem Objekt seiner Übergriffe (s. z.B. 6.3.) getroffen werden,[54] da sonst der "Zugang zu der Familie als einer Systemeinheit" (ebd.) verschlossen wäre, und damit wäre eine systemische Familientherapie sensu Mailänder Schule unmöglich. Auβerdem impliziert dieses Vorgehen, daβ die Familie als "Systemeinheit" zu erhalten ist.

Die Mailänder versuchen mit diesem Manöver einen Zugang zum Familiensystem zu erhalten. Die rhetorische Frage, ob man nicht auch mit einer als "Abweisung" diskriminierten negativen Bewertung von Verhaltensweisen der anderen Familienmitglieder ebenfalls einen Zugang zur Familie erhalten könne, beantworten die Autor(inn)en mit dem Hinweis auf vermeintliche "drei grundlegende Eigenschaften" (ebd., 60) lebender Systeme.

"1. *Totalität* (das System ist weitgehend von den Elementen, aus denen es besteht, unabhängig);[55]

2. *Fähigkeit zur Selbstregulation und, damit verbunden, die Tendenz zur Homöostase;*

3. *Fähigkeit zur Veränderung.*" (ebd.)

In ihrem Bemühen um epistemologische systemische Reinheit begehen die Mailänder eine Ontologisierung (s. 2), indem sie der staatlichen Institution Familie (s. 3) formale Systemeigenschaften zuschreiben, die viel über die Absichten der Autorinnen und Autoren preisgeben. Insbesondere die beiden letzten Punkte ihrer Aufzählung verraten, worauf die Mailänder Gruppe bei ihren Interventionen baut: auf die selbstverantwortliche Veränderung der Familie. Wie der Staat und seine Familienexperten (s. 3.) haben auch sie großes Vertrauen in die Familie.

Mit ihrer Ontologisierung begründen sie dann den Einsatz der positiven Konnotation:

"Bringt man durch ein kritisches Urteil zum Ausdruck, daß das System sich verändern müsse, so *weist* man dieses System *ab*, insofern es ja durch die Tendenz zur Homöostase gekennzeichnet ist; man verschließt sich dadurch die Möglichkeit, in die gestörte Gruppe aufgenommen zu werden.

Außerdem beginge man einen großen theoretischen Fehler: Man würde eine willkürliche Trennungslinie zwischen zwei gleich bedeutsamen funktionalen Eigenschaften eines jeden lebenden Systems ziehen: zwischen der homöostatischen Tendenz und der Fähigkeit zur Veränderung, so, als handle es sich um Antinomien, wobei die homöostatische Tendenz als solche 'böse' und die Fähigkeit zur Veränderung als solche 'gut' wäre." (Selvini Palazzoli u. a. 1977, 60 f.)

Das Team findet Morphostase und Morphogenese gleich gut, "insofern beide *funktionale* Kennzeichen des Systems sind" (ebd., 60), womit es sein Interesse am Funktionieren verdeutlicht. Die Familienmenschen werden wegen ihrer Dummheit[56] kritisiert, "einem Zustand nachzujagen, den es nicht geben kann: Einem Zustand, in dem Beziehungen unveränderlich wären ... " (ebd.). Dieser sicher bei Familienmenschen vorhandenen Schimäre versuchen die Mailänder nicht mit begründeter Kritik, sondern mit dem fragwürdigen Argument zu begegnen, Gleichgewicht sei unvereinbar mit dem Leben und eine Vorwärtsbewegung sei ein unabdingbares Element eines jeden biologischen Systems.

Der Staat gäbe sich nicht damit zufrieden, wenn Familie lediglich ein "biologisches System" wäre, das ihm ohne Pflege und Erziehung sein Volk zur Verfügung stellte (s. staatliche Familienzwecke; 3.2). Ich vermute, so bescheidene Ansprüche werden auch Mailänder Therapeut(inn)en nicht stellen (s. u. Palazzolis Ausführungen über ihre Familie). Nicht den Familienmenschen, aber immerhin *den* Familien wird unterstellt, daß sie aus der Angst, "daß ihre Stabilität und ihr Gleichgewicht, die sie entgegen allem Anschein zäh verteidigen, in Gefahr seien" (ebd., 62), in die Therapie kämen. Man sieht, welchen Nutzen die Ausführungen über biologische Systeme hatten: die Verfasser/innen können auf die Weise unbekümmert auf die Interessen *aller* Familienmitglieder schließen; denn nur dann ließe sich mit einigem Recht von einer einheitlichen Familienposition reden. Da aber nirgends die Bedürfnisse und Interessen etc. der Familienmenschen bestimmt werden, dient auch diese Konstruktion nur zur Legitimation der Mailänder Praxis.[57]

Ihrem Kampf gegen eine moralisierende negative Konnotation erliegen die Autorinnen und Autoren selbst, wenn sie einsehen müssen, daß auch eine positive Bewertung der Familie moralisierend ist. Sie verwickeln sich in einen logischen Widerspruch, den sie als "Paradoxon" (ebd., 62) deklarieren. Damit finden sie sich in guter Gesellschaft mit ihrem Mentoren Watzlawick, der es im Erfinden von vermeintlichen Paradoxien zu einer gewissen Meisterschaft gebracht hat, z. B. Watzlawick u. a. (1969), wie Meister (1987) und insbesondere Ziegler (1977 a; b) nachgewiesen haben (vgl. auch Körner 1988, 178). Die Gruppe stört das nicht weiter, dient es doch einem guten Zweck; "wir nehmen ein moralisierendes Verhalten an, um den Moralismus zu überwinden. Dadurch jedoch gelingt uns die Annäherung an das System, wo das Moralisieren gerade keinen wie auch immer gearteten Sinn hat." (ebd.)

Die Mailänder sind von der Familie in Therapie, die ohne (Familien-)Moral nicht einmal zu ihnen käme, zu einem rein formalen kybernetischen System gesprungen, bei dem, in der Tat, Moral keinen Sinn macht. Damit werden die nächste Ontologisierung und Tautologie (s. 2.) vorbereitet:

"Wenn wir die 'symptomatischen' Verhaltensweisen als 'positiv', d. h. als gut bezeichnen, insofern sie durch die homöostatische Tendenz motiviert sind, *ist das, was wir positiv bewerten, ja eben die homöostatische Tendenz des Systems* und nicht die der einzelnen Personen." (ebd., 62)

Individuen haben keine homöostatischen Tendenzen, sondern Interessen, Bedürfnisse etc., die sie in der Familie befriedigen können oder eher nicht (s. 3.).

Bei den Individuen billigen die Mailänder Therapeut(inn)en "gewisse Verhaltensweisen, insofern sie die gemeinsame Intention, die Einheit und Stabilität der Gruppe aufrechtzuerhalten, *anzeigen*. Indem man so vorgeht, respektiert man auch die erste grundlegende Eigenschaft eines jeden lebenden Systems: seine Totalität." (ebd., 62)

Die Autor(inn)en haben am Anfang der Seite (62) den Familien noch unterstellt, sie würden "ihre Stabilität und ihr Gleichgewicht ... zäh verteidigen", also einen eingebauten Homöostaten besitzen, so daß unterstellt werden muß, daß in dieser Perspektive Familienmenschen machen können, was sie wollen, es hätte immer den Anschein, daß sie alles nur im Interesse der Familienstabilität unternähmen.

Wie dem auch sei, "mit Hilfe dieser Taktik" (ebd., 63) sollen die Familientherapeut(inn)en "auf die Ebene des Systems" (ebd.) gelangen, wo sie nicht nur Verbündete der homöostatischen Tendenz seien, sondern sie sogar noch vorschrieben.

An der "Familie mit schizophrener Transaktion" (ebd.) demonstrieren die Mailänder ihr Konzept der positiven Konnotation, um zu resümieren, daß sie über den Zustand der Familie folgendes wüßten bzw. "wüßten":

"In diesem Punkt 'wissen' die Therapeuten nur eines: daß alle Familienmitglieder sich gegen *jede* Änderung, die für ihr 'ideal-homöostatisches' System gefährlich ist, wehren" (ebd., 64).

Plötzlich wissen die Mailänder doch etwas über Familie, auch wenn sie davon nichts wissen wollen und demzufolge aus systemisch-methodischen Überlegungen "wissen" in Anführungszeichen setzen. Sie signalisieren den systemisch geschulten Leser(inn)en, daß sie einer weiteren vermeintlichen Paradoxie (s. o.) gegenüberstehen und sich ihrer bewußt sind.

Entscheidend ist, daß sie mit "Wissen" oder Wissen Familienmenschen therapeutisch mit "positiver Konnotation" behandeln und dabei "absichtlich den Aspekt des Symptoms, der in bedrohlicher Weise einen Protest und den Ruf nach einer Veränderung des Systems zum Ausdruck bringt" (ebd.), ignorieren. Die Konsequenzen dieses Therapeutenverhaltens werden an anderer Stelle analysiert (s. 2; 6.3.)

5.4.2.2. Der bescheidene Anspruch der paradoxen Intervention

Die Mailänder Schule bezweckt mit der Verschreibung, paradoxen Intervention (ebd., 79), therapeutischen Doppelbindung[58] etc. folgendes:

"1. Ein therapeutischer Rahmen wird abgesteckt.
2. In der Familie wird eine Reaktion hervorgerufen, die über ihre Bereitschaft und Motivation zu einer eventuellen Behandlung Aufschluß gibt.
3. Ein Beobachtungsfeld wird abgegrenzt.
4. Die nachfolgende Sitzung wird strukturiert und geordnet." (ebd., 71)

Den ersten Punkt halten die Autor(inn)en für wichtig, weil es Familien verstünden, "die therapeutische Situation zu negieren" (ebd.). Diese Form der Therapiesabotage könnte umgangssprachlich etwa so lauten:

"'Wir sind nun freundlicherweise euren ständig wiederholten Einladungen gefolgt, und jetzt sind wir hier und möchten erfahren, was *ihr* wollt'". (ebd., 72)

Da die Mailänder die Erfahrung gemacht hätten, daß ein Gespräch über dieses Verhalten mit den Familien nichts als Ausreden gebracht habe, seien sie für den Einsatz einer "einfache(n) und gut dosierte(n) Verschreibung" (ebd.), der es u. a. ermögliche, "die Beziehung neu als eine therapeutische zu definieren." (ebd.)

Bei der Familie Villa (ebd., 74 - 80) z. B. fällt dem Team in der Diskussion über die Therapiesitzung auf, "daß der Familie jegliche Motivation fehlt, sich einer Therapie zu unterziehen. Sie ist nur gekommen, um die (überweisende; W. K.) Ärztin zufriedenzustellen; es ist jedoch offenkundig, daß sie uns entscheidende Informationen verschweigt." (ebd., 77)

Nun könnte ja angenommen werden, daß die Mailänder Gruppe vielleicht selbstkritisch reflektiert, ob für die Familie Villa eine (systemische) Familientherapie überhaupt indiziert ist. Obwohl die Therapeutinnen und Therapeuten selbst zu dem Resultat kommen, daß es ein Fehler wäre, der Familie eine Familientherapie anzubieten, können sie es nicht ertragen, die Familie so gehen zu lassen, also theoretisch konsequent zu sein und die Entscheidung der Familie oder des Familiensystems zu akzeptieren.[59] "Dagegen erscheint es uns zweckmäßig, die Notwendigkeit einer Familientherapie zwar deutlich hervorzuheben, sie dieser Familie im Moment aber zu verweigern, um die Eltern dazu zu bringen, selbst um eine Behandlung zu ersuchen." (ebd.) Sie schreiben einen Brief an die überweisende Ärztin, den sie aber der Familie Villa laut vorlesen, um die Reaktion der Familienmitglieder zu beobachten.

Wen wundert es, daß der Brief natürlich die erwartete Wirkung erzielt?

Der überweisenden Kollegin teilen sie einige Zeit später mit, "daß das Schreiben, das ihr die Familie übergeben werde, der Versuch einer paradoxen Intervention sei; d. h. wir machten die Fortsetzung der Therapie von der Verwirklichung einer unmöglichen Forderung abhängig: von der Forderung, die Wertschätzung der Verwandten wiederzuerlangen. Denn falls dies möglich wäre, wäre die Therapie nicht mehr notwendig. Lillo wäre geheilt. Da es jedoch unmöglich ist, die Wertschätzung der Verwandten wiederzugewinnen, sind die Eltern in einer Zwickmühle: Sie haben die Wahl, entweder auf die Therapie zu verzichten oder das Feld zu verlassen, d. h. die Forderung, die verlorene Wertschätzung wiederzuerlangen, aufzugeben." (ebd., 79)

Paradoxe Interventionen betrachtet Selvini Palazzoli (1983, 45) als willkürliche Interpretationen. "Ich verwende das als eine Taktik, ich glaube nicht daran. Natürlich glaube ich niemals, daβ der Patient sich für die Familie opfert. Diese willkürliche Interpretation ist ganz sicher nicht wahr, denn der Patient ist voller Haβ[60] auf die Familie. Aber: Er verliert aufgrund dieser positiven Bewertung das Symptom. Denn dadurch sage ich ihm: Du bist sehr, sehr dumm.[61]

Wissen Sie: Nichts ist wahr, alles ist Taktik. Als ich noch Psychoanalytikerin war, glaubte ich, daβ die Deutungen, die ich gab, wahr seien. Aber das einzige, was zählt, ist, daβ eine therapeutische Intervention nützlich ist, nicht, daβ sie wahr ist. Es ist einfach unmöglich zu wissen, was in 'organisierter Komplexität'[62] die Wahrheit ist."

Obwohl die Symptomverschreibung nicht wahr ist, will Palazzoli sie auch nicht als Trick verstanden wissen: es handele sich vielmehr um eine völlige Umkehrung "des Bildes, das die Familie von ihrer eigenen Welt hat" (ebd.), einer zirkulären Umformulierung der Familienepistemologie,[63] die bis dato in linearen Erklärungen bestand, also aus Begründungen der Eltern, daβ eine Tochter an Anorexia nervosa leide, da sie in der Schule versage, einen Freund habe, der sie für zu dick hielte etc.

Selvini Palazzoli bestätigt die folgenden Ausführungen der Interviewer: "Wenn Sie einer Tochter sagen, daβ sie groβmütig ihre Jugend opfert und die Vaterrolle übernimmt, weil sie glaubt, die Familie habe einen autoritären Vater nötig, und wenn sich nach dieser Intervention ihr Verhalten ändert: Könnte es sein, daβ sie ihr Verhalten aufgibt, weil sie sich sagt: Ich will nicht weiterhin dumm sein, mein Leben und meine Jugend der Familie zu opfern?" (ebd., 45); (vgl. dazu Selvini Palazzoli u. a. 1977, 134 - 141).

Der erwartete Effekt dieser Intervention soll der *Zwang* zur Veränderung sein. "Zu Hause müssen sie sich ändern, denn sie können nicht mit uns diskutieren." (Selvini Palazzoli 1983, 45)

Die Patientin bleibt in dieser Intervention auf jeden Fall die Dumme. Entweder ist sie so "dumm" und reagiert auf bestimmte Ereignisse innerhalb und/oder außerhalb der Familie mit Symptomen, z. B. bei sexuellen Übergriffen mit Magersucht (s. Esser 1987; 2.) oder sie wird bei unveränderten Bedingungen symptomfrei, weil sich dank der Intervention nur die "familiale Epistemologie" (Selvini Palazzoli 1983, 45) geändert hat. Beispiele für Maßnahmen zur Änderung der Familienepistemologie sind die Deutungen, die Boscolo und Cecchin in einer Inzest-Therapie geben (s. 6.3.).

Der Einsatz von paradoxen Interventionen (und positiven Symptombewertungen) impliziert die Hypothese, es könne *keine* realen Bedingungen und Ursachen für psychische Probleme geben, auch wenn die Erstautorin der Mailänder Gruppe immerhin schon einige Kenntnisse über den moralischen Umgang[64] (s. 3.5.) in Familien verrät. "In meiner Familie gibt es zum Beispiel keine Tabus, meine Tochter und ich sprechen klar miteinander. Wenn sie etwa sagt: Du bist langweilig, Du gehst mir wirklich auf die Nerven - dann fühle ich mich nicht gekränkt. Aber in den Familien, die zu uns in Behandlung kommen, ist das nicht möglich. Die Mutter klagt: Wie könnt Ihr es wagen, Eure Mutter nicht zu respektieren, bla, bla, bla ... In solchen Familien ist es notwendig, daß ein Kind zu der Mutter sagt: Es ist nicht meine Schuld, daß ich nicht esse, ich kann nicht essen. *Ich - kann - nicht.*" (Selvini Palazzoli 1983, 44)

Mit ihrer Beschränkung auf Kommunikation und Interaktion kann Selvini Palazzoli eben in Familien auch nur "Regeln, die so dysfunktional sind, daß unter bestimmten Umständen ein Mitglied der Familie ein bestimmtes Verhalten zeigen muß" (ebd.), entdecken.

Von Familienmenschen, die mit der Erfüllung ihrer Familienpflichten überfordert sind, aufgrund etwa klassenspezifischer materieller Beschränktheit (s. 3), will sie nichts wissen.

Die Exzesse an Gewalt und sexuellen Übergriffen in Familien scheinen für das Mailänder Team nicht zu existieren.[65]

Daher wirkt sich letztlich die gesamte Therapiestrategie mit ihrem expliziten Desinteresse an den Individuen in der Familie verhängnisvoll aus.

Der Anspruch der paradoxen Intervention "vollständige Umkehrung der familialen Epistemologie (des Bildes, das die Familie von ihrer eigenen Welt hat) in einer zirkulären Form" (Selvini Palazzoli 1983, 45) zu sein, erweist sich als bescheiden, nämlich lediglich als Auswechslung "des Bildes, das die Familie von ihrer eigenen Welt hat" (ebd.), also als Ersetzung einer moralischen familialen Weltinterpretation (s. 3) durch eine neue, ob nun linear oder zirkulär ist dabei gleichgültig,[66] da sich an den Belastungen nichts ändern soll, die gar für irreal gehalten werden.

5.5. Zusammenfassung

Eine Erklärung des Gegenstandes der Familientherapie, der Familie, ist in keiner der untersuchten Schulen zu finden. Familie wird als gegeben vorausgesetzt, und auch Hinweise auf das hohe Alter (s. 5.3.) oder die abstrakte Gesellschaftlichkeit (5.1. bis 5.3.) der Familie können nicht als Erklärung ausreichen.

In den drei erstgenannten Schulen wird auf unterschiedliche Weise eine Natürlichkeit der Familie suggeriert, die sie wie auch den sie garantierenden Staat jeglicher Kritik entzieht (s. 3.1.). Die Mailänder Schule behauptet zwar, ihre Familienkenntnisse aus der systemischen Weltsicht gewonnen zu haben, aber selbst ihr gilt die Familie nur als eine von verschiedenen *natürlichen* Gruppen.

Die staatlichen Familienzwecke erscheinen in den drei zuerst untersuchten Familientherapien als selbstverständliche Eigenschaften der Familien. Sie werden in der psychoanalytisch-orientierten Familientherapie durch die Betonung der Familienmoral kaschiert. Die humanistische und die strukturelle Schule bejahen explizit die staatlichen Familienzwecke, wobei letzterer zu Recht eine Reflexion auf familiensoziologischem Niveau bescheinigt wurde (s. 2.), während in der humanistischen Familientherapie alle Institutionen der bürgerlichen Welt als mehr oder minder große Familien gesehen werden, ein Fehler, der auf das Interesse dieser Therapie zurückzuführen ist, die Relevanz ihrer Therapieessentials in allen Institutionen entdecken zu wollen. Die systemische Schule nimmt dagegen offiziell Familienzwecke nicht zur Kenntnis, sondern versucht lediglich die Abarbeitungskapazität der Familienmenschen zu verbessern.

Dem generellen Desinteresse der untersuchten Familientherapien an der materiellen Lebenssituation der zu behandelnden Familienmenschen korrespondiert die Ignoranz gegenüber der Klassenlage ihrer Klienten.

Die Funktionalisierung der Familienmenschen wird (in 5.1. - 5.3.) bejaht und auch in der systemischen Familientherapie therapeutisch gefördert, wobei sie von der Überlegung ausgeht, daß Familienmenschen die wechselseitige Funktionalisierung am besten ohne direkte therapeutische Einmischung leisten können. Theoretisch ähnelt dieser Hypothese die strukturelle Position, wenn sich auch in deren Praxis der Therapeut noch in die Familie einmischt und der Benutzung einzelner Familienmenschen nachhilft. Satir wiederum versucht den Familienmenschen, und besonders den Eheleuten zu verdeutlichen, daβ die familiale Funktionalisierung die beste Chance zu persönlichem Wachstum bietet. Die Heidelberger Schule betont die Notwendigkeit der Ausnutzung familialer Ressourcen und versucht sie therapeutisch zu fördern.

Die Pflichten, die Familienmenschen dank staatlicher Familienzwecke zu erfüllen haben, werden, sofern sie überhaupt thematisiert werden, bejaht und als natürliche Folgen des Lebens-in-Familie gedeutet, die mit verschiedenen Theorien legitimiert werden.

Die Heidelberger Gruppe legt ihr Interesse an einer intakten Familienmoral in ihren Hauptaspekten dar. Diese reflektieren affirmatorisch die intra- und intergenerationale Exekution von Familienmoral und erwarten von einer therapeutischen Mobilisierung dieser familialen Ressource die gewünschte Therapieänderung. Ihre fünf Hauptgesichtspunkte sind geradezu Variationen in Sachen Moral, sowohl intra- als auch intergenerational. Die humanistische Familientherapie interpretiert Moral in der Familie als Chance zur Selbstverwirklichung, nach dem Motto: je gröβer die moralische Anstrengung bei der Erledigung unangenehmer Familienaufgaben, desto gröβer der Gewinn an persönlichem Wachstum. Die strukturelle Familientherapie bekundet ihr Interesse an angewandter Moral in der Familie, wenn sie den vermeintlichen Werteverfall in der Familienarbeit, besonders in der Frauenarbeit, rügt und in der Therapiepraxis Manöver zur Testung der Belastungsfähigkeit der Familienmitglieder vornimmt. Aber bei Minuchin ist bereits die Tendenz angelegt, darauf zu vertrauen, daβ die sog. Subsysteme, z. B. Eheleute, am besten allein sich wechselseitig in die Pflicht nehmen, also dafür keine direkte therapeutische Unterstützung benötigen. Besonders ausgeprägt ist das Interesse an der autonomen Praktizierung von Familienmoral in dem Mailänder Konzept, in welchem schon aus epistemologischen Gründen der Familienmoral keine Bedeutung zukommen darf, auch wenn die Mailänder als gewiefte Therapeuten selbstverständlich genau um deren Bedeutung wissen.

Nach eigenen Angaben bezieht die Mailänder Schule ihr Wissen über Familie angeblich direkt aus dem Systemdenken, in dem Moral keine Rolle zu spielen hat. Dafür versorgt dieses Denken in den beiden "systemischsten" Schulen, nämlich bei Minuchin und Selvini, die Familie mit der allseits gewünschten Stabilität, die ganz umstandslos in der Perspektive als Systemeigenschaft gilt. Mit dieser eleganten systemischen Lösung können die beiden anderen Schulen nicht mithalten. Satir erscheint Stabilität als zum Liebesgenuß unabdingbar, und Stierlin holt etwas weiter aus, wenn ihm der familiale Zusammenhalt so unverzichtbar erscheint, daß Auseinandersetzungen nur dann gut sein sollen, wenn sie zur Versöhnung führen, das heißt, daß das Einzelinteresse sich ständig an familialen Erfordernissen zu relativieren hat.

Noch einmal zusammengefaßt, kann konstatiert werden, daß sich die beiden weniger systemischen Richtungen in den Familientherapien, für die hier exemplarisch die Heidelberger Schule und die humanistische Familientherapie untersucht wurden, eher um eine affirmative inhaltliche Bestimmung der Familienrealität bemühen müssen, in denen z. B. Begriffe wie Moral und Pflichten deutlich das Interesse der Therapien an der Funktionalität von Familie und Familienmenschen verdeutlichen. Die systemische Therapie bemüht sich um eine epistemologische Fundierung und behauptet ihr Wissen über Familie aus der systemischen Weltanschauung zu beziehen. Die strukturelle Familientherapie bietet beides: ein explizit systemisches Familienmodell, dem es überdies gelingt, staatlich notwendige Inhalte des Familienlebens zu integrieren. Das ist eine Leistung, die sowohl in systemischen als auch in familiensoziologischen Kreisen Anerkennung findet (s. 2.).

Obwohl Familientherapien sich ständig mit geschädigten Familienmenschen zu befassen haben, ist von ihnen kein Einwand gegen die mit dem Leben in Familie verbundenen Schädigungen zu hören. Weil von ihnen auch außerhalb von Familie keine Faktoren konkret ausgemacht werden, die Familienmenschen schaden, kommen sie zu dem Schluß, daß Familienmenschen doch immer selbst an ihrem Elend schuld sind, verbunden mit dem Versprechen, durch die jeweilige Therapie geheilt zu werden. Da von den realen Belastungsfaktoren der Familienmenschen abgesehen wird, muß Familientherapie als zusätzliche Belastung gelten, die höchstens die allseits geschätzte Stabilität der Familie fördern kann. Dabei können die Mailänder Therapeuten ihren schlechten Ruf als Manipulierer bestätigen, wobei sie nach meiner Untersuchung vor der unterstellten Familiengegnerschaft (s. 2.) in Schutz zu nehmen sind. Daß auch die Methoden der strukturellen Therapie jeden Philanthropen schrecken müßten, ist ebenfalls nachgewiesen worden. Dagegen eher harmlos erscheinen die Techniken der humanistischen

Familientherapie, wenn auch Kinderfreunde Einwände geltend machen könnten. Die Heidelberger Schule hat sich aus dem Instrumentarium der drei genannten Therapien bedient, ihr originärer Beitrag zur Familientherapie ist ideologisch-moralischer Natur.

6. Familientherapie zweiter Ordnung: Überblick und Anwendung

6.1 Einleitung

Vertreter der Familientherapien behelfen sich im Falle einer Kritik, die über das auch in ihren Kreisen übliche Problematisieren hinausgeht, mit dem Einwand, daß sich inzwischen neue und menschenfreundlichere Methoden in den systemischen Familientherapien durchgesetzt hätten (Ludewig 1988a; Hargens 1988; v. Schlippe 1988). Generell ist dieser Einwand unzutreffend, wie Körner und Zygowski (1988 b) gezeigt haben. Trotzdem soll abschließend neueren Tendenzen in Familientherapien nachgegangen werden, die mit Etiketten, wie Familientherapie "zweiter Ordnung", "radikaler Konstruktivismus" u. a. m. verbunden sind.

Diese zweite Wende in den Familientherapien soll einige (u. a. moralische) Vorzüge besitzen (Ludewig 1988b, 160). Nach Hargens (1988, 64) habe die Besinnung auf die kybernetische Basis, "zu einer neuen Form bescheideneren und ökologischen Denkens geführt. Bescheidener insofern, als der Anspruch der 'überlegenen' oder 'besseren' Therapie nicht aufrecht erhalten wird."

Als theoretischer Fortschritt gilt die "Einbeziehung des Beobachters in das Beobachtete" (ebd.) und die damit verbundene Aufgabe traditioneller Axiome: "Objektivität und Wahrheit sind ebenso Konstrukte einer Beobachtergemeinde, wie der Glaube, Menschen (Patienten, Klienten oder Kunden) direkt beeinflussen zu können." (ebd.)

Systemen werde "Autonomie" zugestanden, "an deren konkreter Entwicklung im Verlaufe der sogenannten Therapie die professionellen Helfer mitbeteiligt (aber nicht einseitig bestimmend) sind." (ebd.) Dementsprechend bestehe der sog. "Mythos instruktiver Interaktion" für moderne Systemtherapeuten nicht. Objektive und damit diagnostizierbare Probleme existieren in dieser systemischen Perspektive nicht mehr. Ihr geht es "um *konsensuelle Übereinstimmung* in einem sozialen Kontext." (ebd.)

Ausfluß der sog. "konsensuellen Übereinstimmung" ist dann die Feststellung: "Nicht das System schafft das Problem, das *Problem (er-)schafft ein System* - und das ist durchaus nicht gleichbedeutend mit 'Familie'". (ebd.)

Der Begriff "Therapie" wird durch "Konsultation", der Begriff "Intervention" durch "Konversation" ersetzt.

Therapeuten der neuen Familientherapie, der Familientherapie zweiter Ordnung, entlehnen Einzelkonzepte aus den Theorien ihrer Vordenker und geben sie als theoretische Basis ihrer therapeutischen Tätigkeit aus.

Momentan existiert nicht die große neue Systemtherapie, die eine den bisher untersuchten Schulen (s.5.) vergleichbare Position in der familientherapeutischen Gemeinde einnehmen könnte.

Der kleinste gemeinsame Nenner der zu diskutierenden therapeutischen Ansätze ist die Berufung auf Erkenntnisse von Wissenschaftlern wie Bateson, Maturana, Varela, von Foerster, von Glasersfeld, die mal differenziert mit ihren jeweiligen Disziplinen Biologen, Kybernetiker etc. genannt werden (z. B. Segal 1988; 41f) oder ganz allgemein als Konstruktivisten (Ludewig 1988a, 65; Schmidt 1987) bezeichnet werden.[1]

Insgesamt orientieren sich vor allem deutschsprachige Familientherapeuten am Konstruktivismus oder radikalen Konstruktivismus, der nach Schmidt (1987, 7) "keine homogene Doktrin, sondern ein äußerst dynamischer interdisziplinärer Diskussionszusammenhang (ist), der - kurz gesagt - mehr und mehr empirische Evidenz für G. Vicos und I. Kants Einsicht beibringt, daß wir nie mit der Wirklichkeit an sich umgehen, sondern stets mit unseren Erfahrungswirklichkeiten."

In diesem Kapitel gebe ich zunächst eine kritische Übersicht über das Selbstverständnis dieser neuen Entwicklung in den systemischen Therapien. Passend zu dem bescheideneren Anspruch dieser Richtung (vgl. v. Schlippe 1986; 1988; Hargens 1988) will ich mich auf die Untersuchung einer Therapie der wohl bekanntesten Therapeuten dieser Richtung, Luigi Boscolo und Gianfranco Cecchin, beschränken, zumal deren therapeutische Tätigkeit bereits analysiert worden ist (s. 5.4.) und so ein therapeutischer Fortschritt eher ins Auge fällt. Für die konkrete Fallanalyse spricht außerdem, daß es bei dieser Richtung noch kein Standardwerk gibt[2], wohl auch nicht geben kann, da niemand bisher weiß, wohin die Reise der Familientherapie zweiter (oder n-ter) Ordnung gehen wird. Aus dem umfangreichen Therapiebuch von Boscolo u. a. (1988) habe ich wegen der Relevanz und Brisanz der Problematik eine Therapiedarstellung analysiert, in der die beiden Therapeuten eine Familie behandelten, in der es zu sexuellen Übergriffen gekommen war.

Die Arbeit an dieser Problematik kann exemplarisch unterstellte positive Veränderungen des Mailänder Modells demonstrieren, die insbesondere die gerade bei sexueller Ausbeutung und familialer Gewalt kritisierten Methoden der alten Mailänder Schule betreffen müßten (s. 2; 5.4).

6.2. Kritische Skizze der Familientherapie zweiter Ordnung

Am prägnantesten hat bisher Hoffman (1987; 1988) diese neue Position formuliert. Sie hält folgende Konzepte für erwähnenswert: "die Vorstellung des beobachtenden Systems von VON FOERSTER (1981); von MATURANA und VARELA (1979, 1980) den Komplex der Autopoiese, informatorische Abgeschlossenheit und Konversationsbereiche; und die Vorstellung des 'Passens' aus der konstruktivistischen Position eines VON GLASERSFELD (1984). All diesen Konzepten verwandt ist BATESONs (1972, 1979) Fokus auf zirkuläre Organisation, die er in gewisser Weise mit geistigem Prozeß gleichsetzt." (Hoffman 1987, 78)

Die Autorin konstatiert folgende Auswirkungen auf die systemische Arbeit/Therapie: Behandlungseinheit und Behandlungsstruktur sind geändert bzw. seien zu modifizieren.

Die *Behandlungseinheit* habe sich verändert. Die zu behandelnde Krankheit sei nicht 'in' der Familie oder in einer anderen Einheit, sondern 'in' den Köpfen oder Nervensystemen von jedem, der Teil daran habe, sie zu spezifizieren. "Die alte Epistemologie impliziert, daß *das System das Problem (er-) schafft.* Die neue Epistomolgie impliziert, daß *das Problem das System (er-) schafft.*" (ebd., 82) Bei dieser Gegenüberstellung ist eindeutig der alten Erkenntnistheorie oder Weltanschauung der Vorzug zu geben, wären in ihr doch zumindest auf der mikrosozialen Therapieebene Schwierigkeiten des Familienlebens darstellbar. Daß das Familientherapeuten erster Ordnung nicht gelungen ist, wurde dargestellt (s. 5). Die Gründe dafür ergeben sich aus der unzureichenden Erklärung des Kontextes Familie und Staat (s. 3). Wenn in der neuen Weltsicht "das Problem das System (er-)schafft", dann steht die Welt wirklich Kopf: Man setze etwa als Beispiel "Familie" und "Inzest" ein (s. 6.3), dann würde also der sexuelle Mißbrauch das sog. System Familie erschaffen.

Das Problem sei "das, woraus auch immer das ursprüngliche Leiden bestand plus das, was auch immer das Leiden auf seiner Rundreise durch die Welt sich hat aneignen können ... Das Problem ist das *Bedeutungssystem*, das das Leiden erschaffen hat und die *Behandlungseinheit* ist *jeder*, der zu diesem Bedeutungssystem beiträgt. Dies schließt den behandelnden Fachmann ein, sobald der Klient durch die Tür tritt" (ebd., Hervorh. v. W. K.).

Die Ausführungen belegen den konsequenten Abschied von jeglicher Realität und die Flucht in das Reich recht dürftiger Ideen. Objektive Bedingungen oder Ursachen für psychisches Elend darf es nicht geben.

In der neuen Epistemologie werde die Repräsentation von Familie als kybernetisches System problematisiert. Positionen der Kybernetik erster Ordnung werden negiert, da sie dazu tendierten, "die Familie als allopoietische Maschine im Sinne VARELAs anzuordnen, die von außen programmiert oder kontrolliert werden kann." (ebd.) Diese Position fällt ebenfalls hinter die alte zurück: Eine Konzipierung von Familie als "allopoietische Maschine" unter der Programmierung und Kontrolle des Staates wäre kein völlig abwegiges Modell. Die Konzipierung von Familie als System wird auf der Basis der Kybernetik zweiter Ordnung abgelehnt; denn sie "trennte nicht nur den Beobachter vom Beobachteten, sondern sie stellte auch eine überaus abwertende Formulierung dar, wie viele Familien, denen die Schuld am Zustand eines leidenden Kindes gegeben wurde, zu ihrem Bedauern herausfanden." (ebd.) Der Fehler, Familienmenschen *die Schuld* am Problem des Kindes zu geben, wird durch die völlige Negierung der harten Familienrealität ersetzt und führt letzten Endes zum Verschwinden der staatlichen Einrichtung Familie. Eine therapeutische Konsequenz aus dieser Erkenntnis ist die Entwicklung eines *Konzeptes der Konversation* (s. o. Hargens 1988), was der Autorin nicht ausreicht: "Ich würde die Formulierung, daß das *Problem* eine Ökologie der Ideen ist, vorziehen und die Vorstellung aufgeben, daß das, was durch die Tür des Klinikers eintritt, jemals eine Familie an sich ist." (ebd.) Hoffman erläutert diese Modifikation der Behandlungsstruktur an der Therapie der Mailänder Schule (s. 5.4). Dabei kommt sie, aus Interessiertheit, zu einer Beurteilung der Therapierichtung, die weder von den Kritikern (s. 2) noch von mir (s. 5.4) geteilt wird. Auch ihre eigene Position wird im Lichte der Familientherapie zweiter Ordnung geschönt[3]. Die Implikationen des Hauptwerkes "Paradoxon und Gegenparadoxon" (1977) werden ignoriert, dafür wird auf den Zeitschriftenartikel "Hypothetisieren ..." (1981) rekurriert.

Hoffman betont, daß Boscolo/Cecchin "eine noch weniger instrumentelle Haltung ein(nahmen) und argumentierten, daß das zirkuläre Befragen, das sie entwickelt hatten, als solches eine Intervention darstellt und daß die Botschaft des Teams am Ende des Interviews nicht mehr notwendig ist." (ebd., 85)

Nach Hoffmans Einschätzung geht der Trend dahin, einige der angeblich schwerfälligen Techniken der ursprünglichen Mailänder Methode abzubauen und sich auf ein Format zuzubewegen, das eine größere Gleichheit zwischen Familie und Team bedinge. Ein weiterer Effekt der Kybernetik zweiter Ordnung für Familientherapien sei die Aufgabe der Vorstellung, daß der Familientherapeut der Experte für Familienprobleme sei. Die Analyse traditioneller Familientherapien (s. 5) hat ergeben, daß Familientherapeuten in der Tat keine Fachleute zur Behebung oder Reduzierung von Schwierigkeiten sind, die familiales und außerfamiliales Leben für ihre Klienten mit sich bringen, also in diesem Sinne keine Experten für Familienprobleme sind. Insofern ist der Verzicht auf diesen Anspruch begrüßenswert. Der nächste Schritt sollte die Unterlassung der Behandlung sein, die bisher Familien- oder Systemtherapie genannt wurde.

Mit der Ablegung der Expertenrolle müsse gleichzeitig das Konzept der Diagnose abgelehnt werden. Die neue familientherapeutische Position beschreibt Hoffman so: "Wir müssen erkennen, in welchem Ausmaß unser Anliegen, einen Grund zu finden und das Problem in einer Einheit irgendwo draußen zu lokalisieren, selbst zu diesem Problem beiträgt. Der Schwerpunkt wechselt von der Ätiologie des Problems zu den Bedeutungen, die dem Problem zugeschrieben werden." (ebd., 86) In immer neuen Varianten wird die Botschaft verkündet: Für Probleme, Leid, Elend etc. gibt es keine Gründe und darf es, aus methodischen Überlegungen, keine geben.

Gemäß dieser Kurskorrektur hält Hoffman das konstruktivistische Konzept von v. Glasersfeld für eine nützliche Stütze der neuen Familientherapie, das sie so zusammenfaßt, wie es für familientherapeutische Zwecke auszureichen scheint. Eventuelle Verkürzungen und Fehler in der Rezeption des "Radikalen Konstruktivismus" müssen hier vernachlässigt werden, da es mir nicht um die Kritik dieser Erkenntnistheorie geht, sondern exemplarisch um Analyse und Kritik der Familientherapie zweiter Ordnung, die von sich beansprucht, auf den Fundamenten der Arbeiten von v. Foerster, Maturana/Varela, Bateson und eben auch v. Glasersfeld (ebd., 78 ff.) zu stehen. Die konstruktivistische Sichtweise skizziert Hoffman so: "VON GLASERSFELD (1984) meint, daß wir die Welt-da-draußen nicht 'entdecken', sondern sie, ganz im Gegenteil, 'erfinden'. Erkenntnis und Wissen reflektieren tatsächlich nur die Koppelung zwischen Organismus und Umgebung, die seine (Über-)Lebensfähigkeit sichert. Aus diesem Grunde ist es nicht wichtig, daß unsere Konstrukte mit den

Gegebenheiten der Umgebung *übereinstimmen*, denn es reicht für das (Über-) Leben aus, daß sie *passen*. So sagt VON GLASERSFELD beispielsweise, ein Maurer könnte daran glauben, daß jede Öffnung in der Wand einen Bogen erfordert. Es spielt keine Rolle, ob dies wahr oder falsch ist; was eine Rolle spielt, ist, daß in einer Welt, in der Häuser aus Stein gebaut werden, diese Prämisse Teil des Passens zwischen dem Erbauer und seiner Umgebung ist." (Hoffman 1987, 86 f.)

Auch diese nicht ganz neue Position, wie Hoffman selbst einräumt, kommt anscheinend nicht ohne das traditionelle Imponiergehabe systemischer Therapien aus. Diesmal wird eine "weitreichende philosophische Tradition ... von KANT und VICO bis WITTGENSTEIN und PIAGET[4]" (ebd.) bemüht. Auch "die Fortschritte in kybernetischer Biologie und Kognition" (ebd.) werden flugs dazugeschlagen. Für die Integration des sog. "beobachtenden Systems" in den Therapieprozeß wird gar ein "HEISENBERGsches Unschärfeprinzip menschlicher Beziehungen" (ebd.) erfunden, auf das wir als beobachtende Systeme uns *nicht* nicht beziehen könnten. "Nimmt ein Therapeut an, seine Arbeit besteht darin, zu wissen, wie die Realität des Klienten verändert werden kann, dann übersieht er die Möglichkeit, daß seine Auffassung gleichfalls eine Wirklichkeit ist, die der Änderung bedarf." (Hoffman 1987, 87)

Warum sollte eine zutreffende Beurteilung z. B. der Lage eines Klienten geändert werden? Bei den hier vorgeschlagenen permanenten Änderungen käme gar keine Therapie mehr zustande[5]. Die Notwendigkeit der Modifikation einer solchen Therapeutenansicht begründet die Autorin damit, daß "die sozial legitimierte Behandlung psychiatrischer Probleme selbst ein Musterbeispiel für die Konstruktion einer sozialen Wirklichkeit ist[6]". (ebd.).

Hoffman will andere als geistige Ursachen für Geisteskrankheiten kaum gelten lassen. "Geisteskrankheiten sind wirklich geistig, denn sie bestehen zu 90% aus Schuldzuschreibung oder Ursachenattribuierung, die als Schuld erlebt wird." (ebd.) Gemäß dieser Auffassung von Geisteskrankheit steht die Diskussion des Begriffes der negativen Konnotation (s. 5.4.2.1.), unter den im familientherapeutischen Jargon u. a. Schuldzuschreibungen und andere negative Bewertungen subsumiert werden, im Vordergrund der familientherapeutischen Neuerungen zweiter Ordnung Hoffmanscher Lesart.

Ausgangspunkt ist das systemische Axiom, kein Mitglied der Klientenfamilie solle negativ konnotiert werden, alle Verhaltensweisen (Gefühle etc.) seien positiv zu konnotieren (s. Kap. 5.4; 2). Hoffman unterstellt, daß Verhaltensänderungen bei negativer Konnotation nicht oder nur schwer erzielbar seien. "Ich vermute, daß die Furcht vor negativer Konnotation mit der Zuschreibung von Schuld zu tun hat, die ein Erkennungsmerkmal von Problemsystemen ist. Schuldzuschreibungen sind allgegenwärtige Formen wechselseitig kausaler Kreisläufe[7] zwischen Menschen, die Zeugnis ablegen, daß solche Gruppen ein besonderes Mitglied zum Sündenbock machen oder daß ein Paar einen symmetrischen Kampf austrägt und jeder davon überzeugt ist, daß der andere schikaniert." (Hoffman 1987, 88) Derartige Erklärungen indoktrinieren Familientherapeuten zweiter Ordnung, die reale Lage in der Familie zu ignorieren, mit fatalen Folgen für die Opfer (s. u.).

Selbst nach Hoffman scheint das Leben in Familie (s. 3.) alles andere als gemütlich zu sein: "Das Familienleben ist sehr eng mit der furchterregenden Macht kollektiver Schuldzuweisungen verknüpft, da diese eine Bedrohung darstellen" (ebd.). Die Gründe für die Schuldzuweisungen, nämlich die Zumutungen, denen die meisten Familienmenschen bei der Erfüllung staatlicher Familienzwecke ausgesetzt sind, sollen nicht interessieren.

Hierin sehe ich den eigentlichen Fortschritt einer Familientherapie zweiter Ordnung: die Existenz von (Familien-)Realität wird explizit negiert, dafür wird das systemische Denken vervollkommnet, indem jetzt auch der Therapeut in den therapeutischen Kreislauf expressis verbis einbezogen wird. Dem Desinteresse gegenüber der Familie, dem Leben der Familienmenschen, entsprechen die neuen Methoden der Familientherapie zweiter Ordnung, wie z. B.: "Familienannahmen aus dem Rahmen bringen, lineare Annahmen umdeuten und Familienmitglieder auf Positionen gemeinsamer Verantwortung und wechselseitiger Verursachung zu bewegen." (ebd.)

Diese Techniken belegen deutlich die oben genannte Tendenz: nach Ursachen wird gar nicht gesucht, falls Familienmitglieder danach suchen und z. B. zu einer richtigen linearen Hypothese kommen (s. 6.3.), dann besteht die Aufgabe des Therapeuten darin, diese familienfreundlich umzudeuten, indem er allen Familienmitgliedern gemeinsam die Verantwortung dafür unterstellt. Der systemische Therapeut zweiter Ordnung darf sich noch seiner menschenfreundlichen Haltung rühmen, macht er doch mit solchen Methoden den negativen Konnotationen den Garaus, "die sonst Leben und/oder Gesundheit jedes einzelnen, der auf diese Weise aus dem sozialen Rahmen gedrängt wird, gefährden können." (ebd.) Um die neuen Methoden einzuführen, müssen die Gefahren der negativen Konnotation mächtig übertrieben werden. Außerdem werden Familientherapien weiterhin legitimiert, da in ihnen, zumindest dem Anspruch nach, niemand "aus dem sozialen Rahmen gedrängt wird" (ebd.), sondern im Gegenteil selbst Inzesttäter in der Familie bleiben (s. 6.3.).

Hoffman schlägt sich mit dem hausgemachten Problem herum, "daß der Behandlungskontext Teil einer Fehlerzuschreibung ist, die zum Territorium gehört. Nicht von ungefähr tritt das Phänomen Widerstand in allen Diskussionen über Psychotherapie auf, denn es ist fast unmöglich, einen Änderungswunsch - und sei es auch einer, den man sich selbst auferlegt - zu erleben, der nicht auch aussagt, daß etwas mit einem selbst nicht stimmt." (Hoffman 1987, 88) Hier wird der Unterschied zwischen Einzeltherapie (Zygowski 1986) und Familientherapie verwischt,[8] mit dem Ziel, auf diesem Umweg die in Verruf geratenen (s. 2.) Methoden der paradoxen Interventionen in die Familientherapie zweiter Ordnung hinüberzuretten. Der psychische Widerstand (s. z. B. Simon/Stierlin 1984, 386), den der Klient in einer freiwilligen Einzeltherapie (z. B. Psychoanalyse, Verhaltenstherapie) leistet, ist wohl kaum mit der *Ablehnung* vergleichbar, die einzelne oder alle Familienmitglieder einer Therapie im Familienkontext entgegenbringen, auch wenn Ackerman 1967 analoge Abwehrstrategien gegen Familientherapien skizzierte (vgl. Simon/Stierlin 1984, 387).

Konsequenterweise schließt sich Hoffman der Vernebelung an und stellt die rhetorische Frage "Wie geht also der behandelnde Fachmann mit dem Rätsel um, daß genau die Operation, Menschen[9] Änderungen anzubieten, hier im Wege steht?" (ebd., 88), um die notorischen Techniken des Paradoxons neu und positiv zu bewerten, und sie in die Familientherapie zweiter Ordnung zu integrieren. Die paradoxen Methoden sind für sie nicht primär üble Manipulationstechniken, sondern sie wirken,[10] "weil dies alles Möglichkeiten sind, die der Therapeut einsetzt, die Fehlerzuschreibungen zu verschieben, die in jedem Versuch, Änderungen hervorzubringen, liegen." (ebd.) Angeblich werde so den Klienten ermöglicht, eigene Alternativen zu erproben. Eine andere Methode/Haltung, negative Konnotationen zu vermeiden, hänge mit dem "Konzept zirkulärer Organisation" zusammen, das auf der Unterscheidung zwischen "stimmen" und "passen" (s. o.) basiere und sich in der Interviewkonzeption der Mailänder Schule verdeutliche. Die Mailänder versuchten nicht, "die 'Wahrheit' zu ergründen, sondern nur sukzessive Annäherungen,[11] die den größtmöglichen Teil der Daten stimmig in eine sinnvolle Idee einfügen. Diese gemeinsame Erforschung des Problems, dessen Ergebnis vorübergehend und hypothetisch ist, ersetzt die übliche Diagnose eines Experten" (ebd., 89). Auch Methoden der Palo-Alto-Schule könnten nach Hoffman dazu beitragen, negative Zuschreibungen zu vermeiden. Das gleiche gilt für das Batesonschen Prämissen-Konzept. Prämissen sind "gemeinsame Ideen, die Familienmitglieder kollektiv teilen, die auf der Ebene einer Tiefenstruktur lagern und auf einer höheren Abstraktionsebene operieren als jede einzelne Verhaltensweise." (ebd.) Bliebe eine Prämisse auf der Strecke, wären viele Subkategorien des Verhaltens hinfällig. (Beispiele für Prämissen: "Männer sind immer die Beschützer der Frauen"; "In dieser Familie scheint es, daß die Eltern meinen, daß sie perfekt sein müssen") Auch eine Aufgabe, die Verhaltensänderungen einschließe, könne eine Prämisse treffen (Bsp.: Einen Perfektionisten auffordern, absichtliche Fehler zu machen).

Familientherapie zweiter Ordnung sei keine Therapie-Methode, sondern eher so etwas wie eine Haltung. Diese Haltung, die gleich wieder als neues Paradigma gelten soll, spezifiziere keine bestimmte Art zu handeln, sondern trage zu einer Anzahl von Richtlinien bei, wie Methoden, die Familientherapeuten benutzen, praktisch umzusetzen seien. Jede Therapie, die auf einer kybernetischen Epistemologie basiere, habe daher folgende Charakteristika:

"1. Eine Haltung des 'beobachtenden Systems' und den Einschluß des Kontextes des Therapeuten.

2. Eine Struktur der Zusammenarbeit anstelle der Hierarchie.

3. Ziele, die den Kontext für Veränderungen schaffen, aber nicht die Veränderung spezifizieren.

4. Möglichkeiten, sich gegen zuviel Instrumentalität zu schützen.

5. Eine 'zirkuläre' Abschätzung des Problems.

6. Eine nicht-pejorative, nicht wertende Haltung." (Hoffman 1987, 90)

Auf dem Wege zu einer systemischen Therapie zweiter Ordnung schließt Hoffman einen Kompromiß mit der Realität, die es dann passim doch zu geben scheint, wenn sie konzediert, daß wir "auch in einer Welt leben, die BATESON als eine NEWTONsche Welt der Kräfte, die auf Dinge einwirken, verstand. Wenn es auch zutreffender ist zu sagen, daß man immer sowohl in einer Kybernetik 'erster' wie auch 'zweiter Ordnung' handelt, neige ich zur Vereinfachung und sage: 'Gib NEWTON die Dinge, die seine sind.' Nicht neutrale, 'lineare' Haltungen und Handlungen sind oft 1. notwendig, 2. angemessen und du wirst 3. dafür bezahlt. Zwang, Druck, Verführung und Kraft sind anerkannte Wege, Resultate hervorzubringen, besonders dann, wenn zerbrechliche Körper vor Unheil zu schützen sind. Kinderverführer ins Gefängnis zu stecken oder mißhandelte Kinder aus der Familie zu nehmen, ändert natürlich nicht das Rezept bei Mißhandlungen, das von Generation zu Generation weitergegeben wird. Zuallererst ist das menschliche Leben und Recht zu schützen. Die einzige Regel ist die, sich darüber im klaren zu sein, wessen Hut man trägt: den der sozialen Kontrolle oder den einer systemischen Änderung." (ebd.)

Dieses ausführliche Zitat belegt einmal mehr die Unzulänglichkeiten der Familientherapie zweiter Ordnung. Die Autorin, die zu den reflektierteren Autoren/Autorinnen der neuen Richtung gehört, räumt immerhin die Existenz einer physikalischen und sogar einer sozialen Welt ein. Wie sie sozialen Phänomenen in der Therapie gerecht wird, darüber gibt ihre Zusammenarbeit mit den Mailänder Therapeuten Boscolo und Cecchin Aufschluß, die unten untersucht wird.

Der Realität der bürgerlichen Gesellschaft und ihrer Familie kann sich auch Familientherapie zweiter Ordnung nicht ganz entziehen. Die Diskussion um Inzest (Boscolo u. a. 1988; Cecchin 1988) haben Therapeuten Mailänder Provenienz zu Kurskorrekturen bewogen, zu denen ich bei Boscolo und Cecchin noch kommen werde (s. 6.3.).

Gewalttätigkeiten und sexuellen Mißbrauch trauen auch sie sich nicht mehr positiv zu konnotieren (vgl. Lane/Russell 1987, 117). So besinnt sich Hoffman auf *alte* strategische Methoden (z. B. Haley 1978; Watzlawick u. a. 1969 etc.), also Techniken, die sie in ihrem Standardwerk (Hoffman 1982) noch ungeniert gefeiert hat, und bestätigt unsere Einschätzung (Körner/Zygowski 1988 a; Körner 1989), daß diese problematischen Methoden für Familientherapeuten akzeptabel sind. Gegen soziale Kontrolle von Familien durch Systemtherapeuten (Körner/Zygowski 1987) hat Hoffman ebenfalls nichts einzuwenden. So fällt Hoffman immerhin auf, "daß man nicht neutral sein kann und Elternteil, Lehrer oder Polizist". (ebd.)

Die Autorin fordert geradezu die Einführung der Moral, die durch systemische Interventionen aus der Familie verbannt werden sollte (Buchholz/Huth 1983). Sie stimmt feministischen Kritikerinnen wie MacKinnon und Miller (1987) zu, daß "man soziale Ungerechtigkeiten nicht angreifen kann, ohne sich auf Macht zu beziehen oder 'Neutralität' aufzugeben" (ebd.), kann sich gleichzeitig aber einen vermeintlich guten Rat nicht verkneifen: "Der Feminismus (und die meisten aktiven Bewegungen) kann sich noch die Einsichten der Kybernetik zunutze machen; ich denke, dies würde zu einer immensen Stärkung führen." (ebd.)

Die erneute Wende in den Familientherapien führe zu einer Orientierung auf einen "imaginalen Rahmen - die Idee PLATONischer Ideen in kybernetischer Verkleidung" (ebd., 91), mit der der alte behaviorale Rahmen überschritten werde.

In diesen Kontext passe der Begriff "Familientherapie" immer weniger. Es werde immer weniger möglich, eine medizinische Analogie für sogenannte psychiatrische Probleme zu verwenden. Für die neue systemische Therapie bedeutet die vollzogene Verabschiedung von der Realität (s. o.) psychischer Probleme mit ihren Bedingungen und Ursachen folgende Bestimmung dieser Phänomene: "Diese Probleme fallen mehr in die Kategorie der Zauberei - kollektive Illusionen, die aufzulösen, anstelle biologischer oder sozialer Einheiten, die zu heilen sind. Dementsprechend wird ein Problem am besten als Ökologie des Denkens beschrieben, an dem lebende Systeme auf verschiedenen Ebenen teilhaben." (ebd.)

Obwohl alle Definitionen von "Problemen" recht vage bleiben, meint die Autorin Tendenzen der Familientherapie zweiter Ordnung ausmachen zu können. Künftig werde das "Problem-System in seinem menschlichen Kontext stärker dargestellt." (ebd.) Dabei werde man sich weniger der Familie zuwenden. Eigentlich müßte sich Familientherapie zweiter Ordnung ganz von der Institution Familie abwenden, da es sie theoretisch ja gar nicht zu geben hat (s. o.). Die versprochene Änderung der Methoden: Abkehr von offen direktiven autoritativen Formen oder verdeckten direktiven Strategien, müßte sich erst noch als Verbesserung in dem Sinne erweisen, Schäden der Familienmenschen zu reduzieren. Die Ausführungen Hoffmans und anderer Autoren der neuen Familientherapie (z. B. Keeney 1987; Goolishian und Anderson 1988; de Shazer 1988 u. a. m.) zur Therapie lassen Skepsis aufkommen.

Der unter systemischen Denkern üblichen Megalomanie kann sich allen Beteuerungen zum Trotz (s. o.) Familientherapie zweiter Ordnung doch noch nicht ganz entziehen (s. ebd., 92). Von diesen Forschungen ist nicht viel zu erwarten, wenn sie tatsächlich von den Maturanaschen Konzeptionen wie z. B. der Negierung "instruktiver Interaktion" wesentliche Erkenntnisse beziehen wollen. "Wesentliche Einsichten, die diesem Wissen entstammen, sind in MATURANAs radikaler Aussage zusammengefaßt, daß es in der Welt der Lebenden keine instruktive Interaktion geben kann. Diese Auffassung wird im Bereich systemischer Therapien für eine lange Zeit vermutlich mehr als alles andere wiederklingen. Es liegt jetzt an uns, ein nichtverwirrendes, nichtzweckgebundenes Vokabular für Veränderungen zu finden, das diese Art der Organisation respektiert. Wir müssen so von/über uns denken, als seien wir alle E. T.s" (Hoffman 1987, 92). Das Statement verschlägt dem Kritiker die Sprache, da er den genannten Film nicht kennt.

6.3. Familientherapie zweiter Ordnung in Aktion: Untersuchung eines Therapiebeispiels

Aus zwei Gründen habe ich diese Therapie ausgesucht.[12] Zunächst einmal wegen der Relevanz und Brisanz[13] des nach meiner Einschätzung wichtigsten Problems in der Familie, des Vater-Stieftochter- und vermutlich auch Vater-Tochter-Inzests.[14] Zum anderen fand ich die systemische Aufarbeitung dieser Behandlung sehr interessant, werden doch letztlich die Therapeuten von der gesellschaftlichen Realität, in der sie leben und die sie theoretisch negieren, eingeholt, nämlich vom bürgerlichen Staat. Und so kommt es zu einem auch den Kritiker versöhnlich stimmenden Schluß, daß dem so oft kritisierten Staat zugebilligt werden muß, er bewahre mit Hilfe seiner Gesetzgebung die Familientherapie zweiter Ordnung vor Fehlern.

Auch Boscolo und Cecchin akzeptieren diese staatliche Aufbesserung ihrer Behandlungsmethoden (vgl. Boscolo u. a. 1988, 228; Cecchin 1988, 195 - 197), die sie vermutlich infolge von theoretischer Kritik nicht vorgenommen hätten.

6.3.1. Familie B.: Darstellung ihrer Behandlung[15]

Boscolo und Cecchin hatten drei Gespräche mit der Familie B.: eine Interventionssitzung und zwei Katamnesen, über einen Zeitraum von anderthalb Jahren.

Methodisch gilt die Intervention als Familientherapie zweiter Ordnung, d. h. sie ist "von der Kybernetik zweiter Ordnung und Humberto MATURANAs Formulierung der strukturellen Autonomie lebender Systeme beeinflußt. Das Aufkommen der Kybernetik zweiter Ordnung führte weg von der Vorstellung eines 'objektiven' Beobachters, der ein System in vorsagbarer Weise beeinflussen will. Außerdem sind wir immer stärker gezwungen, diejenigen Ereignisse im System zur Kenntnis zu nehmen und zu respektieren, die die selbsterzeugende Aktivität der Familie repräsentieren - das ist gemeint, wenn das Mailänder Team sich auf die Selbstheilungskräfte der Familie bezieht. Dieser Gedanke stammt von MATURANA, der aussagt, daß die Antwort eines lebenden Systems auf jede Verstörung durch die dem System inhärente Struktur determiniert ist. Daher kann der Therapeut nicht länger nach spezifischen Interventionen suchen, die spezifische Ergebnisse hervorbringen; vielmehr muß sie oder er eine strukturelle Koppelung mit dem System anstreben - d. h. den Punkt, wo sich die Interaktion zwischen Therapeut und Familie in kontinuierlicher Kalibrierung befindet, und wo diese Kalibrierung im Dienst der Selbstorganisationskapazität des Systems steht." (Boscolo u. a. 1988, 128 f.).

Das erste Gespräch wurde 1980 geführt, und zwar auf Veranlassung von Frau Dr. S., die mit der Familie drei Therapiesitzungen gestaltet hatte. Familie B., das sind Frau B., Herr B. (beide Anfang 40), Diane (16, i. P.), Dori (14) und Lisa (21), Tochter der Mutter aus erster Ehe.

Die Therapeutin S. sorgte sich um Lisa, die einen ernstzunehmenden Suizidversuch unternommen hatte.

In der dritten Therapiestunde von Dr. S. "offenbarte die Mutter, daß ihr Ehemann mehrere Versuche unternommen hatte, sich Lisa sexuell zu nähern, wobei unklar blieb, ob es zum Geschlechtsverkehr gekommen war.[16] Die Mutter erzählte Dr. S., Lisa habe sich darüber beklagt, daß ihr Vater (tatsächlich ihr Stiefvater[17]) sich seit ihrem 9. Lebensjahr sexuell von ihr angezogen fühlte. Frau B. erwähnte beispielsweise, daß ihr Mann Lisa durch Löcher beobachtet,[18] die er in ihre Schlafzimmerwand gebohrt hat. Die Mutter berichtete, sie habe zu verhindern versucht, daß ihre anderen beiden Töchter von diesem Verhalten ihres Vaters erfahren. Obwohl die Eltern über das meiste verschiedene Ansichten hatten (auch über den Inzestbericht/die Beschuldigung)[19], stimmten sie darin überein, daß Dr. S. über diese Angelegenheit mit Diane und Dori *nicht sprechen dürfe*. Die ausdrückliche Anweisung seitens der Eltern, den jüngeren Töchtern gegenüber 'das Geheimnis zu bewahren', blokkierte den Therapiefortschritt." (125)

Daher und aus Angst vor einem weiteren Suizidversuch riet Frau S. zu einer Konsultation der Familie durch die Mailänder Spezialisten. Die Eltern (nicht die Familie, das System etc.) waren dazu nur unter folgender Bedingung bereit: "Sowohl der Konsultant, Dr. BOSCOLO, als auch sein Team, Dr. CECCHIN und Dr. S., mußten ebenfalls ihre Forderung akzeptieren, nicht über das Inzest-Verhalten des Vaters zu sprechen."[20] (125) Wobei unklar bleibt, ob die gleiche Regelung für Boscolo/Cecchin gilt: also nur über sexuellen Mißbrauch reden, in Abwesenheit der unbeteiligten Kinder.

Lisa war bereits mehrfach aus dem gemeinsamen Haushalt ausgezogen und hatte zum Zeitpunkt der Konsultation eine eigene Wohnung (182).

Für die Familie B. stellten die Mailänder die Hypothese auf, "daß zwischen Lisa und der Mutter einmal eine starke Bindung bestanden hatte, die zum Schutz der zweiten Familie geleugnet wurde. Das Team hatte den Eindruck, daß, hätten Lisa und ihre Mutter ihre enge Verbindung gezeigt, sie nicht nur zum stärksten Paar in der Familie geworden wären, sondern es hätte auch die Vorherrschaft der zweiten Familie in Frage gestellt. Um die zweite Familie weiterhin zu schützen und gleichzeitig das Band zwischen Lisa und ihrer Mutter wiederherzustellen, konstruierten sie ein Ritual: Mutter und Lisa sollten einen Tag in der Woche so zusammen verbringen, wie sie es wollten und niemanden erzählen, was sie zusammen gemacht hatten. Dieser Tag sollte ein 'Geheimnis' zwischen den beiden sein." (129)

Begründet wird die Verschreibung des Rituals so: "Das Ritual beinhaltete zwei wichtige Aspekte für die Familie: Erstens erhielt Lisa die Möglichkeit, herauszufinden, ob ihre Mutter sie *eindeutig* akzeptierte oder nicht; zweitens überließ es die Mutter an den übrigen sechs Tagen *eindeutig* Lisas Schwestern. Die Mehrdeutigkeit der Bande zwischen Lisa und der Mutter wurde vom Ritual durchbrochen; ihre 'starke' Beziehung wurde sowohl eingeschränkt als auch unterstrichen und die Vorherrschaft der zweiten Familie wurde nicht berührt. Das 'Geheimnis' des gemeinsam verbrachten Tages berührte allerdings 'das Geheimnis' des inzestuösen Verhaltens zwischen Vater und Lisa. An die Wiederherstellung der Beziehung zwischen Lisa und der Mutter als einer offenen und starken war die Hoffnung geknüpft, daß das inzestuöse Verhalten unterbleiben würde,[21] da die Mutter fähig sein würde, sich deutlich mit Lisa zu verbünden, ohne ihre zweite Familie aufs Spiel zu setzen." (129 f).

Diese Konsultationssitzung wird von Penn so eingeschätzt, "daß die erste Konsultation zu erfolgreich war, denn die Familie[22] weigerte sich in der Folge, mit ihren Problemen zur Therapeutin zu kommen." (130)

Zu einer Katamnese nach 6 Monaten kamen nur die Eltern (Grund?). Boscolo schätzte die Situation der Familie so ein: "Wir waren erfreut zu erfahren, daß Lisa viel glücklicher war, eine Arbeit hatte und mit einem Freund zusammenlebte, der sie heiraten wollte. Die Mädchen standen sich aus der Sicht der Mutter alle viel näher, und die Beziehung zwischen ihr und Lisa war jetzt sehr gut. Trotzdem hatte sich die Beziehung zwischen den Eltern verschlechtert, und es schien, als fühlte sich der Vater mehr denn je außen vor." (222)

In der zweiten Nachuntersuchung (1 1/2 Jahre später) kamen alle (s. auch 130 f.) Familienmitglieder und Lisas kleiner Sohn mit (222). Der Vater verhinderte die Videoaufzeichnung der Sitzung und ließ Cecchin vor dem Spiegel bei der Familie Platz nehmen. Der Vater war nach Boscolos Einschätzung sehr wütend.

"Er sagte: 'Setzen Sie sich hin!' Ich setzte mich hin und begann zu fragen. Ich fragte, wie die Dinge standen, und sie sagten, daß Diane zunehmend rebellisch geworden sei und die Forderung stellte auszuziehen, um entweder allein oder bei Lisa zu wohnen. Je mehr die Eltern sich ihr widersetzten, um so rebellischer wurde sie. Ich fragte Lisa, ob sie wollte, daß ihre Schwester käme und bei ihr lebte, und sie stimmte zu, habe aber das Gefühl, es würde schlecht für ihre Eltern sein, und daher war sie ambivalent. Die Situation war bis zu dem Punkt eskaliert, an dem Diane den Schulbesuch verweigerte und letztlich in einer psychiatrischen Klinik Zuflucht suchte. Sie hatte gesagt: 'Ich gehe hier nicht 'raus, ehe ihr mir nicht erlaubt, entweder allein zu wohnen oder zu meiner Schwester zu ziehen.' Während der Sitzung war sie ärgerlich, aber kohärent. Sie sah nicht verrückt[23] aus. Sie war freiwillig ins Krankenhaus gegangen und wollte jetzt 'raus. Lisa fühlte sich unbehaglich, und ich war neugierig, warum Lisa dermaßen irritiert war. Meine emotionale Reaktion war Enttäuschung. Ich fand, sie sollte mir dankbar sein; ich dachte also als Therapeut. Ich stellte ihr einige Fragen, und sie sagte, daß sie verheiratet war, gut mit ihrem Ehemann auskam usw. Und daher fragte ich sie, warum sie so ärgerlich war. Ich mußte diesen Zweifel auflösen. Sie sah mich an und sagte: 'Weil Sie Ihre Arbeit nicht zu Ende geführt haben!' Sie zeigte auf Diane. 'Sie haben mir geholfen, uns aber dann allein gelassen.'[24] Die ganze Familie nickte in Übereinstimmung mit Lisa. Sie waren wütend auf uns, weil sie das Gefühl hatten, wir hätten ihnen geholfen, waren aber gegangen, ohne unsere Arbeit zu beenden. Wir gingen hinaus und berieten, was wir tun sollten. Wir fühlten uns in einem klassischen Paradoxon. Unser Dilemma war folgendes: Würden wir Therapie machen, wären wir im Irrtum, weil wir Konsultanten waren; machten wir aber keine Therapie, wären wir im Irrtum, weil die Familie unglücklich war." (223)

Aber auch aus dieser Zwickmühle können sich die Mailänder befreien: "Nach unserer Beratung ging ich zurück zur Familie und sagte in einem Tonfall, der sehr nach Gebet oder Litanei klang: 'Ich habe mich mit meinen Kollegen beraten und wir verstehen, warum Sie ärgerlich sind. Wir verstehen auch, warum Diane beschlossen hat, ins Krankenhaus zu gehen, warum sie nicht zu Hause bleiben will, und warum sie entweder allein oder bei Lisa leben möchte. Weiter verstehen wir, warum Lisa sie einerseits bei sich einziehen lassen möchte, dies andererseits nicht zulassen kann. Und wir verstehen, warum die Eltern nicht möchten, daβ Diane allein oder bei Lisa wohnt. Wir verstehen das alles, können Ihnen aber unser Verständnis all dieser 'Warums' nicht mitteilen, weil wir nicht Ihre Therapeuten sind.'" (223)

Nach Boscolos Bericht sei der Effekt seiner Litanei dramatisch gewesen. Boscolo fuhr mit seiner Intervention fort: "'Wir sind mit Ihnen der Meinung, daβ die Arbeit nicht vollendet ist, aber wir können sie nicht zu Ende führen, weil wir nicht Ihre Therapeuten sind. Alles, was wir sagen können, ist, daβ wir denken, daβ Sie Kontakt mit einem hiesigen Familientherapeuten[25] aufnehmen sollten. Wenn Sie sich dafür entscheiden, dann werden wir dem Therapeuten alles erzählen, was wir von Ihrer Familie verstehen,[26] weil der Therapeut in der Lage sein wird, Therapie zu machen. Aber Ihnen können wir das nicht sagen, weil wir uns dann benehmen würden, als seien wir Therapeuten, was wir aber nicht sind.'" (224)

Boscolo "hatte das Gefühl, daβ die Familie alles begriff. Das war eine sehr machtvolle Intervention, machtvoller, als hätten wir ihnen gesagt, was wir von ihnen verstanden hatten." (224)

Boscolo vermutete, daβ Diane in der Klinik bleiben wolle, "um der Situation zu entgehen, in der Lisa sich zuvor befunden hatte. Sie deutete an: 'Wenn ich nach Hause gehe, werde ich in die gleiche Beziehung zu meinem Vater geraten.'" (227)

6.3.2. Kritische Analyse der Therapie

Die Charakteristika des Mailänder Modells (Selvini Palazzoli u. a. 1981) Zirkularität, Neutralität, Hypothetisieren sollten in der vorgestellten Behandlung sehr deutlich werden. Da die Therapie schon ca. fünf Jahre vor der Publikation des Buches abgeschlossen war, unterstelle ich, daβ sie Boscolo, Cecchin, Hoffman und Penn so gelungen erschien, daβ keine neuere Therapie oder Konsultation[27] eine vergleichbare therapeutische und didaktische Qualität erreicht.

Die theoretischen und moralischen Versprechungen dieser Art von Systemtherapie sind (s. o.) erwähnt worden.

Aus der Sicht der Autor(inn)en sticht die Methode Boscolos und Cecchins hervor, "die Auswirkungen des Geheimnisses ständig auszusprechen, ohne jemals Bezug auf dessen Inhalt zu nehmen" (ebd., 119), und sie unterstellen, ihre Technik liefere "ein neues Modell zur Bewältigung dieses wohlbekannten Dilemmas in der Familienarbeit" (ebd.).

Ich nehme an, daß Schüler/innen der Mailänder bei diesem Fall nicht nur ganz abstrakt erfahren, wie man mit einem x-beliebigen Familiengeheimnis therapeutisch umgeht, sondern sie werden vor allem lernen, wie das "bestgehütete Geheimnis" (Rush 1984[2]), der sexuelle Mißbrauch/Übergriff oder Inzest[28], systemtherapeutisch zu behandeln ist.[29]

Da der Inhalt des Familiengeheimnisses die Therapeuten nicht interessiert, können sie die Behandlung als Modell für den Umgang mit Familiengeheimnissen ganz allgemein anbieten, obwohl ihnen auch in ihrer Sicht einige Fehler unterlaufen sind (s. ebd., 177, 203)

Boscolo als Therapeut sieht im nachhinein folgende Fehler: "Ich glaube, daß die Intervention der ersten Sitzung ein Fehler war, weil wir die Therapeutin an die falsche Stelle setzten. Darin besteht immer eine Schwierigkeit. Wenn der Therapeut den Konsultanten dazu bittet, übermittelt er der Familie die Botschaft: 'Ich bin festgefahren und brauche deswegen eine Person, die besser ist als ich.' Er setzt sich selbst herunter. Wir hätten die erste Intervention an die Therapeutin richten können, indem wir gesagt hätten: 'So sehen wir die Lage, und jetzt wollen wir Ihnen zwei Ratschläge geben.' Der erste Ratschlag hätte darin bestanden, der Therapeutin die Vorstellung zu vermitteln, Mutter und Tochter zusammenzufügen. Der zweite Rat wäre, der Therapeutin zu sagen, sie sollte mit der Familie in der nächsten Sitzung genau darüber sprechen, und daß sie und die Familie eine Einigung darüber erzielen müßten, ob sie der Empfehlung folgen wollten oder nicht. Ich glaube, das hätte die Therapeutin wieder an ihren Platz gestellt.

HOFFMAN: Sie würden deinem Rat folgen, selbst wenn sie sich entschlössen, ihn nicht zu befolgen.

BOSCOLO: Ja. Und das hätte die positive Beziehung zwischen der Therapeutin und der Familie wieder hergestellt. Hätten sie einen Therapeuten gehabt, wäre die Familie vielleicht nicht in die Sackgasse geraten, in der sie sich befand, die ich als sehr gefährlich ansah. Wahrscheinlich wollte Diane im

Krankenhaus bleiben, um der Situation zu entgehen, in der Lisa sich zuvor befunden hatte. Sie deutete an: 'Wenn ich nach Hause gehe, werde ich in die gleiche Beziehung zu meinem Vater geraten.' Und die Eltern kämpften darum, sie zurückzugewinnen. Diese Situation hätte sich verschlechtern können, wenn das Mädchen ihre Symptome hätte steigern müssen, um in der Klinik bleiben zu können.

HOFFMAN: Soweit Du weißt, geschah das nicht?

BOSCOLO: Nein." (226 f.)

Bei der behandelnden Familientherapeutin liegt auch aus meiner Sicht der Ansatzpunkt für eine Revision und für die Vermeidung von Therapien, die den Inzest nicht unterbinden, sondern darauf hoffen, daß ominöse Selbstheilungskräfte des Systems den sexuellen Mißbrauch überflüssig machen.

Die Therapeutin S. wußte um den Inzest, damit war er *kein Geheimnis* mehr. Statt der Therapeutin geeignete Maßnahmen[30] zu empfehlen, die weitere sexuelle Übergriffe unmöglich machten, nutzten Boscolo und Cecchin den Inzest dazu, ihr Können im Umgang mit Familiengeheimnissen zu demonstrieren und sich gleichzeitig mit der vagen (und unrealistischen) Hoffnung zu begnügen, daß der sexuelle Mißbrauch durch ihre systemische Intervention aufhöre. Enders (1989, 9) weist darauf hin, daß "Praxisberichte aus den USA und erste Erfahrungsberichte aus der Bundesrepublik Deutschland belegen, daß häufig neben der Familientherapie zu Hause der Mißbrauch ohne TherapeutInnen weiterläuft." Auch nach "erfolgreicher" Familientherapie seien die Kinder "zu Hause weiterhin Opfer fortlaufender sexueller Gewalt." (ebd.) Steinhage (1989, 122) bemerkt: "Mehrere Mädchen und Frauen berichteten mir, daß der Vater sie auch während der Dauer der Therapie weiter sexuell mißbraucht hat."

Über die Trennung der Eltern/der Familie wurde in der Therapie diskutiert (183 - 186), und sie wird von den Mädchen begrüßt, die alle mit der Mutter gehen möchten. Aber diese Lösung des sogenannten Systems ist für die Systemtherapeuten nicht akzeptabel, würde wohl das Mailänder Neutralitätsgebot verletzen, da sie als Parteinahme für die Kinder und die Ehefrau erscheinen könnte, jedenfalls keine vermeintlich überparteilich neutrale Stellung zum Familiensystem wäre, zu dem auch der Vater/Ehemann gehört.

Die Sorge der Mailänder gilt dem Schutz ihrer Neutralität. Zu diesem Zweck legen sie sich folgende Perspektive zu: "Vom Standpunkt des Systems aus gesehen, kannst Du jedes Familienmitglied entweder als Opfer oder als Angreifer[31] sehen. Diese Übung stellt alle diese unterschiedlichen Standpunkte einander gegenüber. Zum Schluß kämpft der Therapeut gegen das Spiel,[32] nicht gegen die Leute." (188)

Damit alle Familienmitglieder in dem familienfreundlichen System der Mailänder gefangen bleiben, bieten sie als allgemeine Prämisse an, daß kein Familienmitglied mit einer negativen Bewertung die Sitzung verlassen solle.

Cecchin präzisiert diese Universalprämisse für Familie B.: "Nimm den Vater in dieser Familie. Er kann nicht mit der Konnotation weggehen, ein schlechter Mann, ein inzestuöser Vater zu sein. Er wartet darauf, als guter Vater, als guter Mann zu gehen. Die Mutter kann niemals als schlechte Mutter gehen, die den falschen Mann geheiratet und ihre Tochter diesem inzestuösen Vater überlassen hat. Die Töchter schließlich können nicht mit dem Gedanken gehen, etwas getan zu haben, was die Ehe zerstört." (189)

Die Mailänder bringen unausgesprochen ihre familienfreundliche Moral ins Spiel: sie können sich einfach nur Individuen als Familienmenschen vorstellen, denen für ihre Familie jedes Mittel und jedes Opfer recht ist. Warum sollten denn sonst die Töchter, besonders Lisa und Diane, nicht mit dem Gedanken gehen können, zur Aufhebung oder Zerstörung der Ehe beigetragen zu haben. Es soll nicht bestritten werden, daß Inzest-Opfer Probleme mit der Entfernung des Täters aus der Familie haben. Es ist sogar als wahrscheinliches und kritikables Resultat familialer Sozialisation zu erwarten (vgl. 3.5.2.2.2. und z.B. 5.1.2.).

Zur Sicherung der therapeutischen Neutralität werden für alle drei angeblich Beteiligten Fallen konstruiert, so daß letztlich niemand für den Inzest verantwortlich ist (ebd., 164).

Boscolo hat Probleme: "Es ist schwierig, neutral zu sein, wenn Du von Inzest und einem ernsthaften Suizidversuch weißt und die Familie[33] sich weigert, diese als Problem anzuerkennen. Für sie bestand das Problem nur darin, daß Diane sich mit ihrem Vater stritt. Der Therapeut befindet sich in der Klemme." (ebd., 168).

Eine zeitlang soll in der Familie Gleichgewicht geherrscht haben: "Die Mutter hatte Lisa und der Vater hatte Diane" (174). Weil das momentan nicht so ist, gelten dem Therapeuten die Eltern als das "verzweifelte Paar", das versucht, "die anderen Paare aufzubrechen," was getreu dem neuen, Maturana entlehnten Standpunkt, als Selbstheilungskraft des Systems zu gelten hat (174). Cecchin: "Ja. Es ist faszinierend. Das System findet eine Lösung, sich selbst zu heilen. Lisa hatte die Großmutter gefunden; die beiden jüngeren Mädchen fanden einander. Und die Eltern suchen nun nach einem Therapeuten, um den Prozeß umzukehren." (ebd.)

Für alle Therapeuten, die es noch immer nicht begriffen haben, wie sie mit echten und konstruierten Familiengeheimnissen zu verfahren haben, betont Cecchin: "Die Tatsache, daß etwas ein Geheimnis ist, ist wichtiger als der Inhalt des Geheimnisses" (178); denn es sei allemal eine Falle, wenn Klienten den Therapeuten ein Geheimnis anvertrauen wollen. "In der Regel wollen sie dir etwas sehr Triviales erzählen. Ihre wirkliche Absicht besteht darin, eine Allianz mit dir zu schaffen ..." (178) Ist das Geheimnis relevant (wie hier), wird es von den Mailändern nach der Formel trivialisiert, daß der Inhalt nicht so wichtig sei (s. o.).

Boscolo stellt fest, daß Frau B. seit zwei Monaten an einer Trennung interessiert ist (199), Cecchin sagt, daß die Töchter eine Trennung für die bessere Lösung hielten (198). Nur Herrn B. unterstellt kein Therapeut Trennungsabsichten.

Doch statt eine Therapie für die Inzestopfer zu versuchen, schlägt Cecchin bei der Teambesprechung innerhalb des Therapiesettings dem Therapeuten Boscolo vor, er würde Frau B. fragen: "'Warum möchten Sie so sehr, daß Ihr Mann Ihre Tochter liebt? Waren Sie nicht genug für ihn?'" (198)

In der Aufarbeitungsphase rühmt sich der gleiche Therapeut des Mutes, ungewöhnliche Fragen zu stellen, "z. B. der Mutter: 'Glauben Sie, daß Sie Ihrem Mann genügen?' Das ist eine ziemlich dramatische Frage. Es hört sich wie eine Interpretation an, wird aber als Frage gestellt: 'Reichen Sie Ihrem Mann nicht, so daß Sie ihm Ihre Töchter geben müssen?' In einem anderen Therapiestil würde man lange damit warten, eine solche Frage einzuführen." (199)

Schon die Therapeutin S. bringt den typisch systemischen Gedanken ins Spiel, daß die Mutter mitschuldig ist (Rijnaarts 1988, 158 f.): sie sorge sich kaum um Lisa, sondern wolle ihren Mann nur anschwärzen (131), was ja wohl bedeutet, ihn zu verleumden. Das heißt, Dr. S. glaubt nicht, daß ein Stiefvater-Tochter-Inzest vorliegt.

Boscolo hält es für möglich, daß Frau B. "die inzestuösen Verhaltensweisen ihres Mannes aus Angst davor akzeptierte, die zweite Ehe würde in die Brüche gehen, wenn sie es nicht täte" (158 f.).

Den systemischen Gemeinplatz, daß die Mutter am Inzest schuld ist, mag auch Boscolo nicht auslassen, wenn er darauf besteht, daß Lisa "ihrer Mutter zu nahe" (162) war (s. auch Rijnaarts 1988, 208).

Die Verantwortung der Frauen wird mit der bekannten Triadenkonstruktion suggeriert, die jüngst kritisiert wurde (Welter-Enderlin 1987, 267 f.; Layton 1988; s. 2.). Die Folgen der kritisierten Anwendung von systemischen Kategorien wie der Triade führt bei sexuellem Mißbrauch zu folgender Beurteilung: "Mutter und Tochter (Lisa) müssen sich z. B. so nahe gestanden haben, daß sich der Vater ausgeschlossen fühlte. Also muß die Mutter der Tochter sagen: 'Geh zu deinem Vater.' Sie können es nicht ertragen, den Vater ausgeschlossen zu haben, daß er leidet. Und als die Tochter zum Vater geht, fällt die Mutter ihm in den Rücken: 'Laß sie in Ruhe. Du machst alles falsch.' Und als Mutter und Vater miteinander auskommen, erhält die Tochter die Botschaft: 'Ich zähle nicht. Ich existiere nicht.' Also kann sich kein Paar bilden, ohne den Dritten zu zerstören. Jeder mischt sich bei jedem anderen ein. Jeder fühlt sich schuldig, wenn er mit jemand anderem zusammen ist. Jeder beschuldigt irgendeinen anderen. Sie sind alle in der gleichen Situation gefangen." (173) Nach dieser Bestimmung erweist sich eindeutig die Mutter als Hauptschuldige, da sie gegen ihre Ehepflichten verstoßen hat (s. o.).

Cecchins alternatives Erklärungsmuster schiebt der Mutter noch deutlicher die Schuld am Zerwürfnis Diane - Vater zu. Sie könnte "Diane eine Botschaft über das inzestuöse Verhalten des Vaters vermittelt haben" (174), aber nicht etwa, um sie zu schützen, sondern "um die Beziehung zwischen dem Vater und Diane aufzubrechen."[34] (174)

Aus der Mailänder Perspektive kann es nicht verwundern, daß Frau B. alle verwirrte, da sie wünschte, daß Herr B. und Lisa sich akzeptieren. "Es ist die Mutter, die konfuse Botschaften übermittelt." (198)

Boscolo assistiert seinem Kollegen Cecchin: "In Wirklichkeit wollte die Mutter, daß ihre Tochter den Ehemann liebte, weil sie Angst davor hat, er werde sie verlassen. Es ist interessant, daß alle drei sagten, sie würden zur Mutter gehen, als ich sie fragte, wer im Fall einer Trennung zu wem gehen würde. Anfangs widersprach die Mutter, weil der Vater eines der Mädchen vorzog. Sie hatte die beiden anderen, aber das reichte ihr nicht. Sie war eifersüchtig auf die Beziehung zwischen Diane und dem Vater. Der Vater sollte überhaupt kein Mädchen haben. Sie wollte sie alle. Das ist ein verrücktes Spiel. Ich sehe Lisa in einer sehr mißlichen Lage. Die beiden anderen befinden sich in einer weniger schwierigen Situation, weil sie ihre eigene Ehe[35] geschlossen haben, losgelöst von den Eltern." (198)

Bei der selbstkritischen Überprüfung ihrer Vermittlerposition in den Familienstreitereien half Frau B. ein Mensch, den sie "Psychologen" nennt, und den Boscolo umstandslos als "Psychologin"[36] identifiziert (201 f.).

Die Mailänder stellen fest, daß es möglich sein könnte, daß die Psychologin Frau B. unterstützte, sich nicht als Versagerin zu fühlen, wenn sie sich von Herrn B. trennte. "Bevor sie diese Fachleute sah, glaubte sie, eine Niete zu sein, wenn sie die Ehe aufgäbe. So ist es möglich, daß die Therapeutin sie veranlaßte, ihre Ansicht zu ändern. Therapeuten können oft diese Wirkung auf Familien erzielen. In Einzeltherapien passiert es oft, daß die Therapie 'gut' läuft, und die Familie oder das Paar auseinandergeht."[37] (203)

Dieses Interesse an der Aufrechterhaltung der Familie, auch um den Preis eines Inzestes, wird selbst Cecchin zu verräterisch, so daß er abschwächt:

"Das ist an sich nichts Schlechtes. Schlecht ist, wenn sie sich auf schwierige, wütende Art trennen, verwirrte Kinder und Schuldgefühle hinterlassen, die ihnen lange Zeit anhängen. Wenn der Bruch mit einer neuen Art, in der Familie zu denken, einhergeht, ist das anders."[38] (203)

Aber auch bei letzterem wird das Interesse an einem familienfreundlichen Umgang offenkundig. Was soll nur ein trennungswilliger Ehegatte machen, wenn er Cecchins Bedingungen nicht erfüllen kann? Welche Trennung oder Scheidung geht so friedlich über die Bühne und ist gar mit einem neuen Denken verbunden? Die beiden Mailänder machen aus ihrem fanatischen Festhalten an einer Familienmoral keinen Hehl, sondern fordern recht unverblümt die Erfüllung der Familienpflichten. Selbst Cecchin glaubt, daß Herr B. eventuell nach Lisas Auszug Diane sexuell bedrängt haben könnte, und er weiß auch eine anscheinend alle Autorinnen und Autoren überzeugende Erklärung:

"Da er seine Frau nicht haben kann, muß er mindestens eine Tochter haben." (174) Eine solche Argumentation leuchtet Mailänder Systemtherapeuten, und zwar Männern wie Frauen, allemal ein. Jedenfalls rührt sich kein Widerspruch.

Boscolo vermutet, daß Diane in der Klinik bleiben wollte, "um der Situation zu entgehen, in der sich Lisa zuvor befunden hatte." (227) Diese Kenntnisse und Vermutungen hindern die Therapeuten nicht, sich weiter besonders um die Position des Vaters zu sorgen:

"Hier kannst du die Stellung des Vaters erkennen. Er sagt, daß zur Zeit alles falsch sei, was er tue. Wahrscheinlich haben sich die Mutter und die drei

Töchter in den letzten Monaten mit der Therapeutin verbündet. Das Ergebnis dieser Allianz ist die Isolierung und Abschiebung des Vaters. Er reagiert darauf sehr logisch: 'Was soll ich machen? Alles, was ich mache, ist falsch.'"[39] (203) Cecchin empfiehlt folgendes Procedere, um "therapeutische Vorurteile zu vermeiden" (187):

"CECCHIN: Ja. Für einen Therapeuten ist es einfach, die Mutter zu mögen. Sie ist kooperativ, sie glaubt an Therapie, sie redet. Der Vater sitzt da und sagt überhaupt nichts; er handelt so, als wolle er nicht dort sein. Also müssen wir uns um so mehr anstrengen, die Situation vom Standpunkt des Vaters aus zu betrachten.

HOFFMAN: Wie würdest Du diesen Standpunkt beschreiben?

CECCHIN: Die Mutter sagt, sie müßten sich völlig aussöhnen. Nichtsdestotrotz gibt es eine starke Botschaft, der Vater solle gemieden werden, weil er Inzest betreibt. So sagen alle Mädchen, daß sie nicht mit ihm gehen wollen. Der Vater befindet sich in einer schwierigen Lage. Er erhält die Botschaft: 'Wir mögen dich nicht. Wir müssen dich meiden.' Gleichzeitig hört er: 'Du mußt dich aber mit uns versöhnen.' Wie kann er sich aussöhnen, wenn er diese Mitteilungen erhält?[40] Wenn er geht, werden alle sagen: 'Schön, wir wollen dich nicht.' Zugleich wird er beschuldigt werden, die Familie im Stich zu lassen.[41] Wenn er aber versucht, sich zu versöhnen, wird ihm vorgeworfen werden, dies auf die falsche Art und Weise zu tun."[42] (187)

Wieder eine familienfreundliche, aber frauenfeindliche Unterstellung: die Frauen / Mädchen würden dem Mann vorwerfen, er ließe sie (= die Familie) im Stich. Die Therapeuten zitieren keine Äußerung, die ihre Annahme stützt.

Cecchin verrät seine Parteinahme für den Vater, wenn er Boscolo und sich auffordert zu fragen:

"'Warum zeigt[43] der Vater dem Mädchen gegenüber inzestuöses Verhalten? Was ist mit ihm passiert? Welche Bedeutung hat der Inzest? Warum muß er mit Lisa sexuell verkehren?'" (198) und damit suggeriert, der arme Mann habe keine andere Wahl. Über die Motive ließe sich dann nur noch spekulieren.

Überhaupt darf der biografische Hintergrund des Mannes nicht interessieren, da sonst die Gefahr einer negativen Konnotation bestehe:

"'Möglicherweise existiert eine Erklärung dafür, daß Sie ein solcher Mann sind'" (200). Es darf keine Erklärung geben, weil sonst keine oder eine andere Therapie gemacht werden müßte.

Eine Erklärung könnte demnach diesen Mann negativ bewerten, verletzen etc., wie überhaupt Erklärungen jeder Art die von den Mailändern konzipierten Systemmenschen immer nur negativ bewerten könnten, ihnen Erklärungen nie etwa Entlastung oder zumindest Selbstkritik und Verhaltensänderung ermöglichen könnten. Die Mailänder gehen gar soweit zu behaupten, Kinder könnten bei Kritik nicht erwachsen werden (s. 151).

Das Mailänder Erklärungs- und Kritikverbot enthebt nicht nur den Inzest-Täter der Kritik, sondern auch die Institutionen Staat und Familie (s. o.), die ihn produzierten. Hier zeigt sich der eigentliche "Nutzen" (Ludewig 1988 c, 109 f.) systemischer bzw. konstruktivistischer Doktrin.

Die Analyse der Stellung der Mädchen in der Familie fällt knapp aus: "Hoffman: Noch eine Frage. Worin bestand dein Ziel, als du Lisa fragtest, ob sie glaube, daß ihren Schwestern das Gleiche passieren würde wie ihr selbst?

Boscolo: Diesen Gedanken führen wir ein, weil sie Schwestern sind, der gleichen Situation ausgesetzt. Wenn ihnen so etwas ebenfalls zustoßen könnte, könnte sie sie vielleicht schützen."[44] (205)

Lisas Leistung für den Bestand der Familie wird von Boscolo so beschrieben: "Lisa hat eine Menge Aufgaben[45] zu erfüllen. Sie muß der Mutter beistehen, weil diese schlechte Ehen führte; sie muß Ersatzehemann, Ersatzehefrau, Mutter für ihre Schwestern, Schwester und Mutter für ihre Mutter sein und ab und zu[46] dem Ehemann zur Verfügung stehen. Indem sie diese Rollen einnimmt,[47] schützt sie alle und bewahrt alle Geheimnisse. Aber keiner beschützt sie. Tatsächlich wird ihr die Schuld gegeben, wenn die Ehe nicht funktioniert. Die Mutter sagt: 'Mein Mann hackt nur auf dir herum, nicht auf den anderen. Also bist du nicht gut. Gäbe es dich nicht, wäre meine Ehe besser.'" (212) D. h. auch hier gibt nur die Mutter Lisa schuld an den Ehe- und Familienproblemen.

Dabei gab sich Lisa jede erdenkliche Mühe, "alles zu tun, sie war wirklich ein perfektes Kind. Sie kümmerte sich um ihre Schwester. Sie paßte auf sie auf. Sie mußte eine Menge Verantwortung übernehmen. Sie machte das Haus sauber. Sie tat alles, was von ihr erwartet wurde." (172)

Beide Frauen dürfen sich der Anerkennung der Systemtherapeuten erfreuen, da sie ihr Soll an Familienpflichten erfüllt haben:

"Man kann sagen, daß beide etwas Wichtiges für den Ehemann getan haben. Er hätte nicht auf sie zählen können, hätten die beiden Frauen ihre Bindung offenbart. Aber die beiden offenbarten ihre Bindung nicht, zum Wohle des

Vaters wie auch der beiden jüngeren Mädchen, die sonst in der Familie nicht gezählt hätten." (213) Doch die Frauen haben aus systemischer Sicht übertrieben: "Aber Lisa und Mutter sind zu weit gegangen, und deswegen sollen sie nun einen Tag in der Woche miteinander verbringen, wobei die beiden Mädchen und der Vater sie in Ruhe lassen müssen." (214)

Mit der Verschreibung des Rituals (s. o.) sollten nicht die Mädchen (vor Inzest) geschützt werden, sondern "die zweite Familie". (129) "Das 'Geheimnis' des gemeinsam verbrachten Tages berührte allerdings 'das Geheimnis' des inzestuösen Verhaltens zwischen Vater und Lisa. An die Wiederherstellung der Beziehung zwischen Lisa und der Mutter als einer offenen und starken war die Hoffnung geknüpft, daß das inzestuöse Verhalten unterbleiben würde, da die Mutter fähig sein würde, sich deutlich mit Lisa zu verbünden, ohne ihre zweite Familie aufs Spiel zu setzen."[48] (130)

Der Mailänder Optimismus wird in der einschlägigen Fachliteratur über Inzest nicht geteilt. Der sexuelle Mißbrauch unterbleibt nicht so einfach.

Der Vorschlag für das Ritual wird von Cecchin so kommentiert: "Anstatt den Inzest zwischen Lisa und dem Vater zu kommentieren, bestünde der Inzest zwischen Lisa und der Mutter.[49] Anstatt das Geheimnis zwischen Lisa und dem Vater zu sehen, haben Mutter und Lisa eins." (213)

Boscolo schlägt vor, daß Lisa etwas von ihrer Mutter haben sollte: "Nimm einmal an, Du kreierst einen Inzest zwischen Mutter und Tochter. Das ist keine wirkliche Lösung für die Familie; die wirkliche Lösung für die Geschwister ist, zusammenzusein - die Eltern stehen auf der anderen Seite.[50] Aber ich glaube, Lisa sehnt sich erst einmal nach ihrer Mutter, die sie weiterhin zurückweist.[51] Daher denke ich, daß sie eine zeitlang mit der Mutter zusammensein sollte, um etwas mehr ein Gefühl für ihre Mutter zu bekommen.[52] Und dann können wir ein Ritual entwerfen, das alle Kinder zusammenstellt. Aber erst beim nächsten Mal, nicht jetzt." (215)

Peggy Penn gefällt die Intervention, "weil das Paar in die Familie zurückgestellt und keine Person herausgehoben wird. Sie stellt die jüngeren Mädchen nicht infrage, zumindest nicht zum jetzigen Zeitpunkt. Sie ermöglicht dem Vater, sich nicht als das Problem zu fühlen;[53] und sie setzt die Mutter-Tochter-Beziehung instand.[54] Aber in erster Linie stellt sie die Vorstellung infrage, daß die erste Familie zugunsten der zweiten ausgelöscht werden muß. Sie bestätigt die erste Familie, die in gewissem Sinne geleugnet worden ist." (216 f.)

Geradezu naiv mutet die theoretische Fundierung der Intervention an. Aus der sog. Prämisse (s. auch 6.2.), daß die erste Ehe der Mutter eine schlechte Ehe war, "weil der Vater nach Lisas Geburt wegging und das Leben der Mutter zerstörte"[55] (217), leitet Boscolo folgende Konsequenz ab:

"Nach dieser Prämisse hatte die Mutter bei ihrer Wiederheirat das Gefühl, daß diese erste Ehe eine Gefahr für die neue Ehe und für die neuen Töchter darstellte. Die Konsequenz daraus besteht darin, diese Vorstellung zu benutzen, um zu erklären, was passiert. Wenn es diese Ehe nicht hätte geben dürfen, dann erklärt genau das, warum das Mädchen suizidal ist, warum die Mutter dem Mädchen gegenüber ambivalent ist, warum Lisa die Stellung der Ausgeschlossenen akzeptiert, warum die Mutter Lisa ihrem Ehemann anbietet. Wenn wir diese Argumentation umdrehen und sagen, die Ehe sei gut gewesen, ändern alle diese Elemente ihre Vorzeichen." (217)

Dieses Beispiel deutet an, warum Mailänder Therapeuten im allgemeinen auf Erklärungen verzichten bzw. gar ein Erklärungsverbot (s. o.) erlassen: Wenn Therapeuten angesichts des sexuellen Mißbrauchs für den Suizidversuch des Opfers als Grund angeben, es hätte die erste Ehe, aus der das Opfer entstammt, nicht geben dürfen, so weist diese Erklärung auf das Interesse hin, den Täter unter allen Umständen zu exkulpieren. Daß die schlechte Ehe auch Ursache dafür sein soll, daß "die Mutter Lisa ihrem Ehemann anbietet", ist als Klischee aus der Literatur bekannt, ich habe in Anlehnung an Rijnaarts (1988; s. o.) mehrmals darauf verwiesen.

So ernst werden die Prämisse und die daraus ableitbaren Folgen auch wieder nicht genommen, da man, durch eine Umkehrung der Prämisse (*schlechte* erste Ehe verwandelt sich in *gute* erste Ehe), alle Elemente (der Ehe- und Familiengeschichte) ihre Vorzeichen glaubt ändern lassen zu können, in Analogie zur Mathematik.

Von der Verschreibung des Rituals, daß Mutter und Lisa einen Tag pro Woche gemeinsam verbringen sollten etc. (s. o.), erwartete Cecchin folgendes:

"Wir wissen aus Erfahrung, daß eine Mutter und Tochter, die in einer solchen Lage gefangen[56] sind, durch die Erlaubnis von außen, zusammenzusein, kolossale Entlastung erfahren. Wesentlich ist aber, was mit den anderen Angehörigen geschieht. Der Vater ist ebenfalls erleichtert, und wenn er erleichtert ist, wird er sich Lisa gegenüber anders verhalten. Wenn er sich ihr gegenüber anders verhält, wird sein Verhalten seiner Frau gegenüber zwangsläufig anders sein. Wahrscheinlich werden die beiden jüngeren Mädchen eifersüchtig werden und mehr Ansprüche an die Mutter stellen. Wenn Diane Eifersucht zeigt, wird Lisa sich erleichtert fühlen, weil sie merkt: 'Ich zähle auch.' Den beiden jüngeren Mädchen wurde die Botschaft übermittelt: 'Lisa zählt nicht, sie existiert nicht.' Daher kann Dianes ägerliche Reaktion Lisa enorm beruhigen. Nur so kann Lisa zu Hause ausziehen: wenn sie sicher ist, daß ihre Mutter sie liebt.

Du kannst nur zu Hause ausziehen, wenn du weißt, daß die Angehörigen dich vermissen werden. Und wenn Lisa das Feld verlassen kann, werden die anderen ebenfalls in der Lage sein, zu gehen."[57] (220)

In dem Zitat wird die verharmlosende systemische Auffassung von sexueller Gewalt einmal mehr deutlich. So sind Familientherapien: Die Therapie läuft gut, und der Inzest geht weiter.

Diese Befürchtung wird auch im nachhinein von Boscolo (227) bestätigt, der sich in der zweiten Katamnese-Sitzung noch von der Undankbarkeit der Familie enttäuscht fühlte, also von allen Familienmitgliedern Dankbarkeit für seine Leistung erwartete.

Aber nicht einmal der Vater zeigte sich dankbar, obwohl er allen Grund zur Dankbarkeit gehabt hätte, da ihm die Mailänder Intervention folgende Vorteile gebracht hatte: er wurde nicht strafrechtlich belangt,[58] er wurde durch die Familientherapie von Schuld und Verantwortlichkeit freigesprochen und er konnte mit seinen sexuellen Übergriffen fortfahren, da die Mailänder dem sexuellen Mißbrauch nur ihren systemischen Optimismus auf die Selbstheilungskräfte des Familiensystems entgegensetzen wollten.

Auch Lisa, die durch ihren Auszug den Nachstellungen ihres Stiefvaters entkommen war, ließ Dankbarkeit vermissen, obwohl Boscolo gerade von ihr Dankbarkeit erwartete, allerdings, der vorliegenden Analyse zufolge, völlig grundlos. Bei ihr erkundigte sich Boscolo nach dem Grund ihrer Unzufriedenheit.

"Sie sah mich an und sagte: 'Weil Sie Ihre Arbeit nicht zu Ende geführt haben!' Sie zeigte auf Diane. 'Sie haben mir geholfen, uns aber dann allein gelassen.' Die ganze Familie[59] nickte in Übereinstimmung mit Lisa." (223)

Den zentralen Vorwurf, daß die Mailänder die beiden jüngeren Mädchen im Stich gelassen, also den sexuellen Übergriffen des Vaters überlassen hätten, deutet Boscolo in das Gefühl um, "wir hätten ihnen geholfen,[60] waren aber gegangen, ohne unsere Arbeit zu beenden." (ebd.)

Die Mailänder fühlten, daß sie in einem Dilemma steckten, aber nicht weil sie einen kapitalen Behandlungsfehler mit katastrophalen Folgen für zumindest ein Familienmitglied begangen hatten, sondern: "Unser Dilemma war folgendes: Würden wir Therapie machen, wären wir im Irrtum, weil wir Konsultanten waren; machten wir aber keine Therapie, wären wir im Irrtum, weil die Familie unglücklich war." (ebd.)

Wie die Mailänder aus ihrer "Falle", aus ihrem "klassischen Paradoxon" herausgekommen sind, verraten sie (s. o., 223 f.), über das Schicksal der Mädchen ist nichts zu erfahren, da die Mailänder auf weitere Nachuntersuchungen verzichtet haben.[61]

Anmerkungen

Anmerkungen zu Kapitel 2

1 Das gilt nicht für die Polemik gegen Kritik, die das Geschäft der Familientherapien gefährden könnte (vgl. Körner und Zygowski 1988 b).

2 Zum Ausklang der 80er Jahre haben Familientherapeuten es nicht mehr nötig, verbale Konzessionen zu machen. Sie weisen die Kritik darauf hin, daß sie sich im Datum geirrt hat (z. B. Weber 1988; Duss-von Werdt 1989).

3 Für den damaligen Reflexionsstand bei den Erziehungsberater(inne)n spricht, daß selbst aus dem Publikum Kritik an Wolffs familientherapeutischem Optimismus laut wurde (vgl. Diskussion zum Vortrag Wolff 1978, 14).

4 Die Richtigkeit meines Urteils ergibt sich aus der folgenden Analyse von Familie (Kap. 3) und Familientherapien (Kap. 5; 6). Zur ersten Erläuterung kann folgende Erklärung dienen: "Der Gebildete im höheren Staatsdienst hat in seinem bestimmten staatlichen Wirkungskreis diese Durchsetzung der privaten Interessen in der Form der abstrakten, d. h. rechtsstaatlichen Allgemeinheit zu seinem Geschäft, ob er nun die Erziehung junger Menschen zum bürgerlichen Menschen und Staatsbürger betreibt oder Gesundheitsaufsicht macht oder individuelle Handlungen nach (gleichem) Recht beurteilt oder seine Wissenschaft zur Vermehrung des gesellschaftlichen Reichtums oder zur sozialen Ordnungsstiftung allgemein, d. h. für Kapital und Staat nützlich macht. Wenn er Sozialwissenschaftler - Soziologe, Sozialpsychologe, Psychoanalytiker, Politologe, Pädagoge - ist, wird er, sofern er sich mit dem Gegenstand Familie beschäftigt, was er kaum wird umgehen können, *Familialismus im direkten Staatsdienst* betreiben - vom Heraushängenlassen der Unabdingbarkeit, d. h. politischen und moralischen Brauchbarkeit der aufopfernd-vertrauensvollen Mutter-Kind-Symbiose (René Spitz, 1972) über die Propagierung der 'große(n) sozial-ordnende(n) Bedeutung der Familie' (1. Fam.-Ber., S. 7) bis zur Anpreisung demokratischer Familientugenden wie der Familiensolidarität, ob nun struktur-funktionalistisch (z. B. nach Parsons) oder alternativ." (Gröll 1983, 27f.).

5 Wie bei der bisherigen Darstellung deutlich geworden ist, ist den Analysen, die sich inhaltlich mit Familientherapien auseinandersetzen, nach meiner Einschätzung wenig an zutreffender Kritik zu entnehmen, während die Analysen der formalen Theoriegewinnung schon oft zutreffend sind (s. auch Kap. 4).

6 Die Begriffe Linearität und Linealität werden zumindest in therapeutischen Nachschlagewerken deutlich unterschieden. "Ein kausaler Ablauf läßt sich geradlinig nennen, wenn keine Rückkoppelung vorliegt, d. h. die Ursache-Wirkungs-Sequenz nicht zum Ausgangspunkt zurückführt. Solche Geradlinigkeit wird im Kausalitätsverständnis der Umgangssprache fast selbstverständlich vorausgesetzt. Sie wird in der familientherapeutischen Literatur weitgehend als 'lineare Kausalität' bezeichnet" (Simon/Stierlin 1984, 214). Eine häufig zitierte Linearitäts- und Linealitätsdefinition (z. B. Simon/Stierlin 1984; Böse/ Schiepek 1989) stammt von Bateson (1982, 274): "*Linear* ist ein terminus technicus aus der Mathematik, der eine Beziehung zwischen Variablen dergestalt beschreibt, daß sich eine gerade Linie ergeben wird, wenn sie auf rechtwinkligen cartesischen Koordinaten zusammen eingetragen werden. *Geradlinig (lineal)* beschreibt eine Relation zwischen einer Reihe von Ursachen oder Argumenten, bei der die Sequenz nicht zum Ausgangspunkt zurückführt. Das Gegenteil von *linear* ist *nonlinear*. Das Gegenteil von *geradlinig* ist *rückläufig*."

7 Die Interessenlage von Familientherapeutinnen und Familientherapeuten erklären Körner und Zygowski (1988 b). Der Sammelband "Women And Family Therapy" (Ault-Riché 1986 a) veranschaulicht z B. meine These.

8 Zweifelhaft bleibt, ob die von Krüll (1989) geforderte Nennung der Vornamen in den Literaturangaben eine wirkliche Verbesserung bei der Beurteilung der Qualität einer Arbeit darstellt. Nach meiner Auffassung sollten die Argumente für sich sprechen.

9 Die Pragmatische Kommunikationstherapie (Watzlawick u. a. 1969; 1974) wird ebenfalls recht häufig attackiert. Auch die Kritik übersieht, daß die Methoden dieser Schule mit der Härte des Familienlebens korrespondieren.

10 Diese Kritiken setzen Familienfeindlichkeit mit Menschenfeindlichkeit gleich, weil sie Familie ähnlich schätzen wie die kritisierten Therapien.

11 Meine Untersuchung einer Familientherapie zweiter Ordnung bei einer Inzestproblematik kommt zum gleichen Resultat (s. 6.3.).

12 Dieses Urteil gilt nur für Familienmenschen, die sich freiwillig einer familientherapeutischen Prozedur unterwerfen.

13 Der Frage, ob Familientherapie in der von ihr intendierten Richtung erfolgreich ist, wird in dieser Arbeit nicht nachgegangen. Es soll hier auch nicht unterstellt werden, daß die strukturelle Familientherapie tatsächlich effektiv ist.

14 Aber auch eine Familientherapie ist keine Garantie für familiale Stabilität. Mitunter kann sie zur Trennung führen, was nicht als Versagen der Therapie zu werten ist.

15 zitiert nach Elkaim (1979, 90).

Anmerkungen zu Kapitel 3

1 Gemeint ist damit "der Schein von überzeit-licher Allgemeinheit, Natürlichkeit der individuellen Reproduktion in der Privatsphäre der Familie" (Gröll 1988a, 14).

2 Wichtig scheint nur dabei zu sein, daß dieser staatliche Zwang zum Dienst an der Familie nicht mehr als solcher erscheint, sondern eher als Chance begriffen wird, sein Leben zu organisieren. Aus diesem Mißverständnis resultiert m. E. auch die Forderung nach Gleichstellung nichtehelicher und homosexueller Lebensformen mit der Ehe: Ehe und Familie als Chance (zur Absicherung gegen die Wechselfälle des bürgerlichen Lebens).

3 nach Gröll (1988a, 19).

4 Diese Ideologie bleibt solange real, wie sich Individuen entsprechend verhalten, und sie tun es.

5 nach Gröll (1988a, 22).

6 Ein Umstand, dem sich im vorigen Jahrhundert etwa das Verbot der Kinderarbeit in einigen westeuropäischen Ländern verdankt. Staatliches Erziehungswerk ist damals wie heute auch das als "Schule der Nation" bekannte Militärwesen.

7 Auf diesem Wege werden wahrscheinlich Dienste erbracht, die entsprechend tariflich entgolten, das Bruttosozialprodukt der BRD um eine stolze Summe bereichern würden, wie folgende dpa-Notiz unterstreicht: "Frauen leisten mehr als die Hälfte aller Gesellschafts- und Erwerbsarbeit, verdienen aber nicht einmal ein Drittel des Volkseinkommens. Diese Rechnung machte die Augsburger Wirtschaftswissenschaftlerin Anita Pfaff gestern in München auf. Der wirtschaftliche Wert der Hausfrauenarbeit, entlohnt nach Bundesangestelltentarif, mache mit etwa 785 Milliarden Mark mehr als die Hälfte des Volkseinkommens der Bundesrepublik von 1987 aus, erklärte die Professorin. Dazu habe sie noch einmal 5,5 Milliarden Mark für

ehrenamtliche Tätigkeit und rund 283 Milliarden Mark für die Erwerbsarbeit von Frauen gezählt." (Westfälische Nachrichten vom 27. Januar 1990).

8 Hier liegt eine Aufgabe von Familientherapien: die Förderung des Glaubens an die heile Familienwelt (z. B. 5.2.). Wer mit der Familie nicht zurechtkommt, muß sich schwer anstrengen, um zu beweisen, daß er genauso gut wie andere Leute ist (Haley 1977, 76).

9 Die Hinweise auf extrafamiliale Belastungen fallen bei den erwähnten Familienexperten ähnlich nebulös aus, wie bei den untersuchten Familientherapeuten (s. 5.).

10 Daß das keineswegs eine Selbstverständlichkeit war, belegt Gröll (1983, 10 f.).

11 Eine Quelle der Stabilität (Homöostase) in der Familie, als Spezialaufgabe häufig eine Leistung der Familienfrauen.

12 Genügt die Ehefrau sexuell dem Ehemann nicht, dann darf die Prostitution der Stabilität der Ehe dienen. So wird Quambusch (1988) mit der Erkenntnis zitiert: "Nach Ansicht des Verfassers erfüllt die Prostitution eine wichtige Ausgleichsfunktion, indem sie es dem Mann erlaubt, seiner hormonbedingten größeren sexuellen Spontaneität und der Neigung zu polygamem Verhalten außerhalb der Ehe nachzugeben, ohne auf eine mit erheblichen emotionalen und materiellen Beeeinträchtigungen verbundene alternative Dauerpartnerschaft angewiesen zu sein. Hierin sieht der Verfasser eine wichtige Aufgabe, welche dem Staat durch die Verfassung ausdrücklich zugewiesen ist, nämlich die Erhaltung von Ehe und Familie (Art. 6 Abs. 1 GG)." (Aids-Forschung 1989, 299)

13 nach Gröll (1983, 33).

14 nach Gröll (1983, 33).

15 nach Gröll (1983, 36).

16 nach Gröll (1983, 37).

17 Gröll (1988 a, 31) weist auf die Unmöglichkeit hin, unter diesen Umständen die Arbeitskraft wiederherzustellen.

18 Die Alternative, die früher in den kapitalistischen Ländern Westeuropas und heute noch in den südlichen Einflußsphären des Imperialismus praktiziert wird, besteht darin, die Kinder so bald wie möglich zur Arbeit zu zwingen, mit den bekannten ruinösen Folgen für deren Leben.

19 Ein Blick auf die Tarife von Internaten, Erziehungsheimen, Altenheimen und Altenpflegeheimen belegt, welche Kosten der "Allgemeinheit" durch eine funktionale Familie erspart bleiben.

20 Umgekehrt wird man sich zur Dauerpflege älterer Menschen in Familiensoziologie und Familientherapie auch noch etwas einfallen lassen müssen, will man den Staat mit diesem Problem nicht allein lassen.

21 zitiert nach Gröll (1983, 50).

22 Diese Fähigkeit müssen natürlich nur Familienmenschen entwickeln, bei denen unglücklicherweise Eigeninteresse und Allgemeinwohl unvereinbar sind. Man sieht, auf eine bestimmte Sorte von Eltern kommt durch diesen Umstand einiges an Mehrarbeit in Sachen "Sozialisation" zu.

23 Immerhin scheint bei den von Gröll (1983) zitierten Autoren noch die harte Erziehungsrealität durch. Die systemischen Familientherapeuten sind da schon wesentlich weiter, für sie ist Macht nur eine Metapher (s. Kap. 6.). Der Nutzen für die Pädagogik liegt auf der Hand.

24 zitiert nach Gröll (1983, 59).

25 zitiert nach Gröll (1983, 60).

26 Die Quellen für die einschlägigen familientherapeutischen Konstruktionen sind, wie man sieht, doch nicht alle im "Wolkenkuckucksheim" entstanden: Die

staatlich geforderten Familienpflichten kommen auf theoretischen Umwegen etwa im normativen Familienmodell Minuchins (s. 5.3.) oder in den systemischen Theoriefragmenten (z. B. Hierarchisierung) wieder in die jeweiligen sogenannten Systeme (s. 4.).

27 Zur Klärung des Paradoxie-Begriffes trägt Ziegler (1977 a; b) bei.

28 Familientherapeuten greifen diese ideologische Sicht des Familienzusammenhaltes umstandslos auf bzw. leisten ihr Vorschub.

29 Diese Devise eignet sich auch als Thema der "Familienlitanei" vieler Familientherapeuten. Fehlt Familienmenschen diese ideologische Sicht, dann hat Familientherapie eine neue Aufgabe.

30 Da gilt es in Familientherapien entsprechende Ressourcen zu mobilisieren. Die Methoden sind entsprechend (vgl. Zygowski 1988; s. Kap. 5. und 6.).

Anmerkungen zu Kapitel 4

1 Durchaus im doppelten Wortsinne.

2 Allerdings ohne die Weglassung kenntlich zu machen. Daß Familientherapeuten mit dem Zitieren so ihre Probleme haben, zeigt auf groteske Weise die Debatte zwischen Reiter (1989 a; b) und Simon (1989).

3 Daß nicht-lineare Therapie möglich ist, wird von Kritikern zu Recht bestritten (s. 2.).

4 zitiert nach Watzlawick u. a. (1969, 116).

5 In familientherapeutischer Sicht erscheinen Kinder öfter als "Familienterroristen". Watzlawick u. a. (1974, 168 ff.) und Haley (1981, 150) deuten in ihren Therapieempfehlungen an, daß sie ein ähnliches Bild von Kindern und Jugendlichen haben, die nicht ausreichend familien- und staatsfunktional reagieren, wobei der Begriff "wohlwollende Sabotage" (Watzlawick u. a. 1974, 168) unfreiwillig verrät, wo die eigentlichen Familienterroristen am Werk sind.

6 Daß die Familienhierarchie mit den Eltern bzw. meist mit dem Familienvater an der Spitze, in der von Familientherapeuten nicht sehr geschätzten Dekade zwischen 1968 und 1978 (etwa Weber 1988; Duss-von Werdt 1989) auch mal problematisiert wurde, sei wenigstens am Rande erwähnt: z. B. Haensch (1980[5]); Milhoffer (1980[5]).

7 Der Zwang zur Erfüllung staatlicher Pflichten erscheint als Umwelteinfluß. Hier wäre Schutz vor einer solchen Umwelt angezeigt. Die weiteren ideologischen Leistungen des Kalibrierungsbegriffes bei Watzlawick u. a. (1969) kritisiert Gröll (1988 a, 45 f.).

8 Die nach meiner Erfahrung in dem genannten Bereich durchaus nicht immer zutreffende Einschätzung elterlicher Erwartungen an die Erziehungsberatung ebnet den Weg für alle nur erdenklichen Manipulationsmanöver (vgl.

Zygowski 1988; Kap. 5 und Kap. 6.), die sich dann aus der unterstellten Einstellung der Eltern legitimieren.

9 Die Relativierung von Realität ist eine Konsequenz des sowohl in der bürgerlichen Öffentlichkeit als auch in den Sozialwissenschaften dominierenden Dogmas des Meinungspluralismus.

10 zur Kritik vergleiche Fischer und Wurth (1989), Krug (1989). Für Dell (1986, 18) hat sich mit der Arbeit von Dell und Goolishian (1981) das Interesse an Prigogines Konzept bereits erledigt.

11 zitiert nach Dell und Goolishian (1981, 110).

12 nach Dell und Goolishian (1981, 110).

13 Simon und Stierlin (1984) äußern ihr Interesse an dem Erhalt der Familie sehr deutlich.

14 Maturana und Varela konnten immerhin auch auf außerwissenschaftliche, politische Unterstützung bei der Verbreitung ihrer Forschungen durch die chilenische Militärjunta bauen (Maturana und Varela 1987, 8). Ich werte die Hilfe als einen Hinweis darauf, daß ein kluger Beamter des Regimes die Nützlichkeit einer Wissenschaftskonzeption erkannt hat, die explizit jede (auch politische) Realität leugnet und damit den status quo, die (geleugnete) Macht der Mächtigen auf das nachhaltigste unterstützt. Zur Kritik der allgemeinen erkenntnistheoretischen Borniertheit und mangelnden sozialwissenschaftlichen Reflexion sei auf Kischkel (1989) und Weingarten (1989) verwiesen.

Anmerkungen zu Kapitel 5

1 Ihr Indikationskatalog für die Anwendung von Familientherapie veranschaulicht dieses Anliegen (Stierlin u. a. 1985[3], 17 f.; zur Kritik vgl. Pohlen und Plänkers 1982; s. 2.).

2 Damit ist vermutlich die Mailänder Schule gemeint, von der sich das Heidelberger Konzept durch eine größere Kenntnis der Familienrealität abhebt. Welche Konsequenzen das Wissen für die Therapie hat, wird im folgenden gezeigt. Andererseits werden die Mailänder Methoden geschätzt (Stierlin u. a. 1985[3], 58).

3 Auf die Theorien der Entstehung von Psyche und damit "psychischer Grenzen" (ebda., 23) kann hier nicht eingegangen werden. (Vgl. dazu z. B. Leontjew 1973).

4 Bei Minuchin dominiert die systemische Perspektive: er kritisiert mißliebige Entwicklungen vom Standpunkt der Familie.

5 Das Kardinalproblem von Therapie und besonders Pädagogik.

6 Der Seitenhieb gegen die vermeintlich bourgeoise Tendenz, "Individualität und Selbstverwirklichung ohne einen Bezug zu Interdependenz und Solidarität zu verstehen und daher zu verklären" (Stierlin u. a.1985[3], 23), kann nur auf ein Mißverständnis der Autoren über das Anliegen der Bourgeoisie zurückzuführen sein. Genauso meint der bürgerliche Staat Individualität (zumindest im Familienbereich) nicht bzw. hat diese Verpflichtung, im Rahmen der Gesetze "Individualität und Selbstverwirklichung" (ebda) wahrzunehmen, nicht für alle die gleichen Konsequenzen (s. bürgerliches Rechtssubjekt: Gröll 1988 a).

7 Daß selbstverständlich gerade schizophrene Patienten entsprechende Störungen der bezogenen Individuation haben sollen, sei nur vermerkt, da in Familientherapien die jeweiligen Essentials besonders oft bei dieser Personengruppe zu finden sein sollen.

8 Daß die Heidelberger damit die erfolgreiche Kapitalistenfigur bzw., wie man heute sagt, Unternehmerpersönlichkeit skizzieren, ist ihnen vermutlich selbst nicht klar geworden.

9 Zur Kritik der Begabungsideologien z. B. Sève (1973).

10 Die politischen Gemeinsamkeiten durchaus verschiedener Familientherapieschulen zeigt etwa das Beispiel "Wettrüsten", wo Gröll (1988 a, 45) zu Recht "die idiotische, aber interessierte Analogisierung des sog. 'Wettrüstens' mit fehlerhafter Metakommunikation", in diesem Fall bei Watzlawick u. a. (1969, 59), kritisiert. Ähnlich müßte die Kritik an Flemons (1989, 163) ausfallen.

11 Die Waffen in familialen Auseinandersetzungen, selbst mit letalem Ausgang, haben allemal ein anderes Kaliber als staatliche Vernichtungspotentiale. Daß den Heidelbergern jedes Augenmaß fehlt, belegen zumindest die explizit politischen Anbiederungsarbeiten eines Stierlin z. B. 1982 a, Kap. 10 (vgl. z. B. Pohlen und Plänkers 1982).

12 Stierlin u. a. (1985^3, 41 - 53) erwähnen noch weitere Grundlagen wie Empathie, Erfassen der Systemkräfte etc. Hier sollen nur die Fundamente besprochen werden, die recht deutlich darauf orientiert sind, Familienmenschen in die Pflicht zu nehmen.

13 vgl. dazu das Mailänder Konzept der Neutralität (Selvini Palazzoli u. a. 1981).

14 Wie ein ähnliches Therapeutenverhalten sich auf Opfer sexueller Übergriffe auswirkt, untersuche ich an einer Behandlung einer Familientherapie zweiter Ordnung (s. 6. 3.).

15 zitiert nach Stierlin u. a. (1985^3, 45).

16 Die sorgfältigste wissenschaftliche Begründung für die Akzeptanz von Schlägen als elterliches Disziplinierungsmittel habe ich bei Neidhardt (1980^5, 300 ff.) gefunden, der zunächst bedauert, die "Forschungsergebnisse über die

Wirkung der einzelnen Disziplinierungstechniken sind leider keineswegs hinreichend eindeutig und konsistent. Der Grund liegt u. a. darin, daβ die Effekte elterlicher Sanktionen nach Alter und Geschlecht der Kinder, auch danach, ob Vater oder Mutter sie einsetzen, differieren. Entscheidender aber scheint zu sein, daβ für die relevanten Variablen elterlichen Verhaltens bislang noch keine hinreichend präzisen Meβinstrumente gefunden worden sind und daβ sich überdies für die Analyse des Zusammenhangs dieser Variablen bislang noch keine hinreichend differenzierten Denkmodelle durchgesetzt haben. Die empirischen Zusammenhänge sind so komplex, daβ die Wirkung einer bestimmten Disziplinierungstechnik nicht ohne zusätzliche Informationen über andere Variablen bestimmt werden kann." (ebd., 300) Nach der Skizzierung einiger wissenschaftlicher Disziplinierungstheorien wird resümiert: "Folgt man diesen Ansätzen, dann ist es falsch, elterliche Sozialisationen dadurch zu unterscheiden, daβ in einem Falle z. B. körperliche Strafen eingesetzt werden, im anderen Falle nicht. Alles hängt davon ab, unter welchen Randbedingungen es erscheint und in welchem Maβe es balanciert ist" (ebd., 301).

17 Wie ein eher "naturwissenschaftlich geprägtes Denken" familiale Ressourcen mobilisiert, ist in 5.3. und bes. in 5.4. und 6. zu lesen.

18 Eine "gesellschaftlich akzeptierte sexuelle Beziehung haben" (Satir 1973, 33), bedeutet auch in der Heimat der Autorin nur, die Berechtigung zu staatlich erlaubten Sexualpraktiken zu haben. Was das heiβt, belegt folgende Notiz: "In 25 US-Bundesstaaten ist selbst unter Eheleuten Oral- und Analverkehr gesetzlich verboten. In der Hauptstadt Washington können Strafen von 1000 Dollar und bis zu zehn Jahren Gefängnis für 'unnatürlichen Sex' verhängt werden; allein im Bundesstaat Georgia (Höchststrafe 20 Jahre Haft) sitzen zur Zeit wegen solcher Delikte 35 Personen hinter Gittern." (Der Spiegel 38 / 1989, 179). Nicht einmal in strafrechtlich relevanten Details nimmt Satir die Realität der bürgerlichen Ehe und ihre Abhängigkeit vom Staat wahr. Daβ solche Unkenntnis den in Therapie befindlichen Eheleuten schaden kann, ist wohl offenkundig. Die Therapieziele der humanistischen Familientherapie dürfen Eheleute selbst im Ehebett eben auch nur im staatlich erlaubten Rahmen verwirklichen.

19 Töchter selbstverständlich auch.

20 vgl. dazu die Definition von losgelöster und verstrickter Familie in 5.3.

21 Interessierte Dichotomie: Trieb vs. Liebe, um Moral zu begründen.

22 Zur Funktion des Pronomens "wir" vgl. Spoo (1983).

23 Daβ in den Menschen (als Arbeitskräfte) der Reichtum liegt, haben einige von "uns" nicht vergessen und sich deshalb den Beruf Arbeitgeber ausgesucht.

24 Wie systemische Tätigkeit unter Ignorierung der staatlichen Schulzwecke geht, demonstrieren Selvini Palazzoli u. a. (1978). Zur Kritik vgl. Hörmann und Körner (1988).

25 Scilicet: und für die Familienmitglieder, die selbst dazu noch nicht (Kleinkinder) oder nicht mehr (Alte) in der Lage sind.

26 Daβ sich Satir mit diesem Familienbild in der dubiosen Gesellschaft anderer amerikanischer Familientherapeuten befindet, bestätigt Skynner (1978), der zunächst sein eigenes Familienmodell so skizziert: "Der Wunsch (der Ehefrau), ihr Mann möge eine energischere Haltung einnehmen, wenn die Kinder Schwierigkeiten machten, ging häufig Hand in Hand mit *dem Wunsch, daβ der Mann auch sie kontrolliere* (ebd., 148) ... Der Mann erwirbt wirkliche Autorität, der *sich* kontrollieren und die einsamere und isoliertere Position ertragen kann, die die Verantwortung mit sich bringt. Die Frau überläβt diese Autorität bereitwillig, voller Liebe und Achtung, statt sie ihm streitig zu machen (ebd., 150) ... Meine nun mehr als 20 Jahre währende klinische Erfahrung hat mich zu der Überzeugung gebracht, daβ, unter sonst gleichen Bedingungen, das beste familiäre Funktionsmuster dasjenige ist, in dem der *Vater* letztlich die Verantwortung übernimmt und die damit verbundene Autorität geltend macht" (ebd., 182). Wenn Skynner fortfährt: "... einige nordamerikanische Familientherapeuten haben mir mitgeteilt, daβ sie es beim augenblicklichen Stand der öffentlichen Meinung nach Möglichkeit vermeiden, solche Auffassungen öffentlich zum Ausdruck zu bringen" (ebd., 183), dann muβ das Statement cum grano salis genommen werden, denn zumindest in den Veröffentlichungen der Therapeuten (und vermutlich auch

Therapeutinnen, wie z. B. Satir) finden sich solche Positionen mehr oder weniger verklausuliert (s. auch 5.3.).

27 Epigonen haben ihr darin nachgeeifert (z. B. v. Schlippe/Essen 1982). Kritisch dazu Hörmann und Körner (1988).

28 Zum Mythos der Universalität der bürgerlichen Kleinfamilie mit ihrer traditionellen Arbeitseinteilung vgl. Hagemann-White und Wolff (1975, 181 ff.), die kritisieren, wie über Parsons und Neidhardt dieser Mythos dem deutschsprachigen Publikum vermittelt wurde.

29 Eine außerordentlich wichtige Leistung dieser Familientherapie, den Familienmenschen zu verdeutlichen, daß Leben in Familie ihnen einiges an Leistung abverlangt.

30 Allerdings nicht immer in der gewünschten Richtung.

31 Es sei denn, die Familienmenschen (bes. Eheleute) sind so moralisch-borniert, daß sie um jeden Preis an ihrer Familie festhalten, d.h. hierdurch die "Anpassung" wie von selbst leisten.

32 Die Arbeit von Minuchin und Fishman (1983) halte ich für eine biologistische Weiterentwicklung des hier analysierten Standardwerkes.

33 Dagegen drückt Neidhardt (1980^5, 284) die realen Verhältnisse in den meisten Familien deutlich aus, wenn er schreibt, "daß die Dankbarkeitsschuld der Kinder in Gehorsamsbereitschaft überführt werden kann; das heißt, daß sie den Erwachsenen Herrschaftsbefugnisse zugestehen müssen."

34 Andere Familienmitglieder dagegen nicht, so daß es so gut wie immer falsch ist, von einer einheitlichen Systemlinie auszugehen.

35 Nach Tyrell (1989, 113) stellt "der Gedanke der innerfamilialen Subsystembildung - im Blick auf die interne Familiendynamik - m. E. eine bleibend wichtige Einsicht für die Familiensoziologie dar."

36 Die Entwicklung des Subsystem-Konzeptes gelingt Minuchin und Fishman (1983) mit der Einführung des Terminus "Holon" (Plural: Holons): "Jedes Holon - das Individuum, die Kernfamilie, die erweiterte Familie, das Gemeinwesen - ist sowohl Ganzes als auch Teil, das eine nicht mehr als das andere, und ohne daß ein Widerspruch zwischen den beiden Zuständen bestünde" (ebd., 30).

37 Analog handelt der strukturelle Therapeut: er fordert die Eltern auf, ihrem Kinde in der Therapiesitzung ein unakzeptables Verhalten zu verbieten, während Satir (s. 5.2.) direkt verbietet.

38 Den Stellenwert dieser Konstruktionen in der familiensoziologischen Literatur skizziert Tyrell (1989, 120).

39 Ganz Realist, behauptet Minuchin nicht, daß das "eheliche Subsystem" zum Zweck des Liebens entstünde.

40 Erziehung soll nach Expertenauffassung möglichst einvernehmlich erfolgen. Ehestreit gefährdet den staatlichen Erziehungsauftrag.

41 Ein Beispiel für soziales Lernen will ich auch erwähnen: Die beiden Flüchtlinge Kalle und Ziffel unterhalten sich über die Schule als soziales Lernfeld, wie heute gesagt würde.

"Kalle: Ihr milder Standpunkt gegenüber der Schule ist ungewohnt und sozusagen von einer hohen Warte aus. Jedenfalls seh ich erst jetzt, daß auch ich was gelernt hab. Ich erinner mich, daß wir gleich am ersten Tag eine gute Lektion erhalten haben. Wie wir ins Klassenzimmer gekommen sind, gewaschen und mit einem Ranzen, und die Eltern weggeschickt waren, sind wir an der Wand aufgestellt worden, und dann hat der Lehrer kommandiert: 'Jeder einen Platz suchen,' und wir sind zu den Bänken gegangen. Weil ein Platz zu wenig da war, hat ein Schüler keinen gefunden und ist im Gang zwischen den Bänken gestanden, wie alle gesessen sind. Der Lehrer hat ihn stehend erwischt und ihm eine Maulschelle gelangt. Das war für uns alle eine sehr gute Lehre, daß man nicht Pech haben darf.

Ziffel: Das war ein Genius von einem Lehrer." (Brecht 1961, 36).

42 Die diversen Formen familialer Kontrolle sind Minuchin angeblich nicht geläufig. Diese interessierte Leugnung von Macht und Kontrolle antizipiert die in der Familientherapie zweiter Ordnung theoretisch begründete Negation von Macht und Kontrolle.

43 Minuchin gerät bei der Erwähnung der eigenen großen Familie (1977, 152) geradezu ins Schwärmen.

44 Tyrell (1989, 116) greift lobend auf Minuchin zurück, wenn er die Vorzüge der Familie hervorhebt, die "im alltäglichen Bedarfsfalle Stütz- und Solidarleistungen" jederzeit relativ sicher erbringe. "Diese spontane Tendenz zu Abhilfe und Unterstützung (amerikanisch: 'adaption') ist etwas genuin Familiales: sie gilt - partikularistisch - nur den eigenen Angehörigen (etwa dem eigenen kranken Kind): untereinander scheint sie im Familienkreise (einstweilen wenigstens) 'natürlich', mithin nicht einmal normierungsbedürftig; sie ist die Prämisse aller Belastbarkeit von Familien" (ebd.).

45 Welche Klassen damit nicht gemeint sind, ist klar, und für lohnabhängige Familienmenschen expliziert Minuchin noch einmal den dritten staatlichen Familienzweck.

46 Diese strukturelle Methode würde ich auch gern vermitteln.

47 Die Effektivitätsuntersuchungen werden immer mal wieder problematisiert (z.B. Heekerens 1988; 1989; Textor 1988). Anderson (1986) kritisiert explizit Selvini Palazzoli. Diese Diskussion soll hier nicht gefördert werden, obwohl die Reaktionen der Systemtherapie (z. B. Ludewig 1988 a) schon dazu provozieren könnten.

48 Selvini hat sich ihre Professur an der Universita cattolica (Zundel 1987) redlich verdient. Da die deutsche Übersetzung sich an die deutschsprachigen Familientherapeuten wendet, vernachlässige ich die Bedeutung, die die römische Kirche auf das italienische Familienrecht hatte. Interessant fände ich eine Untersuchung über die Auswirkungen des Scheidungsverbotes in Italien auf den Erfolg von Familientherapien. M. E. hat dieses Verbot eine günstige

Auswirkung auf die Therapiechancen. Nach König (1978^3, 111) ist Scheidung in Italien seit 01. Dezember 1970 möglich.

49 "IP, therapeutische 'Standardbezeichnung' des Patienten, hat zwei mögliche 'Übersetzungen': durch den Begriff 'identifizierter Patient' wird der Prozeß der sozialen Etikettierung deutlich gemacht, durch 'Indexpatient' die indizierende Funktion: der Patient zeigt: da ist im System etwas nicht in Ordnung!" (v. Schlippe 1984, 58).

50 Die Parallelen zu soziologischen Konzeptionen von Familie und der dort verlangten Flexibilität erwähne ich nur nebenbei. Die Familienmenschen haben sich allen Erfordernissen der bürgerlichen Gesellschaft anzupassen.

51 Dell (1984, 147) weist darauf hin, daß Bateson "als erster die Aufmerksamkeit im familientherapeutischen Bereich auf Epistemologie lenkte, und es sind seine Arbeiten, auf die sich andere Familientherapeuten berufen". Der Autor zählt Batesons fünf Bedeutungen von Epistemologie auf: 1. E. als Theorie des Wissens 2. E. als Paradigma und Weltanschauung 3. E. als biologische Kosmologie 4. E. als Wissenschaft 5. E. als Charakterstruktur. Dell betont, daß die Verwendung des Epistemologie-Begriffes im Sinne von Paradigma oder Weltanschauung am populärsten in familientherapeutischen Kreisen geworden ist. Simon und Stierlin (1984) geben weitere Bedeutungen an, die stärker die familientherapeutische Praxis berühren (s. auch Kap. 4).

52 vgl. dazu die Beispiele bei Körner (1988, 161). Der Systemiker Brunner dagegen kontert diese Kritik am Systemdenken nach dem Motto "Weil nicht sein *kann*, was nicht sein *darf*" (Morgenstern; vgl. Buchholz 1981 b, 53), wenn er mein Urteil über systemisches Denken mit einem All-Satz verwechselt, gleichzeitig aber genau weiß, daß ein Systemdenker nicht denunziert, weil er dann kein Systemiker wäre (vgl. Brunner 1990, 104).

53 Zu welchen katastrophalen Folgen diese Form der Realitätsleugnung führt, zeige ich in einer Therapie von Boscolo u. a. (1988), die bereits zur Familientherapie zweiter Ordnung gezählt wird (s. 6.3.).

54 Die Gründe dafür interessieren ebenfalls nicht.

55 Das ist systemische Therapie: die Familienmenschen sind unwichtig, lediglich die von (ihnen unabhängige) Regel muß ausgewechselt werden.

56 vgl. dazu Selvini Palazzoli (1983, 45; s. u.).

57 Die Position der Mailänder Gruppe erinnert an einen Titel: "... aber vom Menschen wissen wir nichts" (v. Bertalanffy 1970).

58 vgl. dazu die Kritik von Simon und Stierlin (1984), die aber nicht die nötige Resonanz erfährt: z. B. Meister (1987) wählt therapeutische Doppelbindung als Oberbegriff für die verschiedenen Verschreibungen (s. auch Hoffman 1982, 309 ff.).

59 Im Gegenteil, schaffen es Familien, sich von der Mailänder Therapie zu befreien, dann werden die Therapeut(inn)en selbstkritisch und suchen nach Fehlern in ihren Manövern. Das Mailänder Team wird sich die Frage gefallen lassen müssen, ob es nicht selbst die "Hybris" besitzt, die es seinen Klienten unterstellt und für deren Existenz Esser (1987) keinen Beleg finden konnte.

60 Hier verrät die Mentorin der Mailänder Schule erstaunliche Einsichten in das Gefühlsleben einzelner Familienmenschen und vermutlich weiß sie auch, daß z. B. der genannte Haß durch bestimmte (innerfamiliale) Umstände entstanden ist, denen nachzugehen aus verschiedenen Gründen therapeutisch nötig wäre. Eine Folge davon könnte allerdings die Trennung der Familie sein (z. B. bei unerlaubter Gewaltanwendung; Inzest s. 6.3.). Diese Konsequenz versuchen Systemtherapeuten möglichst zu vermeiden, ein Verhalten, das ihnen viel Beifall von den Organisationen sichert, die ebenfalls an dem Erhalt der Familie um fast jeden Preis interessiert sind (vgl. Troje 1988). Der zusätzliche Schaden für die betroffenen Familienmenschen ist evident.

61 Nota bene: die zynische Begründung.

62 Palazzoli hat den Begriff von Morin übernommen. "In der Familientherapie und in unserer Arbeit mit großen Organisationen versuchen wir, uns dem Begriff der organisierten Komplexität anzunähern. Ordnung und Unordnung

sind 'organisierte Komplexität', und wir bemühen uns täglich, besser zu verstehen, was das bedeutet. Dabei bin ich überzeugt, daß dieser Versuch ewig währen wird, denn organisierte Komplexität ist zu komplex, um von uns verstanden zu werden. Das einzige, was wir tun können, ist, bescheiden und mit sehr, sehr kleinen Schritten zufrieden zu sein." (Selvini Palazzoli 1983, 39 f.).

63 Vgl. dazu die Diskussion des Epistemologie-Begriffs in Kap. 4..

64 Von Pflichten, Belastungen etc. erwähnt sie nichts, vielleicht weil sie zu sehr ihre eigene Oberschicht-Familie als Modell im Kopf hat. Bei armen Leuten fällt den Mailändern höchstens ein, daß ihr soziokulturelles Niveau sehr niedrig sei (Selvini Palazzoli u. a. 1977, 75).

65 Wie an anderer Stelle gezeigt, versagt selbst die zu einer Familientherapie zweiter Ordnung beförderte Therapie bei der Konfrontation mit Inzest (s. 6.3.).

66 In der Weltanschauung der Familientherapeuten ist letzteres natürlich der Fortschritt, den sie erreichen wollten.

Anmerkungen zu Kapitel 6

1 Momentan ist noch nicht absehbar, wer zu dem Kreis der Vordenker einer Therapie zweiter Ordnung gehört. Telfener (1987) und Rotthaus (1989) erweitern den genannten Kreis.

2 Gerade das von interessierter Seite lancierte Werk von Reiter u. a. (1988) kann diesen Anspruch in keiner Weise einlösen (vgl. Zygowski 1990).

3 Daβ es mit der Realisierung egalitärer Vorstellungen nicht weit her war, zeigt z. B. die Reihenfolge der Autorennamen bei den Publikationen der Mailänder Gruppe (vgl. dazu auch Boscolo u. a. 1988, 87 ff.). Auch auf Klienten scheint das Team hierarchisch gewirkt zu haben. Daraus haben Selvini Palazzoli und Prata (1980) noch den Spezialfall der Familie Macchi konstruiert, die unbedingt von Palazzoli behandelt werden wollte (ebda, 158 - 165). Daβ Hoffman etwas gegen "kontrollorientiert(e)" Familientherapie einzuwenden hatte, konnte dem Leser/der Leserin bei der Lektüre von Hoffman (1982) nicht auffallen. Fragwürdige Therapiebeispiele finden sich in Fülle, allerdings unkritisiert! Aber wie die Autorin heute, wollen auch andere Familientherapeuten nichts davon wissen, wie ich an anderer Stelle gezeigt habe (Körner 1989).

4 Fischer und Wurth (1989) kritisieren die Vereinnahmung von Piaget.

5 Was nicht zu bedauern wäre.

6 Idealistischer Argumentationszirkel: die dem Therapeuten die soziale Legitimation verleihende Macht wird bekanntlich geleugnet. Die nachfolgenden Ausführungen über Geisteskrankheit, die ein Abklatsch der labeling-Debatte der 70er Jahre sind, verharmlosen letztlich die Gründe für die Entstehung von Wahn, die in der konstruktivistischen Weltsicht nicht zu existieren haben.

7 Bei der Ignorierung von Gründen für Schuldzuweisungen muβ Hoffman zwangsläufig dazu kommen, wechselseitige Kreisläufe zu konstruieren, da

niemand allein die Schuld haben darf, sondern eigentlich alle schuld sind, es daher auch uninteressant ist, nach den Ursachen zu suchen. Wir haben im Zusammenhang mit dem sog. "Rüstungswettlauf" auf die Fehlerhaftigkeit und Interessiertheit einer solchen Argumentation hingewiesen (Hörmann/Körner 1988).

8 Es kann aber auch logische Konsequenz des systemischen Kardinalfehlers sein, Familie wie ein Individuum zu behandeln, bzw. Familie als Körper, Organismus etc. aufzufassen.

9 Nota bene: Menschen (!) und nicht Systemen, wie sonst üblich.

10 Sie werden wegen ihrer Effektivität noch gelobt.

11 Man beachte den konstruierten Gegensatz, zwischen "Wahrheit" und den sukzessiven Annäherungen, vermutlich doch wohl an die Familienrealität.

12 Die eigentliche Therapie, die dazu gehörigen Teambesprechungen und die für die Publikation veröffentlichte Kommentierung werden als Einheit aufgefaßt, die den interessierten Leserinnen und Lesern die neue Therapie demonstrieren soll. Daher wird (auch aus Gründen der Lesbarkeit) darauf verzichtet, die unterschiedlichen Phasen durch verschiedene Schrifttypen zu kennzeichnen, wie es in dem Buch von Boscolo, Cecchin, Hoffman und Penn praktiziert wird.

13 Gerade bei der Redigierung der Studie stelle ich fest, daß ganz zaghaft das Thema "Inzest und Systemtherapie" angesprochen wird (Krüll 1990, 39 f.).

14 Daß alle mit der Therapie befaßten systemischen Experten, also sowohl die Therapeuten Boscolo und Cecchin als auch die die Behandlung literarisch aufbereitenden Autorinnen Hoffman und Penn eine andere Auffassung dazu haben, wird im Laufe der Analyse sehr deutlich.

15 In den folgenden Abschnitten wird ausführlicher zitiert als sonst in dieser Untersuchung üblich, um einen möglichst genauen Einblick in das therapeutische Vorgehen dieser Therapeuten zu geben; kommt es bei

Therapien doch nicht nur auf die Struktur, sondern auch auf den konkreten Wortlaut an. Gegen den Vorwurf, Zitate aus dem Zusammenhang zu reißen, hilft auch diese Methode nicht: Zitate sind immer dem Kontext entrissen, dagegen schützt nur Abschreiben oder der Verzicht auf Zitate. Hier ersparen sie die Lektüre der ca. 110 Seiten langen Therapiedarstellung.

16 Was der Vater getan hatte, interessierte die Therapeuten nicht, und wäre im Familienrahmen auch nicht explorierbar (vgl. Steinhage 1989).

17 Die Gefahr des Inzestes ist bei Stiefvätern prozentual höher als bei leiblichen Vätern (Rijnaarts 1988, 261).

18 Welche psychischen Auswirkungen schon dieses Verhalten eines Vaters haben kann, schildert Rijnaarts (1988, 284 - 288).

19 Damit wird suggeriert, daß Frau B. und Lisa vielleicht lügen. Ein typisches Problem von Inzestopfern.

20 Womit die therapeutische Grundlage für weitere sexuelle Übergriffe geschaffen ist.

21 Die Fragwürdigkeit dieser Hoffnung wird im folgenden diskutiert.

22 Eine völlige Fehleinschätzung, wie zu zeigen sein wird.

23 Der Psychiater Boscolo kann Verrücktheit per Augenschein diagnostizieren (vgl. dagegen Rosenhan 1977).

24 Der Vorwurf, daß die Schwestern allein, also dem Mißbrauch des Vaters überlassen werden, ist zutreffend.

25 Die Mailänder beweisen bis zum Ende der Nachuntersuchung ihre Unfähigkeit, mit dem Inzest angemessen umzugehen.

26 Da belügt Boscolo die Familie (s. u.).

27 Ich unterscheide nicht zwischen den etablierten Begriffen "Therapie", "Familientherapie", "Systemtherapie" etc. und der verbalen Neuerung "Konsultation", da keine qualitativen Veränderungen stattgefunden haben, die eine Differenzierung erforderten.

28 Da in der Literatur verschiedene Begriffe für den Vater-Tochter-Inzest, den Inzest überhaupt, verwendet werden, benutze ich diese Termini synonym, ohne die jeweiligen Feinheiten der Abgrenzung zu berücksichtigen (dazu: Vučelić 1989).

29 Ludewig (1987, 179) beschreibt aus eigener Erfahrung, wie schnell und angeblich erfolgreich sich Mailänder Methoden umsetzen lassen.

30 Die einzelnen Therapiemöglichkeiten sind z. B. bei Hirsch (1987), Rijnaarts (1988) und Steinhage (1989) dargestellt.

31 Diese theoretische Spinnerei wird in der therapeutischen Praxis noch verschärft: die Mutter ist schuld.

32 Das "Spiel" heißt hier "Inzest", und dabei spielen nicht alle freiwillig mit.

33 Nicht *die Familie* weigert sich, sondern nur die *Eheleute* (vgl. Wunsch, das Geheimnis zu wahren ebd., 125) und vielleicht würde Frau B. mit entsprechender therapeutischer Hilfe zu einer anderen Einstellung finden (s. Psychologin).

34 Rijnaarts (1988, 173) nennt u. a. auch systemtheoretische Literatur, in der es Usus sei, Müttern, die gegen Inzest-Väter Anzeige erstatten, unlautere Motive zu unterstellen. Rommelspacher (1989, 102) zitiert eine These von Russell (1986), "daß je besser ausgebildet die Professionellen sind, desto eher sind sie geneigt, sich mit dem Täter zu identifizieren (dem Kind nicht zu glauben)". Zumindest für die beiden therapeutischen Spitzenkönner Boscolo und Cecchin und die beiden Expertinnen Hoffman und Penn scheint diese These zu stimmen. Ansonsten steht zu befürchten, daß die übelsten Therapien der Protagonisten nicht veröffentlicht werden (vgl. zu dem Thema "Falschbehandlungen" auch Coleman 1985), und daß die Therapeutinnen und Thera-

peuten, die mit oder ohne Ausbildung, gläubig solche Methoden anwenden, Familienmenschen noch mehr schaden.

35 Im Sinne von Allianz/Koalition. Der ungenaue Sprachgebrauch deutet m. E. das Interesse an, die Unterschiede zwischen Allianzen, Koalitionen in der Familie (Selvini Palazzoli u. a. 1984, 256 f.) und der staatlichen Institution Ehe (s. 3.) zu verwischen.

36 Ich will das nicht überbewerten, doch fallen den Therapeuten bei aus ihrer Sicht negativen Phänomenen öfter Frauen als Urheberinnen ein. Eine weitere Kostprobe: "Wenn du siehst, daß ein Therapeut von der Mutter in der Familie verführt worden ist, rufst du den Therapeuten heraus. Du sagst nicht: 'Du machst etwas falsch.' Wenn du das tust, machst du auch etwas falsch, du bist nicht neutral. Du sagst: 'Wir bemerken, daß es der Mutter gelungen ist, deine Aufmerksamkeit stärker zu erregen als Vater und Sohn. Hast du eine Ahnung, wie sie das erreicht hat?' Benutze das Wort "wie". Oder: 'Welche Technik hat sie angewendet, um dich zu verführen?' So wird es zu einer interessanten Anregung. Der Therapeut ist sich dessen nicht bewußt, also beginnt er, darüber nachzudenken. Dann sagst du allen anderen Leuten hinter dem Spiegel: 'Laßt uns darauf achten, wie das Verhalten von Vater und Sohn durch dieses erfolgreiche Manöver der Mutter beeinflußt wird.' Du sagst das in Anwesenheit des Therapeuten. Du klagst ihn nicht an, du sagst nichts, es ist eine Erfahrung. Vielleicht wird der Therapeut selbst sagen: 'Ja, mir ist aufgefallen, daß der Sohn nervös wird - er sieht mich nicht an - der Vater guckt auf seine Uhr. Gut, was machen wir also nun?' Dann geht der Therapeut wieder hinein, jetzt aber mit einer anderen Idee. Du hast den Therapeuten nicht negativ konnotiert, sondern ihm nur geholfen, auf den Prozeß zu achten und dadurch seine Neutralität wiederhergestellt" (193 f.). Die Mitglieder des ursprünglichen Viererteams in Milano scheinen doch stark von ihrem patriarchalisch-misogynen Milieu geprägt zu sein (Treacher 1987).

37 Die Anführungszeichen verstehe ich so, daß eine Einzeltherapie nur gut (ohne Gänsefüßchen) ist, wenn Familie oder Paar zusammenbleiben. Dagegen laufen Systemtherapien gut (ohne Gänsefüßchen), und der Inzest geht weiter.

38 Ob damit wohl gemeint ist, daß die Ex-Eheleute den neuen Gedanken bekommen, nie mehr zu heiraten?

39 Nach Mailänder Sicht macht er gar nichts falsch und beherrscht die Gesetze der Logik ganz ausgezeichnet.

40 Für den Vater konstruieren die Therapeuten eine double-bind-Situation, in der sich die Mutter vermutlich befindet (Rijnaarts 1988). Ihre Lage wird weitgehend ignoriert. Dafür finden die Therapeuten es wohl nicht so logisch, daß der Vater wegen seines sexuellen Mißbrauchs gemieden wird.

41 Da geht ihre frauenfeindliche Familienmoral mit den Mailändern durch. Sie können sich nicht vorstellen, daß die Frauen einer Familie den Inzest-Vater ohne eine so durchsichtige Familienagitation ziehen lassen. Diese Unterstellung brauchen die Mailänder, um ihre Therapie zu rechtfertigen: weibliche Familienmitglieder sollen ambivalent sein, nur dann macht Familientherapie bei Inzest einen Sinn.

42 So eine Versöhnung stellen sie sich recht einfach vor, als selbständige Familienleistung ohne therapeutische Hilfe. Von der Aufarbeitung der Schäden der Inzestopfer ist keine Rede.

43 Mir fällt hier wie an anderer Stelle (vgl. Hörmann/Körner 1988, 221) wieder auf, daß sich die Parteilichkeit der Mailänder darin äußert, daß der von ihr favorisierten Partei zugute gehalten wird, daß sie ein bestimmtes Verhalten nur *zeigt*. In diesem Fall suggeriert die Einschätzung, daß der Inzest, daß sexuelle Übergriffe gar nicht stattfinden, also auch nicht zu allererst von den Therapeuten zu verhindern seien.

44 Die Mailänder erwarten, daß Lisa ihnen die lästige Aufgabe abnimmt, Inzest zu verhindern.

45 vgl. dazu Grölls (1983, 65 - 69) Analyse der interessierten funktionalistischen Sicht, in der er feststellt: "D. h. kurz gesagt: Der Funktionalismus der Theoretiker hat die in der Realität ablaufende

Funktionalisierung zu seiner Voraussetzung und 'stimmt' - günstigenfalls - insofern und insoweit." (ebda, 66).

46 Woher kennt Boscolo die Häufigkeit des Inzestes? Ich werte dies "ab und zu" als Verharmlosung der Tat.

47 Man beachte die Nützlichkeit der Rollentheorie für die Verharmlosung der harten Familien-/Inzest-Realität.

48 Die Mailänder pflegen den Mythos von der gestörten Mutter-Tochter-Beziehung in Inzest-Familien (s. Rijnaarts 1988, 174 - 194). Sie scheinen zu unterstellen, daß Lisa so ohne weiteres Vertrauen zu ihrer Mutter wiederherstellen kann.

49 Die Haltung der Therapeuten, ihre Neutralität, die Liebe zum System impliziere (vgl. Telfener 1987, 167), drückt sich deutlich in folgenden Überlegungen aus: Inzest ist aus Mailänder Sicht ein positives Familienphänomen, da er zur Stabilität der Familie beitrage. In dem vorgeschlagenen Ritual dient der sog. "Inzest zwischen Mutter und Tochter" (215; ähnlich 213) als Zwischenstufe zur Verbesserung der Beziehungen. Bezeichnend finde ich, daß ein nahezu exklusives Männerverbrechen einfach auf die Mutter übertragen wird. Selbst wenn die Äußerungen über die Inzestverschreibung cum grano salis zu werten sind, müssen sie auf Inzestopfer abscheulich wirken. Zumindest der brutal-lockere und frauenfeindliche Ton hat in Familientherapien eine gewisse Tradition. Hoffman (1982, 225 f.) stellt selbst einige Beispiele berühmter Therapeuten vor, die diese Tendenz unfreiwillig belegen. Frau Hoffman hielt sie für besonders gelungene Interventionen. Kritisiert wurden diese Therapien m. W. nur von Körner und Zygowski (1988 a) und Körner (1989, 40 f.) Die Einstellung zum Inzest belegt die Intervention Whitakers, der sich nach Hoffman (1982, 234) darauf spezialisiert habe, "das Undenkbare an die Grenze des Unvorstellbaren zu schieben. Er schlägt plötzlich einer jungen psychotischen Frau vor, sie solle sich auf den Schoß ihres Schwiegervaters setzen und verkündet dann: 'Inzest ist besser als Liebe'. Wenn man ihn nach den Gründen für solche Aussagen fragte, würde er wahrscheinlich antworten: 'Weil es mir Spaß macht. Wenn ich nicht irgend etwas für mich selbst aus der Therapie gewinne, weiß ich, daß sie nirgendwohin führt.'" (ebd.). Ich weiß

nicht, ob die misogyne Einstellung der berühmten Lehrbuchautorin Lynn Hoffman Autorinnen und Autoren dazu veranlaßt hat, sie umstandslos dem männlichen Geschlecht zuzurechnen (Bsp.: Minuchin u. a. 1986^3, 9).

50 Die Einteilung erinnert an Minuchins Subsystem-Konzept, dem viele Affinitäten mit den staatlichen Familienpflichten (s. 5.4.) nachgewiesen wurden.

51 Wieder die gestörte Mutter-Tochter-Beziehung. (s. Anmerkung 48.).

52 Was soll Lisa für ein Gefühl bekommen?

53 Das ist die Hauptsache, weil damit die Familie angeblich weiter funktionieren kann.

54 Inzest als Instandsetzung der Beziehung Lisa-Mutter.

55 Man beachte das Pathos dieser familienfreundlichen Ideologie.

56 Lisas Situation wird umgedeutet zu einer Mutter-Tochter-Problematik.

57 Das Interesse, die Familie zusammenzuhalten, verleitet die Mailänder zu abenteuerlichen Konstruktionen.

58 Eine Anzeige der Tat wäre wohl nach kanadischen Gesetzen möglich und nötig gewesen. Die Abschlußdiskussion zeigt, daß Boscolo und Cecchin keine Schwierigkeiten haben, dieser staatlichen Pflicht nachzukommen (s. ebd., 228; Cecchin 1988, 196 f.).

59 Auf die Ideologie der Familienharmonie, die auch in der Inzest-Familie durch gleiche Interessen zwischen Täter und Opfer gekennzeichnet ist, weise ich nur hin.

60 Eine sehr euphemistische Deutung.

61 Bei dieser Therapie erscheint es als Bagatelle, daß die Mailänder offensichtlich keine Skrupel haben, ihre Klienten zu belügen (s. 224). Ich weise nur deshalb darauf hin, weil die Anhänger der Familientherapie zweiter Ordnung Besserung versprochen haben (s. 6.1.).

Literatur

AIDS-Forschung (AIFO), 1989, AIDS und Prostitution: Konsequente Anwendung des Seuchenrechts unerläßlich, Aidsforschung (AIFO), Heft 6, 299.

Anderson, C. M., 1986, The all-too short trip from positive to negative connotation. J. Mar. and Fam. Ther. 12, 351 - 354.

Ariès, P., 1978, Geschichte der Kindheit. München.

Ault-Riché, M. (Hg.), 1986 a, Women and family therapy. Rockville (Maryland).

-, 1986 b, A feminist critique of five schools of family therapy, in: dies. 1986 a, 1-15.

Badinter, E., 1984, Die Mutterliebe. Geschichte eines Gefühls vom 17. Jahrhundert bis heute. München.

Bäumer, Ä., 1989, Die Politisierung der Biologie zur Zeit des Nationalsozialismus (1). Biologie in unserer Zeit 19 (3), 76 - 80.

Balloff, R., 1986, Die Gesetze, in: Rexilius, G. /Grubitzsch, S. (Hg.), Psychologie. Theorien - Methoden - Arbeitsfelder. Ein Grundkurs. Reinbek, 179 - 199.

-, 1988, Wo bleibt das Kind nach der Scheidung. Psychologie heute 15 (6), 44 - 51.

Bandura, A. u. a. (Hg.), 1976, Lernen am Modell. Stuttgart.

Bastian, G./Roth-Stielow, K./Schmeiduch, D. (Bearb.), 1978, 1. EheRG. Das neue Ehe- und Scheidungsrecht. Stuttgart u. a.

Bastine, R./Fiedler, P. A./Grawe K./ Schmidtchen, S./Sommer, G. (Hg.), 1982, Grundbegriffe der Psychotherapie. Weinheim u. a.

Bateson, G., 1978, Von den Strukturen hinter den Strukturen. Psychologie heute 5 (11), 57 - 64.

-, 1981, Ökologie des Geistes. Frankfurt/M.

-, 1982, Geist und Natur. Frankfurt/M.

-, 1986, Atomrüstung als epistemologischer Irrtum. Z. system. Ther. 4 (2), 144 - 150.

-, u. a., 1969, Schizophrenie und Familie. Frankfurt/M.

Baumgart, H., 1988, Couples in Crisis. Streiflichter vom Kongreß des Instituto di Terapia Familiare in Rom (1. - 4. Okt. 1987). Familiendynamik 13

Bauriedl, T., 1984, Beziehungsanalyse. Frankfurt/M.

Bertalanffy, L. von, 1970, ... aber vom Menschen wissen wir nichts. Düsseldorf.

Beyer, W. R., 1976, Systemtheorie im Griff des Marxismus. Meisenheim am Glan (Beihefte zur Z. f. philos. Forschung H. 36).

Böse, R./Schiepek, G., 1989, Systemische Theorie und Therapie. Ein Handwörterbuch. Heidelberg.

Boscolo. L./Cecchin, G./Hoffman, L./Penn, P., 1988, Familientherapie - Systemtherapie. Das Mailänder Modell. Dortmund.

Boszormenyi-Nagy, I., 1975, Dialektische Betrachtung der Intergenerationen-Familientherapie. Ehe 3 und 4, 117 - 131

-/Spark, G. M., 1981, Unsichtbare Bindungen. Stuttgart.

Brecht, B., 1961, Flüchtlingsgespräche. Frankfurt/M..

Brunner, E. J., 1986, Grundfragen der Familientherapie. Systemische Theorie und Methodologie. Berlin/Heidelberg.

-, 1988, Vom radikalen Konstruktivismus zum kritischen Konstruktivismus. Z. system. Ther. 6 (2), 137 - 139.

-, 1990, Rezension von Georg Hörmann/Wilhelm Körner/Ferdinand Buer (Hg.): Familie und Familientherapie. Probleme - Perspektiven - Alternativen. Opladen 1988, Sozialwissenschaftl. Literatur Rundschau 12 (19), 103 - 105.

Buchholz, M. B., 1981 a, Familientherapie, in: Rexilius G./Grubitzsch, S. (Hg.), Handbuch psychologischer Grundbegriffe, Reinbek, 333 - 339.

-, 1981 b, Psychoanalyse - Familientherapie - Systemtheorie; Kritische Bemerkungen zur These vom Paradigmawechsel. Prax. Kinderpsychol. u. Kinderpsychiatrie 30 (1), 48 - 55.

-/Huth, W., 1983, Zur Kritik systemischer Familientherapie: Eine historisch - methodologische Betrachtung. Psychoanalyse 2 und 3, 186 - 215.

-/Reich, G., 1988, Verhüllte Moralität. Zur Kritik an der Familientherapie von Wilhelm Körner und Hans Zygowski: "Im System gefangen", Heft 4/1988, Psychologie heute 15 (6), 65 - 66.

Cecchin, G., 1988, Zum gegenwärtigen Stand von Hypothetisieren, Zirkularität und Neutralität - Eine Einladung zur Neugier. Familiendynamik 13 (3), 190 - 203.

Claessens, D./Milhoffer, P. (Hg.), 1980[5], Familiensoziologie. Ein Reader als Einführung. Königstein/Ts.

Clemenz, M., 1983, Intervenieren ohne Interpretieren? Die Wissenschaftsillusion in der Familientherapie. Psychologie heute 10 (5), 42 - 43.

-, 1986, Soziale Codierung des Körpers. Opladen.

Coleman, S. B. (Hg.), 1985, Failures in family therapy. New York.

Damus, R., 1975, Zum Verhältnis von kybernetischer Systemtheorie und marxistischer Philosophie bei Georg Klaus, in: Friedrich, J./Schweizer, H./Sens, E. (Hg.), Marxismus und Kybernetik, Kronberg/Ts., 111 - 127.

Dell, P. F., 1982, Beyond homeostasis: Toward a concept of coherence. Family Proc. 21 (1), 21 - 41.

-, 1984, Von systemischer zur klinischen Epistemologie. I. Von Bateson zu Maturana. Z. system. Ther. 2 (7), 147 - 171.

-, 1986, Klinische Erkenntnis. Dortmund.

-/Goolishian, H. A., 1981 "Ordnung durch Fluktuation": Eine evolutionäre Epistemologie für menschliche Systeme. Familiendynamik 6 (2), 104 - 122.

Der Spiegel, 1989, Georgia: Oralsex in der Ehe legal. Der Spiegel 38/1989, 179.

Deutsche Arbeitsgemeinschaft für Familientherapie e. V. (DAF), (Hg.), 1985, Kontext. Thema: Ausbildungsinstitute für Familientherapie. Sonderausgabe (erweiterte und überarbeitete Fassung von Heft 8/1984).

Diskussion zum Vortrag Wolff, 1978, in: Landesarbeitsgemeinschaft Hessischer Erziehungsberatungsstellen (Hg.), Familientherapie in der Erziehungsberatung, Frankfurt/M., 13 - 26, (EB-Kurier Sonderheft 1, Juni 1978).

Dreier, O., 1980, Familiäres Sein und familiäres Bewußtsein. Therapeutische Analyse einer Arbeiterfamilie. Frankfurt/M.

Duss-von Werdt, J., 1976, Familientherapie als angewandte Familiensoziologie, in: Richter u. a., 38 - 47.

-, 1988, Desinformation. Zur Kritik an der Familientherapie von Wilhelm Körner und Hans Zygowski ... Psychologie heute 15 (6), 67.

-, 1989, Rezension von Hörmann, G.; Körner, W.; Buer, F. (Hg.), Familie und Familientherapie. Probleme - Perspektiven - Alternativen. 1988, 298 S., kart. Fr. 24, 80. Westdeutscher Verlag GmbH, Wiesbaden. Schweizer Zeitschrift für Psychologie Nr. 2/1989.

-/Welter-Enderlin, R. (Hg.), 1980, Der Familienmensch. Stuttgart.

Elkaim, M., 1979, Die Erweiterung der Perspektive der Familientherapie oder - vom Familien- zum sozio-politischen Ansatz. Psychologie und Gesellschaftskritik 3 (1/2), 82 - 101.

-, 1980, Von der Homöostase zu offenen Systemen, in: Duss-von Werdt/Welter-Enderlin, 150 - 155.

Enders, U., 1989, Sexueller Mißbrauch oder Kindesmißhandlung. Thema Jugend 1/1989, 8 f.

Esser, A., 1987, Familie - ein kybernetisches Problem, in: Holzkamp, K. (Hg.): Forum Kritische Psychologie, Berlin, Hamburg: Argument Verlag (AS 143), 116 - 131.

Familienbericht (Zweiter), 1975, Der Bundesminister für Jugend, Familie und Gesundheit (Hg.), Zweiter Familienbericht. Bonn.

Familienbericht (Vierter), 1986, Der Bundesminister für Jugend, Familie, Frauen und Gesundheit (Hg.), Die Situation älterer Menschen in der Familie, Vierter Familienbericht. Bonn.

Feldmann-Bange, G./Krüger, K.-J. (Hg.), 1986, Gewalt und Erziehung. Bonn.

Fischer, G./Wurth, B., 1989, Handlungskausalität und zirkuläres Denken - Systemtherapie versus Psychoanalyse. Psyche 43 (4), 339 - 358.

Flemons, D. G., 1989, Konsens - Dissens: Eine relationale Alternative zur Macht - Metapher. Z. system. Ther. 7 (3), 159 - 168.

Fromm, E., 1984, Die Kunst des Liebens. Frankfurt/M.

Gernhuber, J., 1971^2, Lehrbuch des Familienrechts. München.

-, 1980, Lehrbuch des Familienrechts. München. 3. Auflage.

Geuter, U., 1980, Die Zerstörung wissenschaftlicher Vernunft. Psychologie heute 7 (4), 35 - 43.

Goldner, V., 1985, Feminism und family therapy. Fam. Proc. 24 (1), 31 - 49.

Goolishian, H. A./Anderson, H., 1988, Menschliche Systeme. Vor welche Probleme sie uns stellen und wie wir mit ihnen arbeiten, in: Reiter u. a., 189 - 216.

Greven, M. Th., 1974, Systemtheorie und Gesellschaftsanalyse. Darmstadt/Neuwied.

Gröll, J., 1981, Staat und Schule. Eine Institutionsanalyse. Münster.

-, 1983, Die Moral der Familie. Münster.

-, 1988 a, Bürgerliche Familie und Staat, in: Hörmann u. a., 13 - 58.

-, 1988 b, Das Interesse an der Freinet-Pädagogik. Eine Kritik. Das Argument / Argument Sonderband AS 148, 105 - 126.

Guntern, G., 1980, Die kopernikanische Revolution in der Psychotherapie: der Wandel vom psychoanalytischen zum systemischen Paradigma. Familiendynamik 5 (1), 2 - 41.

-, 1983, Systemtherapie, in: Schneider, 38 - 77.

Haensch, D., 1980, Zerschlagt die Kleinfamilie?, in: Claessens/Milhoffer, 368 - 379.

Hagemann-White, C./Wolff, R., 1975, Lebensumstände und Erziehung. Frankfurt/M..

Haley, J., 1977, Direktive Familientherapie. München.

-, 1978, Gemeinsamer Nenner Interaktion. Strategien der Psychotherapie. München.

-, 1981, Ablösungsprobleme Jugendlicher. Familientherapie - Beispiele - Lösungen. München.

Hall, A. D./Fagen, R. E., 1956, Definition of system. General Systems Yearbook, 1, 18.

Hamann, A. jr./Lenz, H., 1970, Das Grundgesetz für die BRD vom 23. Mai 1949, Neuwied, 3. neub. u. erw. Auflage.

Hare-Mustin, R. T., 1980, Family Therapy may be dangerous for your health. Professional Psychology 11 (6), 935 - 938.

Hargens, J., 1988, Ver(w)irrungen. Zur Kritik an der Familientherapie von Wilhelm Körner und Hans Zygowski: "Im System gefangen", Heft 4/1988, Psychologie heute 15 (6), 64 f.

Heekerens, H.-P., 1988, Systemische Familientherapie auf dem Prüfstand. Z. f. klin. Psych. 17 (2), 93 - 105.

-, 1989, Familientherapie und Erziehungsberatung. Heidelberg.

Herzog, G., 1988, Zwangsunterbringung, in: Hörmann/Nestmann, 170 - 182.

Hirsch, M., 1987, Realer Inzest. Berlin.

Hörmann, G./Körner, W., 1988, Systemtherapie in der Praxis, in: Hörmann u. a., 213 - 238.

-/Körner, W./Buer, F. (Hg.), 1988, Familie und Familientherapie. Opladen.

-/Nestmann, F., 1985, Die Professionalisierung der klinischen Psychologie und die Entwicklung neuer Berufsfelder in Beratung, Sozialarbeit und Therapie, in: Ash, M. G./Geuter, U. (Hg.), Geschichte der deutschen Psychologie im 20. Jahrhundert, Opladen, 252 - 285.

-, (Hg.), 1988, Handbuch der psychosozialen Intervention. Opladen.

Hoffman, L., 1982, Grundlagen der Familientherapie. Hamburg.

-, 1987, Jenseits von Macht und Kontrolle: Auf dem Wege zu einer systemischen Familientherapie "zweiter Ordnung". Z. system. Ther. 5 (2), 76 - 93.

-, 1988, A constructivist position for family therapy. Irish Journal of Psychology 9 (1), 110 - 129.

Huhn, D., 1977, Der Fall Familie. Darmstadt u. Neuwied .

Huisken, F., 1984, Kritik der bürgerlichen Schule - nebst Kritik der "Erlanger Bildungsökonomie". Mehrwert 24, 23 - 45.

Jacoby, R., 1978, Soziale Amnesie. Frankfurt/M..

Jäckle, R., 1985, Gegen den Mythos ganzheitliche Medizin. Hamburg.

Jaeggi, E., 1986, Erziehung als Gewaltakt: die ganz normale Familie, in: Feldmann-Bange/Krüger, 120 - 131.

James, K./McIntyre, D., 1983, The reproduction of families: The social role of family therapy? J. of Marital & Fam. Ther. 9 (2), 119 - 129.

Kaplonek, H./Schroeter, R., 1979, Psychische Probleme als Problem der Lebensbewältigung, in: Keupp, H. (Hg.): Normalität und Abweichung. München, 277 - 314.

Kaufmann, L./Fivaz, E. u. R., 1980, Ein neues systemisches Modell für die therapeutische Funktion in der Familie, in: Duss-von Werdt/Welter-Enderlin, 138 - 149.

Keeney, B. P., 1983, Erwiderung auf van Trommels 'Die Änderung zweiter Ordnung der kybernetischen Epistemologie'. Z. system. Ther. 1 (1), 44.

-, (Hg.), 1987, Konstruieren therapeutischer Wirklichkeiten. Dortmund.

Kischkel, W., 1989, Autopoiese und Psychologie. Das Argument/Argument Sonderband 162, 82 - 90.

Klemann, U./Massing, A., 1976, Gesellschaft, Familie und Individuum. Versuch einer Neuorientierung, in: Richter u. a., 48 - 67.

König, R., 1978[3], Die Familie der Gegenwart. München.

Körner, W., 1988, Zur Kritik systemischer Therapien, in: Hörmann u. a., 153 - 184.

-, 1989, Familientherapie - Chance oder Risiko für die Gesundung der "kranken" Familie. Widersprüche 9 (30), 39 - 53.

-/Zygowski, H., 1987, Familientherapie, in: Zygowski, H. (Hg.), Psychotherapie und Gesellschaft, Reinbek, 159 - 182.

-/Zygowski, H., 1988 a, Im System gefangen. Psychologie heute 15 (4), 38 - 45.

-/Zygowski, H., 1988 b, Für Glasnost in der Familientherapie. Psychologie heute 15 (8), 65.

-/Zygowski, H., 1988 c, Familientherapie in der Kritik. Eine Literaturübersicht. Münster.

Kriz, J., 1985, Grundkonzepte der Psychotherapie. München u. a.

-, 1987, Zur Pragmatik klinischer Epistemologie. Bemerkungen zu Paul Dells "Klinische Erkenntnis". Z. system. Ther. 5 (1), 51 - 56.

Krüll, M., 1989, Statt eines Nachwortes M. = Max = Marianne = Mann? Z. system. Ther. 7 (2), 131 - 132.

-, 1990, Frauen Zimmer. Z. system. Ther. 8 (1), 39 - 40.

Krug, J., 1989, Aufgehobene Trennung. Frankfurter Rundschau Nr. 282/1989.

Kupfer, U., 1985, Familie und Familientherapie zwischen Anpassung und Emanzipation. Berlin (Unveröff. Dipl. Arbeit).

Laitko, H., 1968, Struktur und Dialektik. Deutsche Z. f. Phil., 674 - 697.

Lane, G./Russell, T., 1987, Gewalt bei Paaren. Möglichkeiten, Änderungen einzulösen. Ein systemischer Ansatz zweiter Ordnung. Z. system. Ther. 5 (2), 112 - 123

Lask, B., 1987, Cybernetico - epistobabble, the emperor's new clothes and other sacred cows. J. Fam. Ther. 9, 207 - 215.

Layton, M., 1988, Ein kleiner (Denk-)Anstoß für das therapeutische Gleichgewicht: männlich, weiblich, oder geschlechtsneutral? Familiendynamik 13 (2), 144 - 159.

Leontjew, A. N., 1973, Probleme der Entwicklung des Psychischen. Frankfurt/M.

Lilienfeld, R., 1978, The rise of systems theory. New York u. a.

Lippe, R. zur, 1975, Bürgerliche Subjektivität. Frankfurt/M..

Ludewig, K., 1987, 10 + 1 Leitsätze bzw. Leitfragen. Z. system. Ther. 5 (3), 178 - 191.

-, 1988 a, Thema verfehlt. Zur Kritik an der Familientherapie von Wilhelm Körner und Hans Zygowski... Psychologie heute 15 (5), 64 - 66.

-, 1988 b, Friede auf Erden! Z. system. Ther. 6 (2), 160 - 161.

-, 1988 c, Nutzen, Schönheit, Respekt - Drei Grundkategorien für die Evaluation von Therapien. System Familie 1 (2), 103 - 114.

Lüders, W., 1983, Psychoanalyse versus Familientherapie. Psyche 37 (5), 462 - 469.

MacKinnon, L. K./Miller, D., 1987, The new epistemology and the Milan approach: feminist and sociopolitical considerations. J. Mar. Fam. Ther. 13 (2), 139 - 155.

Mantell, D. M., 1972, Familie und Aggression. Zur Einübung von Gewalt und Gewaltlosigkeit. Frankfurt/M.

Marx, K., 1972, Das Kapital I. Berlin (MEW 23).

-, 1975, Das Kapital II. Berlin (MEW 24).

-, 1977, Das Kapital III. Berlin (MEW 25).

Maturana, H., 1987, Antworten, in: Krüll, M., Luhmann, N., Maturana, H., Grundkonzepte der Theorie autopoietischer Systeme. Neun Fragen an Niklas Luhmann und Humberto Maturana und ihre Antworten, Z. system. Ther. 5 (1), 4 - 25.

-/Varela F. J., 1987, Der Baum der Erkenntnis. Bern/München/Wien.

Meinhold, M., 1988, Sozio-ökologische Konzepte - alternative Grundlage für die Familienarbeit, in: Hörmann u. a., 252 - 287.

Meister, K. J., 1987, System ohne Psyche. Opladen.

Milhoffer, P., 1980, Frauenrolle und Familienrecht, in: Claessens/Milhoffer, 157 - 178.

Miller, A., 1981, Du sollst nicht merken. Frankfurt/M.

Miller, J. G., 1978, Living systems. New York.

Minuchin, S., 1974, Some points in family therapy grammar, stencilled text dated 2/6/ 1974, 25 ff.

-, 1977, Familie und Familientherapie. Freiburg.

-/Fishman, H. C., 1983, Praxis der strukturellen Familientherapie. Freiburg.

-/Montalvo, B./Guerney, J. R./Rosman, B. L./Schumer, F., 1967, Families of the slums. An exploration of their structure and treatment. New York.

-/Rosman, B. L./Baker, L., 1986[3], Psychosomatische Krankheiten in der Familie. Stuttgart.

Mühlfeld, C./Oppl, H./Weber-Falkensammer, H./Wendt, W. R. (Hg.), 1985, Familientherapie. Frankfurt/M. (Brennpunkte Sozialer Arbeit).

Napier, A. Y./Whitaker C. A., 1978, Tatort Familie. Düsseldorf/Köln.

Narr, W.-D., 1967, Systemzwang als neue Kategorie in Wissenschaft und Politik. Atomzeitalter 7/8, 400 - 412.

Neidhardt, F., 1974, Strukturbedingungen und Probleme familialer Sozialisation, in: Sonderheft 14 "Soziologie der Familie" der Kölner Zeitschrift für Soziologie und Sozialpsychologie, 2. Aufl. Opladen.

-, 1980, Strukturbedingungen und Probleme familialer Sozialisation, in: Claessens/Milhoffer, 281 - 308.

Nichols, M. P., 1984, Family therapy. Concepts and methods. New York/London.

Osborne, K., 1983, Women in families: Feminist therapy and family systems. J. of Fam. Ther. 5 (1), 1 - 10.

Parsons, T., 1968, Sozialstruktur und Persönlichkeit. Frankfurt/M.

Pieper, B., 1986, Familie im Urteil ihrer Therapeuten. Bausteine einer Theorie familialer Arbeit. Frankfurt/M. / New York.

Plänkers, T., 1986, Zum Verhältnis von Psychoanalyse und Systemtheorie. Psyche 40 (8), 678 - 708.

Pohlen, M./Plänkers, T., 1982, Familientherapie. Von der Psychoanalyse zur psychosozialen Aktion. Psyche 36 (5), 416 - 452.

Probst, P., 1982, Psychotherapie in der Familie, in: Bastine u. a., 95 - 97.

Quambusch, E., 1988, Rechtlich-soziale Betrachtungen zur Prostitution nach AIDS und AIDS-Katalog. Das öffentliche Gesundheitswesen 50, 670 - 676.

Ramsenthaler, H., 1988, Rezension von Meister, Karl-J.: System ohne Psyche. Zur Kritik der Pragmatischen Kommunikationstheorie und ihrer Anwendungen. Opladen 1987. Familiendynamik 13 (1), 82 - 83.

Reich, W., 1972, Die Entdeckung des Orgons I: Die Funktion des Orgasmus. Frankfurt/M.

-, 1973, Charakteranalyse. Frankfurt/M.

Reiger, K., 1981, Family therapy's missing question, why the plight of the modern family. J. of. Fam. Ther. 3, 293 - 308.

Reiter, L., 1989 a, Offener Brief von Ludwig Reiter an Fritz B. Simon. System Familie 2 (1), 51 - 52.

-, 1989 b, Antwort von Ludwig Reiter. System Familie 2 (1), 55.

-/Brunner, E.J./Reiter-Theil, S. (Hg.), 1988, Von der Familientherapie zur systemischen Perspektive. Berlin u.a.

Rexilius, G., 1984, Familientherapie, in: Zygowski, H. (Hg.), Erziehungsberatung in der Krise, Tübingen, 118 - 136.

Richter, H.-E., 1970, Patient Familie. Reinbek.

-/Strotzka, H./Willi, J. (Hg.), 1976, Familie und seelische Krankheit. Reinbek.

Ridder, P., 1977, Prozeß und Dynamik der Familientherapie. Sozialpsychologische Analyse therapeutischer Interaktion. Weinheim.

Rijnaarts, J., 1988, Lots Töchter. Düsseldorf.

Rogers, C., 1982, Partnerschule. Frankfurt/M.

Rommelspacher, B., 1989, Sexueller Mißbrauch von Mädchen. Feministische Erklärungsansätze. Psychologie und Gesellschaftskritik 13 (4), 87 - 103.

Rosenhan, D. L., 1977, Gesund in kranken Institutionen, in: Sommer, G./Ernst, H. (Hg.), Gemeindepsychologie, München u. a., 12 - 23.

Rotthaus, W., 1989, Die Auswirkungen des systemischen Denkens auf das Menschenbild des Therapeuten und seine therapeutische Arbeit. Prax. Kinderpsychol. Kinderpsychiat. 38 (1), 10 - 16.

Rupp, K.-J., 1981, Familiensoziologie und Familientherapie. Möglichkeiten einer Integration der psychoanalytisch orientierten Familientherapie in eine kritische Familiensoziologie. Frankfurt/M.

Rush, F., 1984[2], Das bestgehütete Geheimnis: Sexueller Kindesmißbrauch. Berlin.

Russell, B., 1971, Philosophische und politische Aufsätze. Stuttgart.

Russell, D. E. H., 1986, The secret trauma. Incest in the lives of girls and women. New York.

Rutschky, K. (Hg.), 1977, Schwarze Pädagogik. Berlin.

Satir, V., 1973, Familienbehandlung. Freiburg.

-, 1975, Selbstwert und Kommunikation. Familientherapie für Berater und zur Selbsthilfe. München.

-, 1983, Die Grenze der Gegenwärtigkeit. Ein Gespräch zwischen Virginia Satir und Kristine Schneider, in: Schneider, 15 - 25.

Schiepek, G., 1986, Systemische Diagnostik in der klinischen Psychologie. Weinheim.

-, 1988, Psychosoziale Praxis und Forschung: ein methodologischer Entwurf aus systemischer Sicht, in: Reiter, L., Brunner, E. J., Reiter-Theil, S. (Hg.), Von der Familientherapie zur systemischen Perspektive, Berlin, u. a., 51 - 76.

Schlippe, A. von, 1984, Familientherapie im Überblick. Paderborn.

-, 1986, Systemische Einheitsfront oder konzeptuelle Artenvielfalt? Z. system. Ther. 4 (1), 63 - 64.

-, 1988, Schlagworte statt Argumente. Zur Kritik an der Familientherapie von Wilhelm Körner und Hans Zygowski . Psychologie heute 15 (6), 66 f.

-/Essen, S., 1982, Die Familienperspektive überschreiten: Gedanken von Familientherapeuten zu gesellschaftlichen Prozessen. Integrative Therapie 8 (3), 233 - 250.

Schmerl, C., 1988, Mythen und Konflikte der patriarchalen Familie, in: Hörmann u. a., 59 - 104.

Schmidt, G., 1985, Grundlagen systemischer Familientherapie und ihre Implikationen für die Entwicklung therapeutischer Strategien, in: Mühlfeld u. a., 27 - 47.

Schmidt, S. J., 1987, Vorbemerkung, in: ders. (Hg.), Der Diskurs des Radikalen Konstruktivismus, Frankfurt/M., 7 - 9.

Schmiedebach, H.P., 1989, Der wahre Arzt und das Wunder der Heilkunde. Erwin Lieks ärztlich-heilkundliche Ganzheitsideen. Das Argument, Argument Sonderband, AS 162, 33 - 53.

Schneider, K. (Hg.), 1983, Familientherapie in der Sicht psychotherapeutischer Schulen. Paderborn.

Schramm, E., 1986, Die "Wende" der Systemtheorie, in: Regelmann, J.P./Schramm,E. (Hg.), Wissenschaft der Wendezeit - Systemtheorie als Alternative, Frankfurt/M., 130-149.

Schrödter, W., 1985, Klientenzentrierte Psychotherapie und Systemtherapie. Z. f. personenzentrierte Psychol. und Psychotherapie 4 (4), 459 - 472.

Schülein, J. A., 1976, Psychotechnik als Politik. Frankfurt/M.

Schütze, Y., 1984, ... und dann ging Effi in die Familientherapie. Wie universal ist die systemische Familien-Theorie? Psychologie heute 11 (3), 46 - 49.

Segal, L., 1988, Das 18. Kamel oder Die Welt als Erfindung. München.

Selvini, M. (Hg.), 1988, The work of Mara Selvini Palazzoli. Northvale u. a.

Selvini Palazzoli, M., 1981, Ein kulturelles Ereignis von historischer Bedeutung: zur deutschen Erstauflage von G. Batesons Schriften. Familiendynamik 6 (4), 379 - 385.

-, 1983, "Die Wahrheit interessiert mich nicht, nur der Effekt". Psychologie heute 10 (5), 38 - 45.

-, 1987, Kommentar. Z. system. Ther. 5 (3), 176 - 177.

-/Boscolo, L./Cecchin, G./Prata, G., 1977, Paradoxon und Gegenparadoxon. Stuttgart.

-/Boscolo, L./Cecchin, G./Prata, G., 1981, Hypothetisieren- Zirkularität - Neutralität. Familiendynamik 6 (4), 123 - 129.

-/Prata, G., 1980, Die Macht der Ohnmacht, in: Duss-von Werdt/Welter-Enderlin, 157 - 169.

-, u. a., 1978, Der entzauberte Magier. Stuttgart.

-, u. a., 1984, Hinter den Kulissen der Organisation. Stuttgart.

Sève, L., 1973, Marxismus und Theorie der Persönlichkeit. Frankfurt/M.

Shazer, S. de, 1988, Therapien als System. Entwurf einer Theorie, in: Reiter u. a., 217 - 229.

Simon, F. B., 1989, Antwort von Fritz B. Simon. System Familie 2 (1), 52 - 55.

-/Schmidt, G., 1984, Die Machtlosigkeit des zirkulären Denkens. Familiendynamik 9 (2), 177 - 179.

-/Stierlin, H., 1984, Die Sprache der Familientherapie. Ein Vokabular. Überblick, Kritik und Integration systemtherapeutischer Begriffe, Konzepte und Methoden. Stuttgart.

Skynner, A. C. R., 1978, Die Familie. Schicksal und Chance. Handbuch der Familientherapie. Frankfurt/M.

Spoo, E., 1983, Freund- und Feindbilder in der Presse, in: Psychologische Mobilmachung, Tübingen, 185 - 196.

Stehl, C., 1982, Familientherapie: die kopernikanische Wende in der Psychotherapie? Psychologie und Gesellschaftskritik 6 (22/23), 109 - 123.

Steiner, E., 1984, Einige Anmerkungen zum Systemkonzept von G. Guntern. Z. system. Ther. 2 (7), 201 - 213.

Steinhage, R., 1989, Sexueller Mißbrauch an Mädchen. Reinbek.

Stierlin, H., 1978, Familienterrorismus und öffentlicher Terrorismus. Familiendynamik 3 (3), 170 - 198.

-, 1982 a, Familienterrorismus und öffentlicher Terrorismus, in: ders,. Delegation und Familie, Frankfurt/M., 186 - 246.

-, 1982 b, Dynamische Familientherapie, in: Bastine u. a., 98 - 103.

-, 1983, Psychoanalyse versus Familientherapie. Anmerkungen zu dem Aufsatz von M. Pohlen und T. Plänkers. Psyche 37 (1), 73 - 75.

-, 1986, Wenn sich das Herz zum Herzen wendet. Reinbek.

-/Rücker-Embden, I./Wetzel, N./Wirsching, M., 1985[3], Das erste Familiengespräch. Stuttgart.

Taggart, M., 1985, The feminist critique in epistemological perspective: Questions of context in family therapy. J. Marit. Fam. Ther. 11 (2), 113 - 126.

Telfener, U., 1987, Einige Anmerkungen zur Entwicklung des Mailänder Ansatzes. Z. system. Ther. 5 (3), 162 - 169.

Textor, M. R., 1983, Einflußreiche Familientherapeuten. Familiendynamik 8 (2), 182 f.

-, 1988, A comparison of seven family therapy approaches. A. N. Z. J. Fam. Ther. 9 (2), 79 - 87.

Treacher, A., 1987, Der Mailänder Ansatz - Eine erste Kritik. Z. system. Ther. 5 (3), 170 - 175.

Troje, H. E., 1988, "Paare in Krise" vor Gericht. Z. system. Ther. 6 (1), 27 - 40.

Tyrell, H., 1989, Systemtheorie und Soziologie der Familie - Ein Überblick. Teil II: Systemtheoretisches Gedankengut in der Familiensoziologie. System Familie 2 (2), 110 - 126.

Van de Velde, Th. H., 1959[72], Die vollkommene Ehe. Stuttgart.

Varela, F. G./Maturana, H. R./Uribe, R., 1974, Autopoiesis: The Organization of living systems, its characterization and model. Biosystems 5, 187 - 196.

Vučelić, S., 1989, Ein Mann wie du und ich. Gedanken und Überlegungen zu sexuellen Übergriffen auf Mädchen und Jungen. Z. system. Ther. 7 (2), 108 - 112.

Warnke, C., 1977, Gesellschaftsdialektik und Systemtheorie der Gesellschaft im Lichte der Kategorien der Erscheinung und des Wesens, in: Heidtmann, B./Richter, G./Schnauß, G./Warnke, C., Marxistische Gesellschaftsdialektik oder "Systemtheorie der Gesellschaft"?, Frankfurt/M., 25 - 68.

Watzlawick, P., (Hg.), 1981, Die erfundene Wirklichkeit. München.

-/Beavin, J. H./Jackson, D. D., 1969, Menschliche Kommunikation. Bern u. a.

-/Weakland, J. H./Fisch, R., 1974, Lösungen. Bern u. a.

Weber, G., 1988, Gesammelte Vorurteile. Zur Kritik an der Familientherapie von Wilhelm Körner und Hans Zygowski ... Psychologie heute 15 (5), 66 f.

Weingarten, M., 1989, Autopoiesis: Zwischen Naturtheorie und Weltanschauung. Das Argument: Argument Sonderband AS 162, 54 - 68.

Welter-Enderlin, R., 1980, Anstelle eines Vorwortes: Gedanken zur Situation der Familientherapie, in: Duss-von Werdt/Welter-Enderlin, 7 - 15.

-, 1987, Familismus, Sexismus und Familientherapie. (Heißt "systemisch" auch "politisch"?). Familiendynamik 12 (3), 261 - 281.

Westfälische Nachrichten, 1990, Weniger Geld für mehr Arbeit. Westf. Nachr. vom 27. Januar 1990.

Willke, H., 1988, Therapeutisches Handeln - eine Risikoanalyse. Z. system. Ther. 6 (2), 110 - 114.

Wolff, R., 1978, Familienkrise und Familientherapie, in: Landesarbeitsgemeinschaft Hessischer Erziehungsberatungsstellen (Hg.), Familientherapie in der Erziehungsberatung, Frankfurt/M., 6 - 13, (EB-Kurier Sonderheft 1, Juni 1978).

Wulff, E., 1970, Rezension von Bateson, G. u. a., Schizophrenie und Familie. Frankfurt/M., Das Argument 60, 262 - 264.

Ziegler, J., 1977 a, Kommunikation als paradoxer Mythos. Weinheim/Basel.

-, 1977 b, Wahnsinn als Methode. Bemerkungen zu Watzlawicks populärer Kommunikationstheorie, in: Haug, F. (Hg.), Kritische Psychologie II, Berlin/Karlsruhe, 7 - 27, (Argument Sonderband 15).

Zundel, W., 1987, Die vertrackten Regeln des Familienspiels. Die Zeit, 27. Feb. 1987, 45 - 47.

-, 1988, Virginia Satir ist tot. Immer die Beste. Die Zeit, 30. Sept. 1988, 94.

Zygowski, H., 1986, Einzeltherapie, in: Rexilius G./Grubitzsch, S. (Hg.), Psychologie. Theorien - Methoden - Arbeitsfelder. Ein Grundkurs, Reinbek, 201 - 222.

-, 1987, Psychotherapie und Gesellschaft, in: ders. (Hg.), Psychotherapie und Gesellschaft, Reinbek, 9 - 45.

-, 1988, Familienintervention als Machtstrategie, in: Hörmann, G./Körner, W./ Buer, F. (Hg.), Familie und Familientherapie, Opladen, 185 - 212.

-, 1990, Rezension von Reiter, L. u. a. (Hg.), Von der Familientherapie zur systemischen Perspektive. Berlin, 1988, Sozialwiss. Literatur Rundschau 12 (19), 101 - 103.

GPSR Compliance

The European Union's (EU) General Product Safety Regulation (GPSR) is a set of rules that requires consumer products to be safe and our obligations to ensure this.

If you have any concerns about our products, you can contact us on ProductSafety@springernature.com

In case Publisher is established outside the EU, the EU authorized representative is:

Springer Nature Customer Service Center GmbH
Europaplatz 3
69115 Heidelberg, Germany

Batch number: 10809468

Printed by Printforce, the Netherlands